**ULLSTEIN**

Das Buch

50 Millionen Menschen fielen dem Zweiten Weltkrieg zum Opfer – auf den Schlachtfeldern zwischen Normandie und Kaukasus, im U-Boot-Krieg, im Bombenhagel, der auf die Städte niederging, im Holocaust, dem Verbrechen hinter der Front. Alles, was das 20. Jahrhundert ausmacht, spiegelt sich in diesem Krieg: der Machtkampf totalitärer Ideologien, der Sieg der Demokratie über die Diktatur, der Triumph der Technik in der Kriegsführung und ihr Missbrauch bei der systematischen Vernichtung von Menschen, schließlich durch Hiroshima der Beweis, dass die Menschheit imstande ist, sich selbst auszulöschen.
Bislang wurde dieser Krieg meist nur aus jeweils nationaler Sicht geschildert. Nun aber machen sich die einst verfeindeten Nationen daran, ihn gemeinsam aufzuarbeiten. Unter der Leitung von Guido Knopp und begleitet von renommierten internationalen Historikern haben das ZDF, der US-Sender History Channel, der britische Sender Channel 5 sowie das russische und französische Fernsehen eine Fülle von Material zusammengetragen. Kriegsentscheidende Wendepunkte werden beschrieben und durch Hunderte von Fotos sowie durch Tagebuchaufzeichnungen, Briefe und Erlebnisberichte von Zeitzeugen eindrucksvoll ergänzt.

Der Autor

Professor Dr. Guido Knopp, Jahrgang 1948, Historiker, war Redakteur der *FAZ* und Auslandschef der *Welt am Sonntag*. Seit 1984 leitet er die ZDF-Redaktion *Zeitgeschichte*, seit Oktober 2000 moderiert er das ZDF-Magazin *History*. Für seine Dokumentationen hat er zahlreiche Auszeichnungen erhalten, darunter das Bundesverdienstkreuz, den Europäischen, den Österreichischen und den Bayerischen Fernsehpreis, den Telestar, den Goldenen Löwen und die Auszeichnung des Simon-Wiesenthal-Zentrums. Er hat mehrere Titel zur Geschichte des 20. Jahrhunderts veröffentlicht, die zu Bestsellern wurden.

In unserem Hause sind von Guido Knopp bereits erschienen:
Die große Flucht
Der Untergang der »Gustloff«

Guido Knopp

Der Jahrhundertkrieg

**Die Atlantikschlacht
Der Wüstenkrieg
Der Bombenkrieg**

Ullstein

Besuchen Sie uns im Internet:
www.ullstein-taschenbuch.de

Umwelthinweis:
Dieses Buch wurde auf chlor- und säurefreiem Papier gedruckt.

Ullstein Verlag
Ullstein ist ein Verlag des Verlagshauses
Ullstein Heyne List GmbH & Co. KG.
1. Auflage Oktober 2003
© 2003 by Ullstein Heyne List GmbH & Co. KG
© 2001 by Econ Ullstein List Verlag GmbH & Co. KG/Econ Verlag
Dokumentation: Alexander Berkel, Mario Sporn
Umschlaggestaltung: Petra Soeltzer, Düsseldorf (nach einer Vorlage
von Büro Jorge Schmidt, München)
Titelabbildung: Ullstein Bild, Berlin
Satz: Franzis print & media, München
Druck und Bindearbeiten: RMO-Druck, München
Printed in Germany
ISBN 3-548-36459-4

Vorwort

Vor über fünf Jahrzehnten ging der Zweite Weltkrieg zu Ende. 50 Millionen Menschen fielen ihm zum Opfer – auf den Schlachtfeldern zwischen Normandie und Kaukasus, im U-Boot-Krieg, der im Atlantik tobte, im Bombenhagel, der auf die Städte niederging, im Holokaust, dem unsagbaren Verbrechen hinter der Front. Es war ein Krieg, der deutlich machte, wozu Menschen fähig sind und was sie ihresgleichen antun können. Alles, was das 20. Jahrhundert ausmacht, spiegelt sich in diesem Krieg: der Machtkampf zweier totalitärer Ideologien; der Sieg der Demokratie über die Diktatur, der Triumph der Technik in der Kriegsführung und deren Missbrauch bei der systematischen Vernichtung von Menschen – und schließlich durch Hiroshima der Nachweis, dass die Menschheit nun imstande war, sich selbst auszulöschen. Ein Krieg als Focus und als Menetekel: der Jahrhundertkrieg.

Dieses Buch beruht auf den Recherchen für ein Filmprojekt, das den Zweiten Weltkrieg noch einmal umfassend darstellt. Noch einmal? Zum letzten Mal? In gewisser Hinsicht wohl zum ersten Mal. Bislang wurde dieser Krieg in der Regel nur aus jeweils nationaler Sicht geschildert. Heute, da die Zeitgenossen hoch betagt sind, ist es an der Zeit, dass einst verfeindete Nationen gemeinsam zeigen, was den Zweiten Weltkrieg ausmacht. Einen Krieg, der uns nach wie vor (und mehr denn je) bewegt. Eine Reihe ausländischer Partner, Fernsehsender ebenso wie Wissenschaftler, arbeiten hierfür mit uns zusammen. Zum Zweiten Weltkrieg eine Filmreihe aus Deutschland für ein internationales Publikum? Noch vor zehn Jahren wäre dies nicht vorstellbar gewesen.

7

Zehntausende von Kilometern haben unsere Teams auf den Spuren des Jahrhundertkriegs zurückgelegt, Tonnen von Archivbeständen haben sie durchstöbert, meterlange Filmrollen gesichtet, hunderte von Zeitzeugen befragt – in dem beflügelnden Bewusstsein, dies zur rechten Zeit zu tun. Zum einen sind in den Archiven weltweit gerade in den letzten Jahren neu entdeckte Quellen vorzufinden, die uns neue Einsichten gewähren. Zum andern sind die Menschen, die den Krieg erlebt haben, die berichten können, »wie es war«, jetzt noch am Leben. Und noch haben wir die Chance, ihnen zuzuhören, wenn sie von der Grenzerfahrung ihres Lebens sprechen: Deutsche und Amerikaner, Briten und Russen, Polen und Franzosen.

Dieses Buch ist keine chronologische Erörterung. Es konzentriert sich, wie die Filmreihe, auf die zentralen Phasen des Jahrhundertkriegs: die Schlacht im Atlantik, Rommels Kämpfe in der Wüste, den Bombenkrieg, der anfangs über England und dann über deutschen Städten tobte.

* * *

Es beginnt mit einer Jagd. Die »Bismarck«, ein Koloss aus Kruppstahl, galt als das mächtigste Schlachtschiff der Welt. Sie sollte die Wende in der Atlantikschlacht erzwingen – noch bevor die Amerikaner in den Krieg eintreten würden. Es galt, die Versorgungslieferungen aus der Neuen in die Alte Welt zu unterbrechen – ein vergebliches Unterfangen. Zwar gelang es der »Bismarck«, den Stolz der britischen Marine, das Schlachtschiff »Hood«, zu versenken. Dank neuer Radartechnik aber konnten die Briten das deutsche Schlachtschiff bei schwerem Wetter im Nordatlantik orten. Zwar riss der Kontakt wieder ab – doch der deutsche Admiral Lütjens sandte ausgerechnet in jenen Minuten einen längeren Funkspruch an Hitler und verriet dadurch die Position seines Schiffes. Der Torpedo eines antiquierten britischen Doppeldeckers vom Flugzeugträger »Ark Royal« besiegelte schließlich das Schicksal der »Bismarck«. Knapp 1000 Meilen von der rettenden französischen Küste entfernt konnte sie nur noch im Kreis fahren. Wenig später begannen die herbeigeeilten britischen Schlachtschiffe und Kreuzer mit der »Exekution« des angeschlagenen Gegners, der bis zum Schluss keine Anstalten machte, den sinnlosen Kampf zu beenden. In seinem letzten fanatischen Funkspruch teilte Admiral Lütjens nach Berlin mit: »Wir kämpfen bis zur letzten Granate. Es lebe der Führer!« Die Selbstversenkung des deutschen Panzerschiffs »Graf Spee« vor

Montevideo war in Hitlers Marine als »Schmach« empfunden worden. Lütjens wollte nicht, dass man auch ihn als »Versager« verspottete. Für eine solche Gesinnung opferte er seine Besatzung. Am 27. Mai 1941 sank die »Bismarck«. Von 2221 Mann wurden nur 115 gerettet. Alle Hoffnungen Hitlers ruhten nun auf dem U-Boot-Krieg. Auf den Konvoirouten von Amerika folgte Schlacht auf Schlacht. Ziel der U-Boot-Waffe war, so viele alliierte Handelsschiffe wie möglich zu versenken, um England auszuhungern. Zum Teil gelang dies mit großem Erfolg. Nach dem Krieg bekannte Winston Churchill: »Das einzige, was mich in ständiger Furcht hielt, waren die U-Boote.« Mitte 1941 gelang den Briten der große Coup: Sie bombardierten U110 und zwangen das Boot zum Auftauchen. Die Beute, die sie dabei machten, trug zur Kriegsentscheidung bei: Enigma, der Schlüssel zum geheimen deutschen Wehrmachtscode. Die Maschine verriet den Entschlüsselungsspezialisten, welche Befehle Dönitz seinen Kommandanten über Funk gab; vor allem aber, wo sich die U-Boote befanden. Die Deutschen ahnten nichts. Immer öfter gelang es Briten und Amerikanern, ihre Konvois um die lauernden U-Boot-Rudel herumzuleiten; immer seltener spürten Dönitz' Boote alliierte Konvois auf. Der Mai 1943 markierte schließlich die Wende: Hatten die Deutschen noch im März 21 Schiffe aus zwei Geleitzügen versenkt, so schalteten die Alliierten nun auf einen Schlag 43 deutsche Boote aus. Über 2000 U-Boot-Männer starben. Fortan galt Dönitz' Sorge der »Moral der Besatzungen«. Anzeichen von »schwindendem Kampfgeist« mehrten sich. Der Fanatismus des Marinechefs geriet zum Selbstzweck. Dönitz schickte seine Männer bis zum Ende in den aussichtslosen Kampf. Allein im Frühjahr 1945 starben noch 5000 U-Boot-Männer. Die Bilanz des U-Boot-Kriegs war erschreckend: 2900 alliierte Schiffe, 33 000 alliierte Seeleute fielen ihm zum Opfer. Von 1167 deutschen U-Booten gingen 757 verloren, davon 429 mit ihrer gesamten Besatzung. Von fast 50 000 deutschen U-Boot-Fahrern waren über 30 000 in den Tod gegangen.

* * *

Ein anderes Bild vermittelt uns der Wüstenkrieg. Keiner hat ihn so geprägt wie Erwin Rommel. Die NS-Propaganda stilisierte ihn zu einem Mythos, der langlebiger war als das Reich, dem er zu dienen glaubte. Die Legende vom genialen Feldherrn des »Afrika-Korps« findet auch heute noch Anhänger bei »Freund« und »Feind«. Auf dem

Höhepunkt seiner Erfolge ersetzte sein Ruf, so schien es manchen Zeitgenossen, ganze Divisionen. Zum Dank beförderte ihn Hitler zum damals jüngsten Feldmarschall der Wehrmacht. Dann kamen die Niederlagen, am Ende das Zerwürfnis.

Inzwischen mehren sich die Stimmen, welche die Fassade vom »ritterlichen Krieg« in der Wüste bröckeln lassen: Ein überzeugter Nazi sei »Hitlers Lieblingsgeneral« gewesen; ein »Kriegsverbrecher« gar, der später mit rücksichtslosen Befehlen zehntausende von italienischen Soldaten in den Tod getrieben habe. Alles andere als ein Mann des Widerstands – einer, der am Ende selbst den Freitod dem offenen Kampf gegen Hitler vorgezogen habe.

Dem wahren Rommel werden solche Überzeichnungen ebenso wenig gerecht wie alle Anflüge von Heroisierung in den vergangenen Jahrzehnten. Rommel war ein Kind seiner Zeit. Seit Beginn der Hitler-Diktatur verschlossen führende Offiziere die Augen vor dem wachsenden Terror der Nazis. Unter Führung ihrer Generalität war die Wehrmacht bei Kriegsbeginn ein verlässliches Instrument. Im Rausch der ersten Siege hofften viele Offiziere auf Ruhm, Anerkennung, Beförderung und Belohnung. Die mahnenden Worte General Becks, der soldatische Gehorsam habe dort »eine Grenze, wo ihr Wissen, Gewissen und ihre Verantwortung die Ausführung eines Befehls« verbiete, waren nur wenige bereit zu akzeptieren.

Im Spannungsfeld zwischen Gehorsam und Gewissen, Verdrängung und Protest zog sich Rommel bis in den Sommer 1944 ganz auf seine militärische Funktion zurück. Eine uneheliche Tochter hatte ihm als jungen Leutnant die Karriere verbaut. Er kompensierte die demütigende Benachteiligung mit lebenslangem Ehrgeiz.

Gleichwohl war es nicht Rommels militärisches Genie, es war der Nachschub, der über Sieg und Niederlage im Afrikakrieg entschied. Der »Wüstenfuchs« war ein brillanter Taktiker – die andauernde Unterlegenheit seiner Truppe ließ ihm keine andere Wahl, als immer wieder anzugreifen. Eine Strategie, die im Untergang enden musste. Dem Offizier fehlte die fundierte Ausbildung des Generalstabs. Doch der neuerdings erhobene Vorwurf, Rommel sei ein »Kriegsverbrecher« gewesen, trifft fehl. Wie kaum ein zweiter General hat er nachweislich verbrecherische Befehle seines »Führers« unterbunden. Während sich die Wehrmacht in Russland in Verbrechen verstricken ließ, kämpften die Soldaten des Afrika-Korps in der Regel einen »ritterlichen Kampf« – sofern man dieses Wort für einen Krieg, erst recht für diesen Krieg, zu akzeptieren vermag.

Das Leben der ihm anvertrauten Soldaten stellte Rommel über die direkten Befehle Hitlers. Wohl seine größte militärische Leistung war der monatelange Rückzug seiner Streitkräfte von El Alamein bis nach Tunesien. Seine Umsicht rettete Zehntausenden deutscher Soldaten das Leben – unter anderem auch das meines Vaters. Ein Mann des Widerstands war Rommel nicht – wiewohl er vom geplanten Attentat wusste. Doch keiner widersprach dem Diktator so offen wie er. Erst im letzten Augenblick schloss auch er sich Hitlers Gegnern an. Dafür zahlte er mit seinem Leben. Rommel wollte nichts sein als ein guter Soldat. In einer kriminellen Diktatur war dies auf Dauer nicht möglich. Darin liegt die Tragik Erwin Rommels. Sein Name aber bürgt dafür, dass die Erinnerung an den von ihm geführten Krieg in Afrika auf anderen Fundamenten ruht als der verdammte Krieg in Russland.

* * *

Am Beginn des Bombenkriegs stand die »Luftschlacht um England«. Ihr Resümee ist zwiespältig. Weder gelang es den Deutschen, die angestrebte völlige Luftherrschaft zu erringen, noch die britische Luftrüstungsindustrie auszuschalten. Allenfalls nachts übten Görings Bomber 1940/41 zeitweise die Lufthoheit über der Insel aus. Doch die Kriegswirtschaft Großbritanniens war nie ernsthaft gefährdet, die Moral der Bevölkerung wurde nicht gebrochen. Im Gegenteil: Ohne die Entscheidung erzwingen zu können, bezahlte die deutsche Luftwaffe einen hohen Preis: Zahlreiche Soldaten verloren im Luftkrieg ihr Leben, zahlreiche deutsche Flugzeuge wurden abgeschossen oder stürzten ab. Der größte Erfolg der Briten aber war psychologischer Art. Die »Luftschlacht um England« brachte das Ende vom Mythos der »unbesiegbaren deutschen Luftwaffe«. Und sie entfachte den Wunsch, es den Deutschen »heimzuzahlen«. Der Bombenkrieg, so hofften die entsprechenden Strategen, könne die Wende des Krieges bringen: »Machen wir Schluss mit dem Krieg, indem wir den Deutschen die Seele aus dem Leib schlagen«, formulierte es Luftmarschall Sir Arthur Harris. Während die Briten ab 1942 gezielt die Wohngebiete von Städten in nächtlichen Angriffen bombardierten, »um die Moral der Bevölkerung zu schwächen«, griffen tagsüber amerikanische Verbände Industrieanlagen und Raffinerien an. Ab Anfang 1943 luden nahezu rund um die Uhr britische und amerikanische Bomber ihre todbringende Fracht über Deutschland ab. Bis Anfang 1945 waren 45 der wichtigsten 60 deutschen Städte weitgehend zerstört.

Die qualvollen, angsterfüllten Nächte in den Bombenkellern, der Verlust von Hab und Gut, die alltägliche Konfrontation mit dem Tod gerieten zum Trauma für eine ganze Generation. Was diesen Krieg so anders machte, war die Hilflosigkeit, mit der seine Opfer ihm ausgeliefert waren. Vor dem Tod aus der Luft gab es keine Möglichkeit des Entkommens, er schlug kaum vorhersehbar und unterschiedslos zu. Doch den Verlauf des Krieges haben weder deutsche noch alliierte Luftangriffe wesentlich beeinflusst. Der strategische Wert der Luftflotten außerhalb ihres Einsatzes an den Fronten sank in gleichem Maße wie die Bereitschaft stieg, den Bombenkrieg auch gegen Zivilisten zu forcieren. Als britische Bomber in der Nacht zum 14. Februar 1945 in mehreren Wellen ihre tödliche Last über Dresden abwarfen, verwandelte sich die barocke Residenzstadt an der Elbe in eine Hölle. Orkanartige Feuerstürme wirbelten durch die Straßen, meterhohe Flammen loderten aus den Häusern, in den Kellern erstickten und verbrannten Menschen. Der Feuerschein war noch in 350 Kilometern Entfernung zu sehen. Im gespenstischen Licht der untergehenden Stadt waren selbst in 6700 Metern Höhe noch Einzelheiten des Infernos zu erkennen:»Zum ersten Mal«, bekannte ein britischer Pilot,»fühlte ich Mitleid mit der Bevölkerung dort unten.« Am Tag darauf folgten die amerikanischen Bomberverbände und vollendeten das Vernichtungswerk. Dresden war das Fanal eines beispiellosen Bombenkriegs, dem 450 000 deutsche Zivilisten zum Opfer fielen. Der Feuersturm kehrte dorthin zurück, wo er einst entfacht worden war. An den Folgen leiden wir noch heute.

* * *

Was bleibt als Bilanz? Ein krimineller Tyrann vermochte den halben Kontinent in Brand zu setzen. Für den Kriegsherrn Hitler war der Krieg nicht nur Staatsziel, er war Selbstzweck, und der Überlebenskampf das Gesetz jeder Existenz: der Wahn des Usurpators, für den es nur Entweder-Oder gab – Siegen oder Untergehen. Er fand genügend Generäle, die ihm folgten. Millionen von Soldaten wurden nicht gefragt. Krieg aber ist kein Kartenspiel von Generälen und Strategen, ausgeführt von gut gedrillten Helden, sondern Dreck und Blut und Tod. Und nie leiden nur Soldaten, sondern immer auch »Zivilisten«. Und was heißt schon »Zivilisten« im totalen Krieg? Stets sind es am Ende die Schwachen, die dem mörderischen Kampf zum Opfer fallen

– Frauen, Kinder, alte Menschen. Ob es die jungen Matrosen der »Bismarck« sind, die der borniette Wahn ihres Admirals in den Tod geschickt hat; die alliierten Seeleute auf jenen Tausenden von Handelsschiffen, die von deutschen U-Booten versenkt wurden; ob die U-Boot-Männer selbst, von denen mehr als jeder zweite starb; ob die Familien, die im Londoner East End Opfer deutscher Bomber wurden; ob die Toten in den Feuerstürmen, der in deutschen Städten tobte; ob jene Deutschen, Briten, Italiener und Australier, die im Wüstenkrieg ihr Leben lassen mussten – alle sind sie Opfer eines Krieges, der gezeigt hat, was sich Menschen antun können, die besessen sind von blindem Hass und von, so meinen sie, gerechtem Zorn.

Was hoffen lässt, sind einzelne Berichte über Menschlichkeit inmitten grausamer Geschehnisse. Ob es deutsche oder britische Matrosen waren, die ihre hilflos im Wasser treibenden Gegner vor dem Ertrinken gerettet haben; ob Soldaten, die im Wüstenkrieg, obwohl selbst unter schwerem Beschuss, gefangene Feinde mit Wasser und Essen versorgten; ob deutsche Zivilisten, die abgeschossene alliierte Flieger vor der Wut des Mobs in Sicherheit gebracht haben – ihnen ist die Filmreihe gewidmet. Und dieses Buch.

»Das modernste
Schlachtschiff« –
die »Bismarck«

Sie galt als das mächtigste Schlachtschiff der Welt. Die »Bismarck«, ein gewaltiger Koloss aus Kruppstahl, sollte die Wende in der Atlantikschlacht herbeiführen – bevor die Amerikaner endgültig in den Krieg eintreten würden. Ende Mai 1941 gelang es den Briten jedoch, die »Bismarck« nach einem Rudertreffer in schwerem Wetter im Nordatlantik zu orten. Knapp 1000 Meilen vor der rettenden französischen Küste musste sich der Stolz der deutschen Marine geschlagen geben. Die »Bismarck« sank. Von 2221 Mann Besatzung konnten nur 115 gerettet werden.

Versenkt die »Bismarck«!

Gdingen, 5. Mai 1941: Überraschend hatte sich in dem verschlafenen Ostseehafen, der nun »Gotenhafen« hieß, hoher Besuch angesagt. Der »Führer« des »Großdeutschen Reichs« besichtigte den Stolz der deutschen Kriegsmarine: die beiden neuen Schlachtschiffe »Bismarck« und »Tirpitz«, die sich in den sicheren Gewässern auf ihren Einsatz vorbereiteten. Es waren gewaltige Kolosse, gepanzert mit speziellem Stahl des Typs »Wotan hart«, bewaffnet mit je acht 38-cm-Kanonen, jedem feindlichen Schiff ihrer Zeit überlegen. Die Besatzungen waren an Deck angetreten, alles war auf Hochglanz poliert. Hitler schien die Visite an jenem sonnigen Tag nur wenig

Mein Vater ist auch bei der Marine gewesen. Er hat mich einmal in Hamburg besucht. Nachdem wir die »Bismarck« besichtigt hatten, sagte er zu mir: »Auf diesem Schiff kann dir nichts passieren. Das kann gar nicht untergehen.«

Karl Kuhn,
Besatzungsmitglied der
»Bismarck«

genossen zu haben. Die See und alles Maritime blieben ihm zeitlebens fremd – trotz der beeindruckenden Leistung seiner Waffenschmieden. Schweigend und ein wenig bleich im Gesicht hatte sich Hitler die gewaltigen Schiffe vorführen lassen. Am Ende blieb jedoch seine Skepsis, ob ein Einsatz dieser wertvollen Einheiten im Atlantik nicht doch zu riskant sei.

Nach anderthalb Jahren Krieg stand das »Dritte Reich« auf dem Höhepunkt seiner Macht: Ein Land nach dem anderen war von der Wehrmacht in atemberaubend schnellen Feldzügen niedergeworfen worden. Im April 1941 hatten die deutschen Armeen auch den Balkan überrollt und die Briten vom Kontinent vertrieben. Jetzt endlich konnte Hitler »seinen« Krieg beginnen: den Vernichtungsfeldzug gegen die Sowjetunion, der seit dem Sommer 1940 vorbereitet wurde. Während sich Hitlers Interessen nach Osten richteten, war Großadmiral Erich Raeder ganz auf den Kriegsschauplatz im Westen konzentriert. Für den Oberbefehlshaber der Kriegsmarine war der Angriff auf die Sowjetunion ein törichter Fehler. England war für ihn der Hauptgegner, den es mit allen Mitteln zu bekämpfen galt. Und jetzt endlich, so Raeder, habe die kleine deutsche Kriegsmarine mit der »Bismarck« zum ersten Mal ein Instrument in der Hand, mit dem sie die Royal Navy das Fürchten lehren konnte!

Wir alle hatten das Gefühl, auf dem stärksten Schiff der Welt zu fahren und unsinkbar zu sein.

Otto Peters, Maschinist
auf der »Bismarck«

1938 hatte sich bereits abgezeichnet, dass Hitler die Briten in seinem außenpolitischen Hasardspiel als möglichen Kriegsgegner ansehen musste. Fieberhaft war die Marineleitung darangegangen, Pläne für einen Kampf gegen Großbritannien auszuarbeiten und sich Gedanken über die Zusammensetzung einer neuen »Großdeutschen« Flotte zu machen. Für Raeder lag die Schlussfolgerung aus dem Ersten Weltkrieg auf der Hand: Das »Deutsche Reich« konnte sich nicht auf den direkten Kampf Schlachtschiff gegen Schlachtschiff einlassen, sondern musste sich des so genannten Kreuzerkriegs bedienen: Es galt mit allen verfügbaren Kriegsschiffen gezielte Schläge gegen die lebenswichtigen britischen Versorgungslinien zu führen. Mächtige Schlachtschiffe sollten dabei den Geleitschutz der feindlichen Frachter niederkämpfen und so die Vernichtung ganzer Konvois ermöglichen.

Wir waren gerade am Heck versammelt, als der 1. Offizier der »Emden« uns mitteilte, dass England Deutschland den Krieg erklärt hatte. Es war kein glücklicher Augenblick. Wir erinnerten uns daran, dass unsere Väter uns erzählt hatten, wie sie bei der Kriegserklärung gejubelt hatten, aber jetzt wusste niemand, was er sagen sollte. Wir alle dachten:»Jetzt sitzen wir drin im Schlamassel.«

Werner Schünemann,
Seekadett auf dem
Kreuzer »Emden«

Raeder, der den Versprechungen Hitlers, es werde vor 1944 keinen Krieg gegen Großbritannien geben, glaubte, stürzte sich in gigantische

Flottenbauprogramme, die erst nach Jahren abgeschlossen sein würden. Die Kriegserklärung Englands am 3. September 1939 traf ihn daher völlig unvorbereitet. Seine Marine war auf einen solchen Konflikt in keiner Weise vorbereitet. Wie sollten die wenigen deutschen Kriegsschiffe dem maritimen Giganten ernsthaft Schaden zufügen können, wenn dies mit ungleich stärkeren Mitteln schon im Ersten Weltkrieg nicht gelungen war? Konsterniert notierte Raeder, die Marine könne derzeit allenfalls beweisen, dass sie in der Lage sei,»in Ehren unterzugehen«. In der Tat war das Kräfteverhältnis bei Kriegsbeginn deprimierend: 2 Schlachtschiffen, 10 Kreuzern und 22 Zerstörern auf deutscher Seite standen 15 Schlachtschiffe, 63 Kreuzer und 168 Zerstörer auf britischer Seite gegenüber.

Im September 1939 kreuzten die beiden Panzerschiffe»Deutschland« und»Admiral Graf Spee« weit draußen im Atlantik. Die Marineleitung hatte sie Ende August angesichts des bevorstehenden Angriffs auf Polen vorsorglich in See geschickt; die von den Briten kontrollierten Nordseeausgänge hatten sie längst unbemerkt passiert. Am 26. September kam der Befehl, den Kampf gegen die britische Handelsschifffahrt aufzunehmen. Die Jagdzüge der»Deutschland« waren wenig erfolgreich. Innerhalb von sechs Wochen konnte sie im Nord-

»Begrenzte Begeisterung« – Hitler beim Flottenbesuch mit Großadmiral Erich Raeder

17

atlantik nur zwei Frachter versenken, bevor sie von Raeder zurückgerufen wurde. Erfolgreicher war die »Admiral Graf Spee« im Südatlantik und im Indischen Ozean. Bis Anfang Dezember konnte sie neun Handelsschiffe vernichten. Briten und Franzosen boten eine gewaltige Armada auf, um den »Raider« in der Weite des Ozeans aufzuspüren und zu zerstören. Doch Kapitän Langsdorff konnte seinen Verfolgern immer wieder entkommen.

Anfang Dezember entschloss sich Langsdorff, vor der Mündung des Rio de la Plata nach neuer Beute zu suchen. Diesmal waren die Briten allerdings vorbereitet. Als die »Graf Spee« am Morgen des 13. Dezember 1939 im Seegebiet vor Uruguay auftauchte, traf sie nicht – wie erhofft – auf wehrlose Handelsschiffe, sondern auf drei britische Kriegsschiffe, die mit hoher Fahrt auf die Deutschen zuliefen: die beiden Leichten Kreuzer »Ajax« und »Achilles« und der Schwere Kreuzer »Exeter«. Kapitän Langsdorff nahm das Gefecht weisungswidrig an und hoffte, mit seinen schweren 28-cm-Geschützen den Gegner niederkämpfen zu können. Nach einem heftigen Artillerieduell musste die »Exeter« schwer getroffen ablaufen. Auch die Kreuzer »Ajax« und die »Achilles« waren beschädigt, aber nicht außer Gefecht gesetzt. Und die »Graf Spee«? Mehrere Geschütze der Mittelartillerie waren ausgefallen, die Kombüse war zerstört, die Besatzung hatte 36 Tote und 59 Verwundete zu beklagen. Langsdorff, der keine Möglichkeit sah, mit dem beschädigten Schiff die Heimat erreichen zu können, steuerte den nächsten neutralen Hafen an, um dort die Gefechtsschäden auszubessern. Am Abend des 13. Dezember lief die »Graf Spee« in Montevideo ein. Die probritische Regierung Uruguays bestand auf der strikten Einhaltung der Neutralitätsgesetze. Das hieß: Nach 72 Stunden musste das deutsche Kriegsschiff den Hafen verlassen oder es würde interniert werden. Langsdorff saß in der Falle. In der kurzen Zeit konnten die Gefechtsschäden unmöglich ausgebessert werden. Hinzu kam, dass verschiedene – tatsächlich aber gefälschte – Meldungen eine hohe Konzentration britischer Kräfte vor der Küste verkündeten. Schiff und Besatzung befanden sich in einer aussichtslosen Lage. Nach Ablauf der Frist ließ Kapitän Langsdorff am 17. Dezember 1939 die Besatzung von Bord gehen und die »Graf

Keine Hoffnung, auf hohe See zu kommen und die Fahrt nach den Heimatgewässern zu erzwingen.

Funkspruch von
Langsdorff an Raeder,
16. Dezember 1939

Keine Internierung in Uruguay. Versuchen Sie wirkungsvolle Zerstörung, wenn Schiff versenkt werden muss.

Funkspruch von Raeder
an Langsdorff,
16. Dezember 1939

Spee« in der Mündung des Rio de la Plata versenken. Langsdorff selbst erschoss sich drei Tage später. Die Besatzung des Schiffes wurde interniert. Etlichen Männern gelang es dennoch, auf abenteuerlichen Wegen Deutschland zu erreichen.

Die Kriegsmarine hatte ihren ersten schweren Verlust zu beklagen. Gewiss, die »Graf Spee« hatte wochenlang mit der Royal Navy Katz und Maus gespielt, neun Handelsschiffe versenkt und drei Kreuzer beschädigt. Doch während Raeder mit ihr eines seiner wertvollen Schiffe verloren hatte, waren die deutschen Erfolge, gemessen an der Stärke Englands, nur kleine Nadelstiche. Die Bilanz des ersten halben Jahres war aus deutscher Sicht also eher ernüchternd.

Ich allein trage die Verantwortung für die Versenkung des Panzerschiffs »Graf Spee«. Ich bin glücklich, mit meinem Leben zahlen zu können, um die Ehre der Fahne rein zu halten.

Abschiedsbrief von
Kapitän Langsdorff

Die nächsten Monate veränderten die Lage jedoch grundlegend: Im Frühjahr 1940 besetzte die Wehrmacht Norwegen und überrannte im Mai und Juni auch Frankreich. Die Marine war jetzt nicht mehr im »Nassen Dreieck« der Nordsee eingeschlossen, sondern verfügte mit Norwegen über eine ungleich günstigere geografische Ausgangsbasis. Im Spätherbst des Jahres 1940 ging Raeder daran, alle verfügbaren Kriegsschiffe in die Weiten des Atlantik zu schicken – der Handelskrieg gegen die Briten sollte beginnen. Den Anfang machte das große Panzerschiff »Admiral Scheer«. Am

Tut mir Leid, Captain, ich muss Ihr Schiff versenken. Es ist Krieg.

Kapitän Langsdorff an den Kapitän des britischen Dampfers »Clement«

23. Oktober verließ das Schwesterschiff der »Graf Spee« Gotenhafen, lief durch den Nord-Ostsee-Kanal in die Nordsee und tankte in einem Fjord bei Stavanger noch einmal ihre Bunker auf. In einem weiten Bogen wurde zunächst die britische Insel umfahren. Danach gab es zwei Möglichkeiten, in den Atlantik vorzustoßen: entweder durch die Island-Faröer-Enge oder durch die zwischen Island und Grönland gelegene Dänemarkstraße. Beide Gebiete wurden von britischen Kriegsschiffen bewacht, es war der gefährlichste Teil des ganzen Unternehmens. Die »Admiral Scheer« hatte Glück: Während eines wilden Orkans durchbrach sie in der Nacht vom 31. Oktober zum 1. November 1940 unbemerkt die Dänemarkstraße. Nur wenige Tage später stieß sie auf einen nur schwach gesicherten britischen Geleitzug und versenkte sechs Schiffe. Vergeblich suchte die Royal Navy nach dem wildernden Wolf. Die »Scheer« setzte sich nach Süden ab, wo sie vom Flottentanker »Nordmark« versorgt wurde. In den nächsten Monaten

»Selbstbewusstsein oder Selbsttäuschung?« Mit Seeminen gegen die britische Flotte

führte sie im Mittel- und Südatlantik Krieg gegen britische Versorgungsschiffe, im Februar 1941 stieß sie gar bis zu den Seychellen vor. Hier entging sie nur knapp ihren britischen Verfolgern, die sie mit einem Bordflugzeug bereits gesichtet hatten. Am 1. April 1941 erreichte die »Scheer« nach einer sechsmonatigen Kaperfahrt unbeschadet Kiel. 17 Schiffe waren ihr zum Opfer gefallen.

Nach der »Scheer« hatte Raeder den Schweren Kreuzer »Admiral Hipper« in den Atlantik geschickt. Im Dezember 1940 durchlief auch er unbemerkt die Dänemarkstraße. Allerdings stellte sich bald heraus, dass das Schiff für lange Atlantikoperationen kaum geeignet war. Die hochempfindliche Maschinenanlage machte immer wieder Probleme, brach zeitweise sogar völlig zusammen. Außerdem verbrauchte das schnelle Schiff derart viel Heizöl, dass es immer wieder bei einem im Atlantik kreuzenden Versorgungsschiff nachtanken musste. Am Weihnachtsmorgen des Jahres 1940 stieß die »Hipper« dann auf einen schwer gesicherten Geleitzug mit zwanzig Truppentransportern. Diese Beute war eine Nummer zu groß. Nach einem kurzen Gefecht mit den Bewachern konnte sich die »Hipper« absetzen und erreichte zwei Tage später Brest. In dem ehemaligen französischen Kriegshafen hatten sich die Deutschen mittlerweile häuslich eingerichtet. Die »Hipper« konn-

»Duell auf Distanz« – die Reichweite der Schiffsartillerie war enorm

te hier – sozusagen vor der Haustür der britischen Versorgungslinien – repariert und neu ausgerüstet werden. Anfang Februar 1941 lief sie wieder in den Atlantik aus, brach wild um sich schießend in einen ungesicherten Geleitzug ein und versenkte sieben Handelsschiffe. Bislang hatten die Deutschen also nur einzelne Kreuzer in den Atlantik gesandt. Diese freilich demonstrierten, dass es der mächtigen Royal Navy nicht möglich war, sie zu fassen. Für Raeder war die Folgerung eindeutig: Musste der Erfolg nicht ungleich größer sein, wenn er Schlachtschiffe einsetzen würde, die auch gut gesicherte Konvois vernichten könnten? Wären die Briten dann nicht sogar gezwungen, ihren lebenswichtigen Geleitzugverkehr zeitweise ganz einzustellen? Raeders Problem dabei war nur, mit welchen Schiffen er diese zukünftigen Operationen durchführen sollte. Das Schlachtschiff »Bismarck« war noch nicht einsatzbereit. Am 24. August 1940 war es zwar in Dienst gestellt worden, durchlief aber immer noch eine intensive Erprobungs- und Ausbildungsphase. Das Schwesterschiff »Tirpitz« stand erst kurz vor der Fertigstellung. Immerhin waren die während des Norwegen-Feldzugs beschädigten Schlachtschiffe »Scharnhorst«

und »Gneisenau« wieder einsatzbereit, schnelle Schiffe, die allerdings nur mit neun 28-cm-Geschützen bewaffnet waren, während die britischen Schlachtschiffe meist 38-cm-Kanonen trugen. Flottenchef Admiral Lütjens bekam daher folgende Anweisungen: Er sollte mit der »Scharnhorst« und der »Gneisenau« britische Handelsschiffe versenken – möglichst beladene Frachter, die auf dem Weg von Kanada nach England waren. Überlegenen britischen Seestreitkräften sollte er aber unbedingt ausweichen, um die eigenen Schiffe nicht zu gefährden. Am 22. Januar 1941 lief der Verband aus dem Hafen von Kiel aus. Das Unternehmen »Berlin« hatte begonnen. Bereits beim Passieren des Großen Belt wurden die Schiffe von britischen Agenten gesichtet, die Londoner Admiralität war gewarnt. Die »Home Fleet« bezog südlich von Island eine Auffangposition. Von all dem ahnte Lütjens nichts. Er hatte am 27. Januar das Nordmeer erreicht und entschloss sich, den Durchbruch durch die Island-Faröer-Enge zu versuchen, da die Dänemarkstraße im Winter durch das Grönlandeis recht schmal war und somit leicht überwacht werden konnte. Mit hoher Geschwindigkeit stampften die beiden deutschen Schlachtschiffe bei guter Sicht durch die See, der wartenden »Home Fleet« direkt in die Arme. Bald kam der feindliche Kreuzer »Naiad« in Sicht – Lütjens war auf die britische Auffanglinie gestoßen. »Scharnhorst« und »Gneisenau« waren entdeckt! Lütjens, der sofort kehrtmachen ließ, konnte die »Naiad« gleich wieder abschütteln. An dieser Stelle schien der Durchbruch in den Atlantik nicht zu schaffen, die Gewässer südlich von Island waren einfach zu gut bewacht.

Lütjens ergänzte zunächst im Nordmeer aus einem deutschen Tanker Treiböl und versuchte es in der schmalen Dänemarkstraße. Am 4. Februar passierte der Verband die Nordküste Islands, ortete mit den Radargeräten ein feindliches Schiff, wich ihm erfolgreich aus und ließ wenig später die gefährliche Enge hinter sich. Admiral Lütjens hatte es doch noch geschafft, unbemerkt durchzubrechen. Nur vier Tage später sichtete die »Scharnhorst« auf dem Dampferweg Kanada–England einen großen Geleitzug: HX 106. Gleichzeitig kamen jedoch auch die Mastspitzen eines Kriegsschiffs in Sicht. Auf der Brücke war die Enttäuschung groß. Der Gegner war das britische Schlachtschiff »Ramillies« – ein Veteran aus dem Ersten Weltkrieg, doch mit seinen acht 38-cm-Kanonen weit überlegen. Da Lütjens strikte Order hatte, sich nicht auf einen ungleichen Kampf mit dem Gegner einzulassen, drehte er ab und verschwand in der Weite des Atlantik. Vergeblich suchten Lütjens' Schiffe in den nächsten Wochen den erhofften gro-

»Das Schiff kann gar
nicht untergehen« –
die »Bismarck« vor
dem Auslaufen

ßen, schwach gesicherten Geleitzug. Weit auseinander gezogen kreuzten die beiden Schiffe östlich von Neufundland auf und ab. Doch kein Dampfer kam in Sicht – nichts, nur eine endlose Wasserwüste. Nach vier Wochen vergeblichen Suchens gab Lütjens die Hoffnung auf, im Nordatlantik noch auf einen Konvoi zu stoßen. Der Flottenchef entschloss sich, sein Glück weiter im Süden, in den Gewässern um die Kapverdischen Inseln, zu versuchen. Und tatsächlich, am Morgen des 7. März stieß er auf einen schwer beladenen Geleitzug – und auf das Schlachtschiff »Malaya«. Es war wie verhext. Eine Woche später kreuzte er südöstlich von Neufundland und konnte immerhin einige Einzelfahrer zerstören. Nach der Versenkung von 22 Handelsschiffen nahm Lütjens Kurs auf Brest.

Die Briten waren der deutschen Kampfgruppe inzwischen mit ihrem Gibraltargeschwader, der »Force H«, auf den Fersen. Besonders die Torpedobomber des Flugzeugträgers »Ark Royal« waren für die deutschen Schiffe eine Gefahr. Am Abend des 20. März wurden die »Scharnhorst« und die »Gneisenau« von Aufklärern der »Ark Royal« gesichtet, die nur 300 Kilometer entfernt von den deutschen Schiffen kreuzte. Lütjens erwartete für den nächsten Tag einen Luftangriff, die Besatzungen waren in höchster Alarmbereitschaft. Doch wieder einmal hatte der Kommandant Glück: Schlechtes Wetter verschluckte seine beiden Schlachtschiffe, die Flugzeuge der »Ark Royal« konnten ihn nicht mehr orten. Zwei Tage später erreichte sein Verband Brest.

Die erste Atlantikoperation der deutschen Schlachtschiffe war damit erfolgreich beendet worden.

Seit einem halben Jahr kämpften deutsche Überwasserschiffe nun schon im Atlantik. Sie hatten ohne eigene Verluste 48 Schiffe mit fast 270 000 Bruttoregistertonnen (BRT) versenkt. Immer wieder war der Durchbruch der britischen Bewacherlinien gelungen, auch die Versorgung der Schiffe auf See durch ein ganzes Netz von Tankern hatte reibungslos funktioniert. Und endlich war auch das Schlachtschiff »Bismarck« einsatzbereit. Ende April sollte es zusammen mit der »Gneisenau« im Atlantik operieren. Wenn die »Scharnhorst« im Juli ihre Maschinenüberholung abgeschlossen haben würde, so hoffte Raeder, könnte sie ebenfalls dazustoßen. Dann wäre es auch endlich möglich, Geleitzüge mit Schlachtschiffsicherung anzugreifen.

Die »Bismarck« war ein waffentechnisches Meisterwerk. Man war sehr erfreut darüber, in einem erstklassig artillerietechnisch ausgerüsteten Schiff seinen Dienst zu tun.

Burkard Freiherr von Müllenheim-Rechberg, 4. Artillerieoffizier der »Bismarck«

»Zerfetzt wie Papier« –
Wirkung eines Torpedo-
treffers am Rumpf der
»Gneisenau«

Die Briten sahen natürlich nicht tatenlos zu, wie sich vor ihrer Haustür eine tödliche Bedrohung zusammenbraute. Gegen die »Bismarck«, deren Besatzung gerade in der Ostsee ihre Ausbildung abschloss, konnten sie vorerst nichts unternehmen. Die »Scharnhorst« und die »Gneisenau« allerdings lagen in Brest praktisch vor der Haustür. Dem »Bomber Command« wurde eine neue Aufgabe zugewiesen: »Angriff auf die deutschen Schlachtschiffe.« Erstaunlicherweise hatte die Kriegsmarine kaum Maßnahmen getroffen, um einen ihrer wichtigsten Häfen gegen feindliche Luftangriffe zu schützen. So kam, was kommen musste. Am Morgen des 6. April 1941 fegte ein steifer Nordostwind über die Bretagne. Die Sicht war schlecht, nur etwa 1000 Meter, die Wolken hingen tief. Die »Gneisenau« lag am Kai, Torpedoschutznetze waren nicht vorhanden. Plötzlich stieß ein einzelner britischer Torpedobomber aus den Wolken und raste auf das Schiff zu. Die Flak eröffnete das Feuer, deutlich war zu sehen, wie die Geschosse in dem Flugzeug einschlugen. Doch kurz bevor die Maschine abgeschossen wurde, klinkte der Pilot noch seinen Torpedo aus, der das Schiff wenige Augenblicke später achtern traf. Zu allem Übel wurde die »Gneisenau« vier Tage später von vier weiteren Bomben getroffen. Die geplante Atlantikoperation des Schlachtschiffs fiel damit aus. In den folgenden sechs Monaten wurde das Schiff repariert.

Als Ersatz für die »Gneisenau« sollte nun der neue Schwere Kreuzer »Prinz Eugen«, ein Schwesterschiff der »Hipper«, die »Bismarck« be-

gleiten. Lütjens hielt allerdings nicht viel davon, mit zwei so ungleichen Schiffen zu operieren. Die Einsätze der »Hipper« hatten gezeigt, welch große Probleme diese Kreuzer mit ihrer Antriebsanlage hatten. Für eine monatelange Operation eigneten sie sich daher nicht, allenfalls für kurze, schnelle Vorstöße. Er wollte daher lieber warten, bis im Herbst das zweite große Schlachtschiff, die »Tirpitz«, nach Abschluss der Testfahrten einsatzbereit sein würde. Dann könnte er mit vier Schlachtschiffen eine Kampfgruppe bilden, der die Royal Navy so schnell nichts Gleichwertiges entgegensetzen konnte. Doch Raeder war nicht bereit, so lange zu warten. Er wollte die Briten auf jeden Fall weiter in Atem halten. Kapitän Topp, der Kommandant der im Februar in Dienst gestellten »Tirpitz«, wollte die »Bismarck« unbedingt begleiten und meldete, dass sein Schiff bereits einsatzbereit sei. Raeder ließ sich allerdings nicht darauf ein, das noch nicht eingefahrene Schlachtschiff vorzeitig in den Atlantik zu schicken. Die Zeit der »Tirpitz« würde später kommen.

Lütjens erhielt also den Befehl, nur mit der »Bismarck« und der »Prinz Eugen« in See zu stechen. Er soll die Besprechung mit Raeder kreidebleich verlassen haben, kannte er die Risiken, die vor ihm lagen, doch nur zu gut. Gewiss, bislang war immer alles gut gegangen und die »Bismarck« brauchte kein feindliches Schiff zu fürchten. Doch konnte man wirklich so sicher sein, dass das Glück anhalten würde? Besonders jetzt, da der Sommer nahte, die Nächte immer kürzer und das

»Dem Feind entgegen« – die »Bismarck« sticht in See

Wetter immer besser werden würden? Schon der Durchbruch der »Gneisenau« und der »Scharnhorst« in den Atlantik war wegen der Meldungen britischer Agenten beinahe gescheitert, und beim Rückmarsch nach Brest war es nur dem schlechten Wetter zuzuschreiben, dass man einem Angriff britischer Torpedobomber entgangen war.

Trotz aller Bedenken war Lütjens jedoch nicht gewillt, seinem Oberbefehlshaber Raeder zu widersprechen. Seine beiden Vorgänger waren in Ungnade gefallen. Er wollte nicht der dritte Flottenchef sein, dem das Oberkommando der Marine Unfähigkeit vorwarf.

Churchill wusste, wie gefährlich ein Schiff von der Größe der »Bismarck«, ihrer Geschwindigkeit und ihres Zerstörungspotenzials für uns werden könnte. Mit der Vernichtung unserer Versorgungskonvois, die Nahrung, Waffen, Munition und Öl aus Amerika lieferten, wäre für England die Fortsetzung des Krieges erheblich erschwert worden. Die »Bismarck« war die größte Bedrohung der britischen Seemacht, die es in diesem Krieg gab.

Sir Ludovic Kennedy,
Offizier auf dem
Zerstörer »Tartar«

So begann am 18. Mai 1941 das Unternehmen »Rheinübung«: »Bismarck« und »Prinz Eugen« sollten den Erfolg des Unternehmens »Berlin« wiederholen und im Atlantik feindliche Handelsschiffe jagen, möglichst ganze Konvois vernichten. Dabei war es nun auch endlich gestattet, mit der »Bismarck« feindliche Schlachtschiffsicherungen anzugreifen.

Als die »Bismarck« unter den Klängen der Flottenkapelle in Gotenhafen ablegte, herrschte an Bord gespannte Erwartung. Nach der langen achtmonatigen Ausbildung ging es endlich in den Einsatz, jetzt würden die Männer zeigen können, wozu sie und ihr Schiff fähig waren. Die Gedanken kreisten um das, was die nächsten Tage bringen würden. Entscheidend würde sein, dass man unbemerkt in den Atlantik vorstoßen konnte. Bei herrlichem Sommerwetter passierte der deutsche Verband den Großen Belt. »Hätten wir nur nicht durch eine solche Unzahl dänischer und schwedischer Fischkutter hindurch müssen – noch dazu in so klarer Sichtweite der schwedischen Küste«, so Kapitänleutnant Müllenheim-Rechberg, 4. Artillerieoffizier auf der »Bismarck«. Für feindliche Agenten musste es bei diesem Wetter ein Leichtes sein, das Auslaufen der deutschen Schiffe festzustellen. Gegen Mittag kam auch noch der schwedische Kreuzer »Gotland« in Sicht. Lütjens war überzeugt, dass er entdeckt worden war – und er sollte Recht behalten. Die Sichtmeldung der »Gotland« gaben Mitarbeiter des schwedischen Geheimdienstes an den britischen Militärattaché in Stockholm, Captain Henry Dunham, weiter, der umgehend die Admiralität in London informierte.

Unterdessen setzten die »Bismarck« und die »Prinz Eugen« ihren Ausmarsch fort. Es ging weiter nach Norden durch das Kattegat, hi-

nein in die Nordsee. Am Abend des 20. Mai kam für kurze Zeit die norwegische Südküste in Sicht. An Bord ahnte niemand, dass an der Küste der norwegische Widerstandskämpfer Viggo Axelssen die beiden deutschen Kriegsschiffe mit seinem Fernglas ausgemacht und seine Meldung sogleich nach London gefunkt hatte. Die Briten waren somit gleich mehrfach gewarnt. Lütjens entschloss sich, plangemäß Bergen anzulaufen, um hier die Treibölbunker der »Prinz Eugen« aufzufüllen. Ein direkter Weitermarsch war nur vorgesehen, falls ideale Durchbruchsbedingungen herrschten, denn noch war das Wetter zu gut. Bei strahlendem Sonnenschein lief die »Bismarck« am Morgen des 21. Mai in die Schärengewässer bei Bergen und ankerte im Fjöranger Fjord, bestaunt von zahlreichen Norwegern, die neugierig am Ufer standen. Gegen Mittag gab es Fliegeralarm, doch kein britischer Bomber war zu sehen, »nur« ein hochfliegender Aufklärer, der auch bald wieder verschwand. Während man sich an Bord über den kurzen Zwischenfall kaum Gedanken machte, hatte die britische Admiralität nun eine endgültige Bestätigung für die Anwesenheit der deutschen Kampfgruppe. Flying Officer Michael Suckling hatte mit seiner »Spit-

»Marsch unbemerkt« –
Ruhetag der Kampfgruppe in einem
norwegischen Fjord

Wahrscheinlich waren wir von der norwegischen Küste aus beobachtet worden, aus kleinen Häuschen, die an den Bergen standen. Die Norweger waren zwar offiziell unsere Freunde, doch sie haben alles versucht, um die Schiffsbewegungen den Engländern zu melden.

Otto Peters, Maschinist
auf der »Bismarck«

31

fire« aus 8000 Meter Höhe bei herrlichem Wetter hervorragende Fotos von der »Bismarck« und der »Prinz Eugen« geschossen.

Das Oberkommando der Marine entzifferte unterdessen eine feindliche Funkmeldung, aus der hervorging, dass britische Aufklärer nach zwei Schlachtschiffen auf Kurs Nord suchen sollten. »Dies ist der Beweis dafür«, schrieb die Seekriegsleitung in ihr Kriegstagebuch, »dass die Auslaufbewegung der ›Bismarck‹-Gruppe erkannt ist.« Man wusste allerdings nicht genau, wie die Briten vom Auslaufen erfahren hatten, vermutete aber Agentenmeldungen von Beobachtungsposten im Großen Belt. Der Seekriegsleitung war bekannt, dass hier schon die »Scharnhorst« und die »Gneisenau« entdeckt worden waren. Um so erstaunlicher ist es, dass man die »Bismarck« denselben Weg nehmen

»Entdeckung aus der Luft« – ein britischer Aufklärer fotografierte die »Bismarck« im Fjöranger Fjord

ließ und sie nicht durch den Nord-Ostsee-Kanal westlich an Däne-
mark vorbeischickte. In der südlichen Nordsee war allerdings die
Minengefahr sehr viel größer, ebenso die Wahrscheinlichkeit von
U-Boot- oder Luftangriffen. Einen echten Königsweg gab es also im
Grunde nicht. Unterdessen hatte die »Prinz Eugen« ihre Treibölbunker wieder aufge-
füllt. Dass die »Bismarck« nicht nachtankte, sollte fatale Folgen haben.
Kurz vor Mitternacht des 21. Mai 1941 machten die deutschen Schiffe
Anker auf und schlichen sich aus dem schützenden Fjord. Hinter sich
erkannten sie den Lichterschein von Detonationen – die Briten hatten
18 Bomber entsandt, die nun blind ihre Fracht über den Fjorden ablu-
den. Am nächsten Morgen wurden die vier Begleitzerstörer entlassen,
die den Verband bislang gegen feindliche U-Boote gesichert hatten.
Die »Bismarck« und die »Prinz Eugen« waren nun allein und steuerten Kurs Nord.

Nachdem die Seekriegsleitung erfahren hatte, dass die »Bismarck« entdeckt worden war, kam es nun darauf an, möglichst schnell festzustellen, welche Gegenmaßnahmen die Briten ergriffen hatten. Am 20. Mai
war es einem deutschen Aufklärer gelungen, den Flottenstützpunkt
der »Home Fleet« in Scapa Flow im hohen Norden Schottlands zu
fotografieren. Deutlich war zu erkennen, dass die britischen Kriegsschiffe ihren Hafen noch nicht verlassen hatten. Am nächsten Tag verhinderte das schlechte Wetter einen weiteren
Flug. Erst am 22. Mai kreiste wieder ein deutsches Flugzeug über Scapa Flow. Diesmal
schaffte es die Besatzung jedoch nicht, das
Allerheiligste der britischen Flotte zu fotografieren. Sie meldete, was sie mit bloßem Auge
gesehen zu haben glaubte: »Vier schwere
Einheiten, darunter möglicherweise ein Flugzeugträger.« Die »Home Fleet« lag demnach
also noch immer im Hafen, Gegenmaßnah-
men waren offenbar noch nicht getroffen worden. »Diese Tatsache
stellt eine wesentliche Beruhigung für die operative Führung dar«,
bemerkte die Seekriegsleitung. Sie ahnte nicht, dass sich die Beobachter der Luftwaffe getäuscht hatten. Ihnen war entgangen, dass
die beiden Schlachtschiffe »Prince of Wales« und »Hood« nicht mehr
in Scapa Flow lagen. Der Befehlshaber der »Home Fleet«, Admiral
Tovey, hatte sie am Abend des 21. Mai unter dem Kommando von
Vizeadmiral Holland auslaufen lassen, nachdem er erfahren hatte, dass

*Ich war auf dem Oberdeck, als eine »Spit-
fire« durch die Wolkendecke schoss. So schnell
wie sie gekommen war, war sie auch wieder
verschwunden. Mir ist damals nicht der Gedanke gekommen, dass sie uns fotografiert
hat. Aber sie hat uns fotografiert.*
Otto Peters, Maschinist
auf der »Bismarck«

33

die »Bismarck« mit einem Schweren Kreuzer in einem Fjord bei Bergen lag. Am 22. Mai meldete ein britischer Aufklärer aus Bergen, dass die Liegeplätze der deutschen Schiffe leer seien. Tovey stach nun auch mit dem Rest seiner Streitkräfte in See, dem Schlachtschiff »King George V«, dem Schlachtkreuzer »Repulse«, dem Flugzeugträger »Victorious«, vier Kreuzern und sieben Zerstörern. »Versenkt die ›Bismarck‹«, hieß die Losung.

Die deutsche Seekriegsleitung ahnte von all dem nichts. Am 22. Mai erhielt Admiral Lütjens auf der »Bismarck« einen ermutigenden Funkspruch: »Marsch durch Norwegen-Enge unbemerkt.« Und weiter: »Bisher kein operativer Ansatz feindlicher Seestreitkräfte erkennbar.« Lütjens steuerte also wie geplant nach Norden, mitten hinein in eine Schlechtwetterfront, die sich wie ein schützender Mantel über die Kriegsschiffe legte. Die Bedingungen für einen Durchbruch schienen günstig: Der Flottenchef entschloss sich daher, direkt die Dänemarkstraße anzulaufen und nicht erst im Nordmeer bei dem dort wartenden Tanker »Weißenburg« Treiböl nachzutanken. Am 23. Mai liefen die »Bismarck« und die »Prinz Eugen« in die Dänemarkstraße hinein, gute Sicht wechselte sich mit

Erfahrungsgemäß ist der Mai der ungünstigste Monat für Passieren der Dänemarkstraße.
Operationsbefehl für »Bismarck« und »Prinz Eugen« vom 22. April 1941

»Sichere Gewässer« – ein Zerstörer vor Norwegens Küste

Phasen heftiger Schneeschauer ab. An Backbord, in Richtung Island, herrschte dichter Nebel, doch an Steuerbord, Richtung Grönland, war die Sicht zeitweise ausgezeichnet. Am Abend, gegen 18.30 Uhr, war die Packeisgrenze erreicht, mit hoher Fahrt setzten die Schiffe ihren Durchbruch fort. Dann, um 19.22 Uhr, erfassten die Radar- und Horchgeräte ein feindliches Kriegsschiff. Kurze Zeit später stieß der britische Kreuzer »Suffolk« in 11 Kilometern Entfernung aus dem Nebel heraus: Die Alarmglocken schrillten, doch nur wenige Augenblicke später hatte die »Suffolk« eiligst kehrtgemacht und war wieder im Nebel verschwunden. Lütjens war entdeckt. Schon wieder! Jetzt kam es darauf an, den britischen Verfolger rasch loszuwerden. Doch nur eine Stunde später schrillten erneut die Alarmglocken auf der »Bismarck«. In nur gut 6 Kilometer Entfernung war plötzlich ein zweiter britischer Kreuzer, die »Norfolk«, aus dem Nebel aufgetaucht. Über die Bord-

Auf See erhielten wir von der »Norfolk« und der »Suffolk« die Nachricht von der Sichtung der »Bismarck«. An das genaue Datum kann ich mich nicht erinnern. Ich war Offizier des Zerstörers »Tartar«. Bis zu diesem Zeitpunkt wussten wir zwar von der Existenz der »Bismarck«. Aber dass wir tatsächlich auf sie stoßen – diese Nachricht versetzte mich in einen Schockzustand.

Sir Ludovic Kennedy,
Offizier auf dem
Zerstörer »Tartar«

lautsprecher verkündete Kapitän Lindemann: »Feind in Sicht an Backbord, Schiff nimmt Gefecht auf.« Und schon jagten die ersten 38-cm-Granaten aus den Rohren. Die »Norfolk« nebelte sich sofort ein, drehte mit Höchstgeschwindigkeit ab und war wieder verschwunden. Kurz darauf meldete das Funkpersonal, dass das Radargerät am vorderen Gefechtsmast durch die Druckwellen der eigenen Abschüsse ausgefallen war. Lütjens ließ einen Nummernwechsel vornehmen: Die »Prinz Eugen« setzte sich mit ihren intakten Radargeräten vor die »Bismarck«, um nach vorne aufzuklären. Mit 28 Knoten rauschten die beiden Schiffe durch die Polarnacht und versuchten, im Zickzack durch Nebelwände und Schneeböen die Verfolger abzuschütteln – vergebens. Hartnäckig hielten die beiden britischen Kreuzer Fühlung und meldeten jede Kursänderung. Die »Suffolk« hatte kurz vor ihrem Einsatz ein leistungsfähiges Radargerät mit einer Reichweite von weit über 20 Kilometern erhalten. Ohne dieses Gerät hätte sie bei der schlechten Sicht, die zeitweise auf eine Seemeile absank, den Kontakt zu den deutschen Schiffen schnell verloren. Dank der neuen Technik konnte sie nun selbst durch den dicksten Nebel »hindurchschauen«.

»Betagtes Flaggschiff«
– der britische
Schlachtkreuzer
»Hood«

Lütjens ließ die »Bismarck« gegen 22.00 Uhr wenden, um die »Suffolk« überraschend anzugreifen. Doch diese wich rechtzeitig aus. Das Katz-und-Maus-Spiel verlief für die Deutschen ergebnislos. Es blieb ihnen nichts anderes übrig, als weiter mit hoher Fahrt durch die Nacht zu brausen und zu hoffen, durch einen glücklichen Umstand die Briten doch noch abschütteln zu können.

»Auf Gefechtsstation« – Flak-Soldaten der »Suffolk« gehen in Deckung

Vizeadmiral Holland dampfte zur gleichen Zeit mit seinen beiden Schlachtschiffen nach Nordwesten, um die »Bismarck« westlich von Island abzufangen. An und für sich war er dem deutschen Verband überlegen. Sein Flaggschiff, die »Hood«, war das größte Kriegsschiff seiner Zeit, etwas größer sogar noch als die »Bismarck«. Mit acht 38-cm-Kanonen entsprach die Bewaffnung die ihres Gegners. Allerdings war die »Hood« schon ein betagtes Schiff. 1919 in Dienst gestellt, war sie eher ein Schlachtkreuzer als ein Schlachtschiff: Zugunsten der hohen Konstruktionsgeschwindigkeit von 32 Knoten war sie horizontal nur schwach gepanzert. Dies machte sie gerade im Kampf gegen einen Gegner wie die »Bismarck« verwundbar, deren Granaten mit ihrem Steilfeuer bei großer Entfernung das Schiff ernsthaft gefährden konnten. Das zweite Schlachtschiff, die »Prince of Wales«, war erst vor zwei Monaten in Dienst gestellt worden und

»Feuererlaubnis« –
Salve der »Bismarck«
auf die britischen
Verfolger

eigentlich noch nicht voll einsatzbereit. Das Schiff war gut gepanzert und mit zehn 35,6-cm-Geschützen auch stark bewaffnet, doch es gab immer wieder Probleme mit den Vierlingstürmen der Hauptartillerie. Am frühen Morgen des 24. Mai, gegen 5.00 Uhr, registrierte die Unterwasserhorchstation auf der »Prinz Eugen« schnelle Schraubengeräusche an Backbord. Dies konnten nur die Einheiten sein, die die Fühlungshalter herbeigerufen hatten. Gegen 5.45 Uhr kamen zwei Rauchfahnen in Sicht, wenige Augenblicke später waren schon die Mastspitzen zu erkennen. Auf der »Bismarck« wurde Alarm gegeben. Alle Mann eilten auf ihre Gefechtsstationen. Nun lag das Schicksal der deutschen Kampfgruppe in den Händen des Ersten Artillerieoffiziers, Korvettenkapitän Schneider. Er leitete das Feuer der »Bismarck«, seine Leistung entschied darüber, ob man den Gegner würde abwehren können. Gespannt beobachtete das Brückenpersonal den Horizont. Welche Schiffe würden sich dort wohl nähern? Schneider meinte zunächst zwei Kreuzer zu erkennen. Korvettenkapitän Albrecht, der Zweite Artillerieoffizier, glaubte eher an zwei Schlachtschiffe.

Die Briten näherten sich ihrem Gegner mit hoher Geschwindigkeit. Um 5.53 Uhr gab Holland den Befehl, das Feuer auf das vordere deutsche Schiff zu eröffnen. Wenige Augenblicke später krachten die ersten Salven der vorderen Geschütztürme los. Zu spät bemerkte Holland, dass die »Prinz Eugen« vor der »Bismarck« fuhr – die »Hood« schoss

»Das stärkste Schiff« –
die »Bismarck« hat die
»Hood« im Visier

auf das falsche Schiff. Captain Leach auf der »Prince of Wales« dagegen zielte auf das hintere Schiff, die »Bismarck«. Gewaltige Wassersäulen markierten die Einschläge der britischen Granaten zwischen den beiden deutschen Schiffen. Gespannt warteten hier alle auf das erlösende Kommando:»Feuererlaubnis«. Doch Lütjens zögerte. Immer wieder fragte Schneider hektisch an: »Frage Feuererlaubnis?« Und dann immer ungeduldiger:»Gegner hat Feuer eröffnet. Gegnersalven liegen gut, Frage Feuererlaubnis?« Und wieder keine Antwort. Dann drehten die beiden britischen Schiffe etwas nach Backbord, um auch ihre hinteren Geschütztürme ins Gefecht zu bringen. Erregt rief Albrecht:»Die ›Hood‹ – es ist die ›Hood‹!«

Und dann befanden wir uns plötzlich mitten im Gefecht mit diesem berühmtesten Kriegsschiff aller Zeiten, der »Hood«. Der Schrecken aller Kriegsspiele wurde wahr.

Burkard Freiherr von
Müllenheim-Rechberg,
4. Artillerieoffizier der
»Bismarck«

Das größte Kriegsschiff der Welt, der Schrecken manch einer Übung in der Ostsee. Doch jetzt war keine Zeit, darüber weiter nachzudenken. Zwei Minuten waren vergangen, seitdem die Briten das Feuer eröffnet hatten.»Bismarck«-Kapitän Lindemann war zusehends ungehalten über den zögernden Lütjens. Schließlich rief er:»Ich lasse mir doch mein Schiff nicht unter dem Arsch wegschießen. Feuererlaubnis!« Nun nahmen die Geschütze der»Bismarck« und der»Prinz Eugen« die»Hood« unter Beschuss. Schon mit der zweiten Salve erzielte die»Prinz Eugen« ihren ersten Treffer, der die Bereitschaftsmunition der schweren Flak in Brand setzte. Deutlich war zu erkennen, wie aus den hinteren Aufbauten Rauch und Flammen schlugen. Die»Bismarck« überzog mit ihren Salven die »Hood«. Kurz nachdem die fünfte Salve die

Die »Hood« war das stärkste Schlachtschiff der Engländer. Jetzt war klar: Sie würden – weil es der Stolz der britischen Flotte war, und wir sie mit dem zweiten Schuss in drei Minuten versenkt hatten – nun wirklich alles daransetzen, um uns zu fangen.

Otto Peters, Maschinist
auf der »Bismarck«

Rohre verlassen hatte, rief Schneider:»Nanu, war das ein Blindgänger?« Doch plötzlich eine gewaltige Explosion, eine riesige Rauchsäule.»Sie fliegt in die Luft!«, rief jemand. Eine 38-cm-Granate hatte achtern die Munitionskammer getroffen! Ein Beobachter schilderte die Szene später so:»Was wir dann wahrnahmen, verschlug uns die Sprache. Die ›Hood‹ wurde einfach auseinander gerissen. Tausende Tonnen Stahl wurden in Sekundenschnelle in die Luft geschleudert. Über tausend Menschen mussten sterben. Die Entfernung betrug in diesem Moment vielleicht noch 18 Kilometer. Trotzdem war der Feuerball, der sich dort bildete, wo eben noch die ›Hood‹ gewesen war, zum Greifen nahe. Es war, als ob ein Orkan losbräche. Ich spürte den Druck der Detonation mit jedem Nerv.«

Das Heck der »Hood« wurde von der gewaltigen Detonation abgerissen, drei Minuten später versank sie in den Fluten des Atlantik. Nur drei Männer der 1413-köpfigen Besatzung konnten gerettet werden. Während die britischen Seeleute einen grausigen Tod starben, kannte der Jubel bei den Besatzungen der »Bismarck« und der »Prinz Eugen« angesichts dieses unerwarteten Erfolgs keine Grenzen. Doch das Gefecht war noch nicht vorbei. Jetzt hieß es, Zielwechsel auf die »Prince of Wales« vorzunehmen. Binnen kürzester Zeit wurde das Schiff von Captain Leach von einem wahren Geschossregen eingedeckt. Eine 38-cm-Granate fegte mitten durch die Brücke und tötete bis auf den Kommandanten und den Obersignalmeister alle Anwesenden. Weitere Granaten waren unter der Wasserlinie eingeschlagen, sodass 600 Tonnen Wasser ins Schiff drangen. Die »Prince of Wales« hatte sieben Treffer erhalten. Leach musste schleunigst das Gefecht abbrechen, zumal seine Geschütztürme immer wieder mechanische Probleme aufwiesen. Er legte einen schwarzen Rauchschleier und drehte um 6.09 Uhr ab – eine Viertelstunde, nachdem das Feuer eröffnet worden war.

Die »Bismarck« versenkte die »Hood« und beschädigte die »Prince of Wales« schwer. Wir waren alle furchtbar wütend, denn die »Hood« war doch das Glanzstück, ja die Verkörperung der britischen Marine. Nicht nur, dass sie vor der »Bismarck« das größte Schiff der Welt war, nein, sie wurde auch von der britischen Bevölkerung in einer Weise geliebt, die schwer zu beschreiben ist.

Sir Ludovic Kennedy,
Offizier auf dem
Zerstörer »Tartar«

Augenzeugen berichteten später, dass es nunmehr zu einem heftigen Disput zwischen Lindemann und Lütjens kam. Der Kommandant der »Bismarck« wollte der angeschlagenen »Prince of Wales« nachsetzen, während Lütjens gemäß seines Operationsbefehls vor allem an den Handelskrieg dachte, nicht jedoch an die Versenkung feindlicher Schlachtschiffe. Zudem hatten selbst die vielen Treffer die Geschwindigkeit der »Prince of Wales« nicht nennenswert herabsetzen können. Es würde ein langes Verfolgungsgefecht werden, bei dem die »Bismarck« weit nach Osten gezogen und selbst schwer beschädigt werden konnte. Lütjens behielt die Oberhand und setzte seinen Marsch in Richtung Südwesten fort, noch immer verfolgt von den beiden Kreuzern »Norfolk« und »Suffolk«, zu denen sich bald auch die beschädigte »Prince of Wales« gesellte.

Inzwischen waren auch die ersten Meldungen über Gefechtsschäden der »Bismarck« eingetroffen. Drei 35,6-cm-Granaten hatten das Schiff getroffen, zwei hatten ernste Schäden angerichtet: 1000 Tonnen Wasser waren ins Vorschiff gelaufen, die »Bismarck« lag nun mit dem Bug deutlich tiefer in der See, ihre Höchstgeschwindigkeit war auf 28 Knoten herabgesetzt. Darüber hinaus waren einige Leitungen unterbrochen, sodass etwa 1000 Tonnen Heizöl im Bugbereich eingeschlossen waren. Der andere Treffer hatte Bunkerzellen aufgerissen – das Schiff zog eine breite und gut zu erkennende Ölspur hinter sich her. Die »Bismarck« war zwar noch voll gefechtsklar, ein monatelanger Handelskrieg

Am Abschluss des ereignisreichen Tages verbindet sich die stolze Freude über die Versenkung der »Hood« aufgrund der Gesamtbeurteilung der Lage mit der Sorge, ob es gelingen wird, die »Bismarck« vom Gegner abzusetzen und sicher zur französischen Westküste zu überführen.

Kriegstagebuch der
Seekriegsleitung,
24. Mai 1941

konnte mit diesen Schäden jedoch nicht geführt werden. Lütjens entschloss sich zähneknirschend, die »Prinz Eugen« allein zum Handelskrieg in den Atlantik zu entlassen und mit der »Bismarck« in einem großen Bogen St. Nazaire anzulaufen. In dem riesigen Normandiedock wollte er die Gefechtsschäden ausbessern lassen und im Laufe des Sommers zusammen mit der »Scharnhorst« erneut in den Atlantik vorstoßen.

Gegen Abend des 24. Mai verschlechterte sich das Wetter zusehends. Kurz nach 18.00 Uhr signalisierte Lütjens der »Prinz Eugen« das Stichwort für die Absetzbewegung: »Hood«. Um den Gegner abzulenken, machte die »Bismarck« kehrt und griff die Fühlungshalter an. Hüben wie drüben verließen einige Salven die Rohre, dann ging die »Bismarck« wieder auf ihren alten Kurs, die drei Verfolger dicht auf ihren Fersen. Die »Prinz Eugen« hatte sich unterdessen absetzen kön-

»Wirkungstreffer der Briten« – der Bug der »Bismarck« liegt tief im Wasser

43

nen. Sie steuerte mit Kurs Süden, um westlich der Azoren Treiböl aus einem Tanker zu übernehmen.

Die britische Admiralität hatte an jenem 24. Mai 1941 eine bittere Niederlage hinnehmen müssen. Die »Hood«, ihr größtes Kriegsschiff, war in nur sechs Minuten von den Deutschen versenkt worden! Aber immerhin wusste man nun, wo der Gegner steckte. Admiral Tovey wollte mit seiner Kampfgruppe versuchen, die »Bismarck« zu stellen. Den ersten Schlag sollten die Trägerflugzeuge der »Victorious« ausführen. Am Abend starteten neun »Swordfish«-Torpedobomber – antiquiert wirkende Doppeldecker, denen kaum jemand zutraute, gegen diesen Riesen etwas ausrichten zu können. Kurz vor Mitternacht, es war noch immer taghell, wurde auf der »Bismarck« Fliegeralarm gegeben. Deutlich war zu erkennen, wie sich die Maschinen zum Angriff formierten. Dann stürzten sie mit Todesverachtung in das mörderische Flakfeuer hinab. Sogar die Schwere Artillerie eröffnete das Feuer. Sie schoss kurz vor den Flugzeugen in die See, um mit gewaltigen Wassersäulen die »Swordfishs« zum Absturz zu bringen. Dicht über dem Wasser fliegend klinkten die Piloten 400 bis 500 Meter vor dem Ziel ihre Torpedos aus. Die »Bismarck« hatte ihre Geschwindigkeit auf 27 Knoten erhöht und konnte in wildem Zickzackkurs den so genannten Aalen ausweichen. Dann, am Ende des Angriffs, schlich sich im Gegenlicht der untergehenden Sonne eine »Swordfish« von Steuerbord aus an die Feuer speiende »Bismarck« heran. Ihr Torpedo raste als Oberflächenläufer auf sein Ziel zu und schlug auf dem Hauptpanzergürtel kurz unterhalb der Wasserlinie ein – ohne Wirkung. Nach dem Angriff wurden die Schäden begutachtet. Durch die hohen Fahrtstufen und den wilden Zickzackkurs war noch mehr Wasser ins Schiff eingedrungen.

Die Flugzeuge flogen ganz tief über der Wasseroberfläche. Es waren Doppeldecker vom Typ »Swordfish«, die zwischen den Schwimmern Torpedos hatten. Vielleicht 500 Meter vor unserem Schiff haben sie die Torpedos ausgeklinkt und sind wieder hochgegangen.

Otto Höntzsch, Besatzungsmitglied der »Bismarck«, über den ersten Flugzeugangriff

Um die Lecksegel über den Einschusslöchern wieder abzudichten, musste die Fahrt für einige Zeit auf 16 Knoten gedrosselt werden. Der Treibölverlust war mittlerweile so gravierend, dass Lütjens seinen Plan, die Verfolger auf dem Weg nach St. Nazaire über eine weiter im Süden stehende Gruppe deutscher U-Boote zu ziehen, aufgeben musste. Die »Bismarck« nahm nun direkt Kurs auf die Normandie.

Solange sie von den Fühlungshaltern verfolgt wurden, waren die Chancen, Frankreich zu erreichen, allerdings gleich null. Ständig meldeten diese die Position des Schiffes, sodass es nur noch eine Frage der Zeit war, bis die Briten mit überlegenen Kräften heran waren. In der

»Gefährliche Fracht« – ein »Swordfish«- Doppeldecker wird mit einem Torpedo bestückt

»Bestens gerüstet« –
die britische Marine,
hier ein Minensucher,
ist den Deutschen weit
überlegen

Tat rechnete Admiral Tovey damit, die »Bismarck« am Morgen des 25. Mai stellen zu können. Es kam somit alles darauf an, die britischen Kreuzer endlich abzuschütteln und in den Weiten des Atlantik zu verschwinden. Der Umstand, dass man seit geraumer Zeit in Gewässern kreuzte, in denen mit deutschen U-Booten zu rechnen war, kam Lütjens dabei sehr entgegen. Seine Verfolger fuhren nämlich einen lang gestreckten Zickzackkurs. Jedes Mal, wenn die »Suffolk« nach Backbord zackte, verlor sie den Radarkontakt mit der »Bismarck« für etwa eine Viertelstunde, um ihn nach der erneuten Wendung nach Steuerbord sogleich wiederzugewinnen. Lütjens, der den Kurs der »Suffolk« auf dem Radarschirm verfolgen konnte, machte sich diese Schwäche zu Nutze: Kurz nach 3.00 Uhr am Morgen des 25. Mai passte er genau den Augenblick ab, an dem die »Suffolk« wieder einmal für kurze Zeit den Kontakt verlor. Mit Höchstfahrt drehte er nach Steuerbord ab und umfuhr seine Verfolger von achtern. Als die »Suffolk« wieder eindrehte, war die »Bismarck« bereits außerhalb ihrer Reichweite. Nach unendlich langen 31 Stunden hatte die »Suffolk« – und damit auch die hinter ihr fahrenden Kreuzer »Norfolk« und »Prince of Wales« – die Fühlung verloren!

Lütjens ahnte offenbar nicht, dass sein Coup geglückt war, denn um 7.00 Uhr funkte er an die Marinegruppe West in Paris: »Ein Schlachtschiff, zwei Schwere Kreuzer halten weiter Fühlung.« Warum er den Erfolg seines Manövers nicht erkannte, ist heute nicht mehr zu klären. Möglicherweise war sein Funkmessbeobachtungsgerät defekt und zeigte nach wie vor an, dass er vom feindlichen Radar geortet wurde. Möglich auch, dass die B-Dienst-Gruppe an Bord Funksprüche der britischen Kreuzer dahingehend interpretierte, dass sie noch immer Kontakt hatten. Beweise für die eine oder andere Variante fehlen, da keiner der maßgeblichen Offiziere den Untergang des Schiffes überlebt hat. Immerhin schloss die Marinegruppe West in Paris aus der Beobachtung des Funkverkehrs richtig, dass Lütjens seine Verfolger abgeschüttelt hatte. Um 8.46 Uhr funkte sie an ihn: »Es besteht Eindruck, dass Fühlung abgerissen.« Der deutsche Flottenchef bekam diesen Funkspruch jedoch nicht mehr rechtzeitig in die Hand und beging seinen schwersten Fehler auf dieser Fahrt. Kurz nach 9.00 Uhr meldete er in aller Ausführlichkeit die Details des bisherigen Einsatzes nach Paris. Über dreißig Minuten dauerte die Übermittlung des Funkspruchs. Für die Briten war es nun ein Leichtes, das verlorene deutsche Schiff wieder einzupeilen. Doch nun passierte das Unglaubliche: Die Peilstrahlen wurden zunächst falsch ausgewertet. Man

Unsere Funksprüche sind eingepeilt worden, und so kamen die Engländer. Diese Funksprüche waren viel zu lang und außerdem gänzlich überflüssig. Sie haben das Schicksal der »Bismarck« besiegelt. Das war der größte Fehler, den Lütjens gemacht hat. Ohne diese Funksprüche hätten wir es vielleicht noch geschafft, nach Frankreich durchzukommen. Aber mit den Funksprüchen waren wir tot.

Burkard Freiherr von
Müllenheim-Rechberg,
4. Artillerieoffizier der
»Bismarck«

glaubte, dass die »Bismarck« nach Norden, in Richtung Norwegen fuhr. Die »Home Fleet« dampfte sieben Stunden lang in die falsche Richtung. Erst am Abend des 25. Mai war der Irrtum entdeckt. Nun war klar, wohin die »Bismarck« wollte – nach Westfrankreich. Admiral Tovey, der nur drei Stunden entfernt war, als die »Suffolk« die Fühlung verloren hatte, lag mittlerweile rund 150 Seemeilen hinter seinem Gegner zurück. Es war unmöglich, diesen Rückstand aufzuholen. Jetzt konnte nur noch die »Force H«, die aus Gibraltar mit Höchstfahrt nach Norden marschierte, die »Bismarck« aufhalten. Bevor die Torpedoflugzeuge der »Ark Royal« zum Angriff starten konnten, war es jedoch unabdingbar, die Fühlung wiederzugewinnen. Von Nordirland aus starteten Fernaufklärer, die fieberhaft nach dem deutschen Schiff suchten – ohne Erfolg, sie sahen nichts als eine leere Wasserwüste. Die »Bismarck« schien tatsächlich vom Ozean verschluckt worden zu sein.

»Mut oder Todesverachtung?« »Swordfish«-Piloten der »Victorious« warten auf den Einsatz

An Bord des deutschen Schlachtschiffs war die Stimmung unterdessen ausgezeichnet. Man hatte den Stolz der britischen Marine versenkt

und einen Angriff britischer Torpedobomber unbeschadet überstanden. Schließlich sprach es sich auch herum, dass die lästigen Fühlungshalter abgeschüttelt worden waren. Jetzt konnte nichts mehr schief gehen! Bald würde man St. Nazaire erreichen. Niemand ahnte, dass britische Kriegsschiffe mehrmals an diesem 25. Mai, dem Geburtstag von Admiral Lütjens, in weniger als 100 Kilometer Entfernung ihren Kurs gekreuzt hatten, ohne dass sie von der »Bismarck« entdeckt worden waren.

»Altmodisch, aber wirkungsvoll« – »Swordfish«-Torpedobomber

Als Lütjens gegen Mittag in einer unerwarteten Rede zu seiner Besatzung sprach, schlug die Stimmung an Bord um: »Auf dem Weg nach Frankreich«, so meinte der notorische Pessimist, »wird sich der Feind sammeln und uns zum Kampf stellen. Das deutsche Volk ist bei Euch, und wir werden schießen, bis die Rohre glühen und bis das letzte Geschoss die Rohre verlassen hat. Für uns Soldaten heißt es jetzt: ›Siegen oder Sterben‹!« »Es ist wohl aus!«, bemerkte einer der Unteroffiziere. Wenn selbst der Flottenchef so fatalistische Worte sprach, dann gab es wohl keine Hoffnung mehr, den Briten zu entkommen. Niedergeschlagenheit machte sich breit. Kapitän Lindemann erkannte

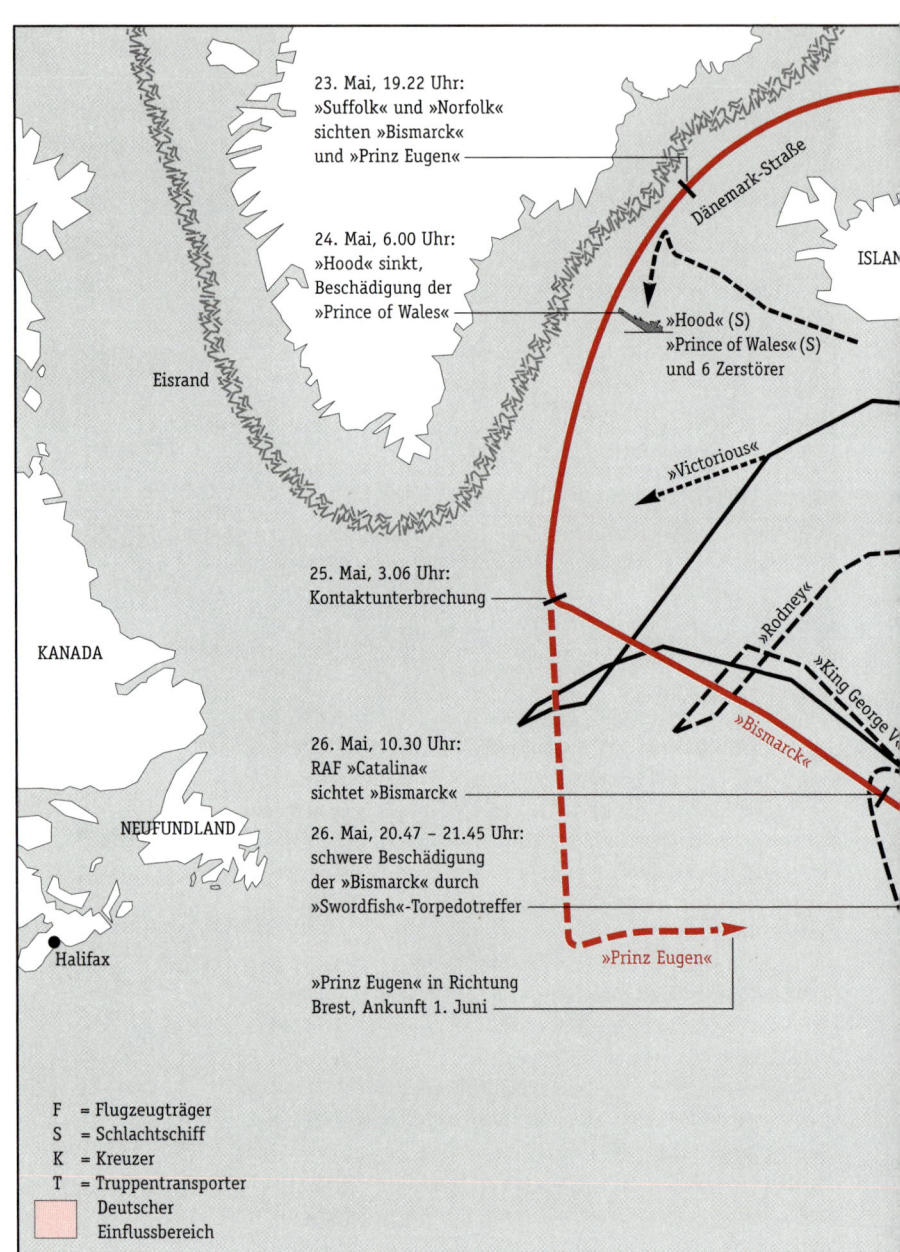

23. Mai, 19.22 Uhr:
»Suffolk« und »Norfolk«
sichten »Bismarck«
und »Prinz Eugen«

24. Mai, 6.00 Uhr:
»Hood« sinkt,
Beschädigung der
»Prince of Wales«

Dänemark-Straße

ISLAN

»Hood« (S)
»Prince of Wales« (S)
und 6 Zerstörer

Eisrand

»Victorious«

25. Mai, 3.06 Uhr:
Kontaktunterbrechung

KANADA

»Rodney«

»King George V

»Bismarck«

26. Mai, 10.30 Uhr:
RAF »Catalina«
sichtet »Bismarck«

NEUFUNDLAND

26. Mai, 20.47 – 21.45 Uhr:
schwere Beschädigung
der »Bismarck« durch
»Swordfish«-Torpedotreffer

Halifax

»Prinz Eugen«

»Prinz Eugen« in Richtung
Brest, Ankunft 1. Juni

F = Flugzeugträger
S = Schlachtschiff
K = Kreuzer
T = Truppentransporter
Deutscher
Einflussbereich

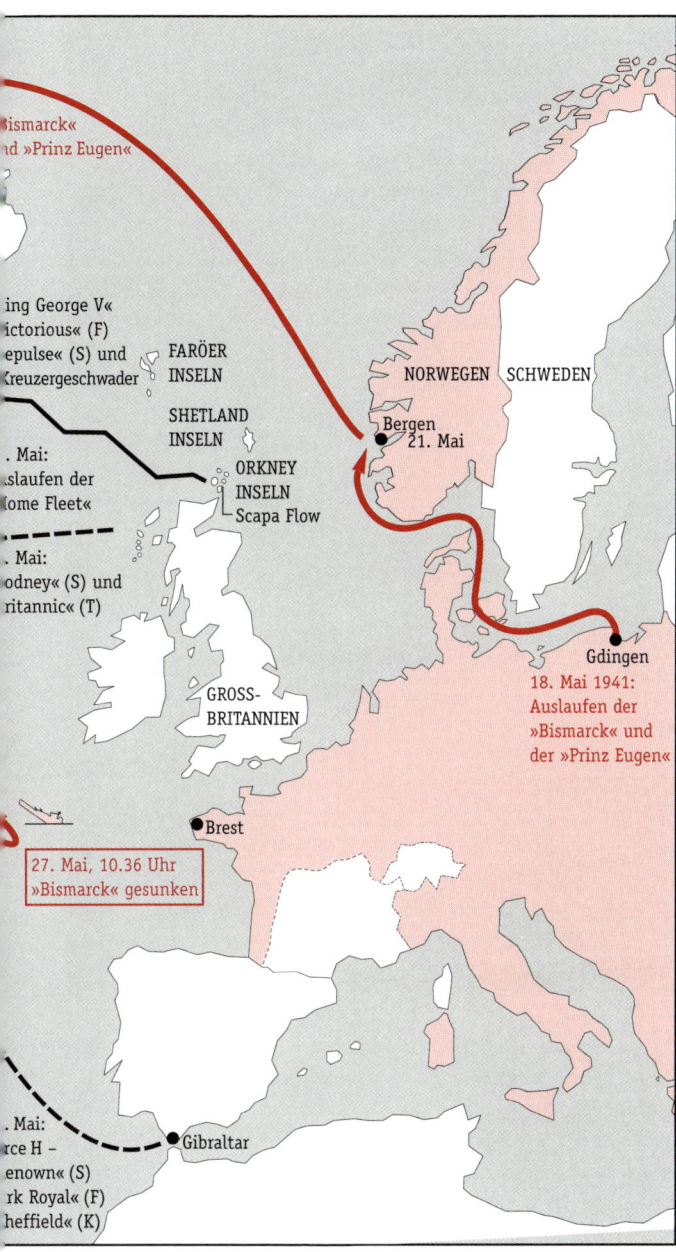

»Bismarck«
d »Prinz Eugen«

ing George V«
ictorious« (F)
epulse« (S) und
Kreuzergeschwader

FARÖER
INSELN

SHETLAND
INSELN

. Mai:
.slaufen der
ome Fleet«

ORKNEY
INSELN
Scapa Flow

NORWEGEN   SCHWEDEN

Bergen
21. Mai

. Mai:
odney« (S) und
ritannic« (T)

GROSS-
BRITANNIEN

Gdingen

18. Mai 1941:
Auslaufen der
»Bismarck« und
der »Prinz Eugen«

Brest

27. Mai, 10.36 Uhr
»Bismarck« gesunken

. Mai:
rce H –
enown« (S)
rk Royal« (F)
heffield« (K)

Gibraltar

Die Fahrt der
»Bismarck«
vom 18. bis zum
27. Mai 1941

51

»Siegen oder sterben« –
Admiral Lütjens sieht
wenig Chancen für
sein Schiff

die Situation, sprach kurze Zeit später seinerseits zu den Männern und versuchte sie – nicht ohne Erfolg – aufzumuntern. Man kann darüber spekulieren, ob Lütjens nur die falschen Worte wählte oder ob er seinem eigenen Pessimismus Luft verschaffte. Letzteres scheint eher wahrscheinlich, denn aus seinen Funksprüchen geht hervor, dass die Leistungen der britischen Radargeräte einen tiefen Eindruck bei ihm hinterlassen hatten.

Der 25. Mai, ein Sonntag, verstrich ohne weitere Vorkommnisse. Mit einer Marschfahrt von 21 Knoten dampfte die »Bismarck« nach Südosten. Jetzt erwies es sich als tragischer Fehler, dass Lütjens das Schiff in Bergen nicht hatte voll auftanken lassen. Dann hätte die »Bismarck« 28 Knoten laufen können und wäre ihren Verfolgern längst entkommen. Nun konnte die Besatzung nur hoffen, dass das Kriegsglück noch einmal auf ihrer Seite war. Die Nacht kam und noch immer war kein Gegner auf See oder in der Luft zu sehen. Am frühen Morgen des 26. Mai ließ die Schiffsführung durchsagen: »Auf dem Weg nach St. Nazaire haben wir jetzt drei Viertel von Irland passiert. Bis zum Mittag werden wir uns wieder im Operationsgebiet deutscher Unterseeboote und in Reichweite deutscher Flugzeuge befinden.« Die Stimmung besserte sich zusehends. Es sah so aus, als ob die »Bismarck« dem Gegner am Ende doch noch ein Schnippchen schlagen würde.

Flying Officer Dennis Briggs war am Morgen des 26. Mai gegen 3.00 Uhr mit seinem »Catalina«-Flugboot von Nordirland aus gestartet, um weit draußen vor der Insel nach der »Bismarck« zu suchen. Die Maschine war bereits über sieben Stunden in der Luft, als der Copilot durch ein Wolkenloch für kurze Zeit ein gewaltiges Schiff entdeckte. Briggs zog die Maschine herum, stieß aus den tief hängenden Wolken und plötzlich lag die »Bismarck« vor ihm, zum Greifen nahe, keine 500 Meter entfernt. Sofort explodierten Flakgeschosse rings um die »Catalina«. Wenn es noch eines Beweises bedurft hätte, was dies für ein Schiff war – jetzt war er unmissverständlich erbracht. Hartnäckig hielt Briggs in den nächsten Stunden Fühlung. Das deutsche Schlachtschiff war wiederentdeckt und der Flugzeugträger »Ark Royal« nur knapp 200 Kilometer entfernt. Admiral Tovey hatte mittlerweile einige seiner Schiffe wegen Brennstoffmangels entlassen müssen. Nun jagte er mit den beiden Schlachtschiffen »King George V« und »Rodney« nach Osten. Allerdings: Wenn es bis Mitternacht nicht gelang, die Geschwindigkeit der »Bismarck« drastisch herabzusenken, musste er die Jagd erfolglos abblasen, da ihm selbst allmählich das Treiböl ausging. Alles hing nun von den »Swordfish«-Torpedobombern der »Ark Royal« ab. Kurz vor 15.00 Uhr waren fünfzehn Bomber zum Angriff gestartet. Als sie bald

Am Abend des 25. Mai besteht bei der Skl die hoffnungsfrohe Gewissheit, dass es dem Flottenchef im Verlauf des Vormittags gelungen ist, die Fühlunghalter abzuschütteln. Diese Erwartung eröffnet neue günstigere Aussichten. Die Skl erhofft noch immer, dass die Lage an Bord der »Bismarck« (Trefferauswirkung, Brennstofflage) es dem Flottenchef gestattet, sich in den freien Atlantik nach Westen oder Südwesten abzusetzen.

Kriegstagebuch der
Seekriegsleitung,
25. Mai 1941

darauf in dem diesigen Wetter ein Kriegsschiff ausmachten, stürzten sie herab und klinkten ihre Torpedos aus. Doch was war das? Das war nicht die »Bismarck«, um Gottes willen, es war der Leichte Kreuzer »Sheffield«, ein Schiff der »Force H«, das die Fühlungshalter in der Luft ablösen sollte. Die Piloten erkannten ihren Irrtum zu spät. Aber sie hatten Glück im Unglück: Die meisten ihrer Magnettorpedos detonierten bereits kurz nach dem Aufschlag aufs Wasser. Die »Sheffield« kam noch einmal mit dem Schrecken davon. Zurück auf dem Träger wurden die »Swordfishs« mit zuverlässigeren Torpedos ausgerüstet und wieder startklar gemacht. Um 19.15 Uhr brachen sie zu ihrem nächsten Angriff auf.

Durch den zweiten Treffer in der Ruderanlage hatte sich das Ruder verklemmt. Eine Stunde lang sind wir im Kreis gefahren, bis einer darauf gekommen ist, dass man das Ruder losbekommen kann, indem man eine Wasserbombe wirft und detonieren lässt. Dies glückte, doch das Ruder konnte jetzt nicht mehr bedient werden; das Schiff ließ sich nur noch mit der Schraube steuern. Dies war insofern problematisch, als wir nicht mehr mit der See, sondern nur noch gegen die See steuern konnten. Wir konnten nicht mehr Richtung Frankreich fahren, sondern liefen dem Feind direkt in die Arme. Es gab kein Zurück mehr.

Otto Höntzsch,
Besatzungsmitglied der
»Bismarck«

Schnell war die vorgeschobene »Sheffield« erreicht, die zeitweise schon Sichtkontakt mit dem Feind hatte. Und dann, nachdem die Maschinen gut eine Stunde in der Luft waren, hatten sie ihr Ziel gefunden: Aus allen Richtungen griffen sie die »Bismarck« an, nur knapp über dem Wasser fliegend. Die Flak schoss, was die Rohre hergaben, und auch diesmal fielen die 38-cm- und 15-cm-Geschütze mit ein. Es ist kaum zu glauben, dass keiner der Angreifer in diesem Feuerorkan abgeschossen wurde. Wie ein Haken schlagender Hase versuchte Lindemann den Torpedolaufbahnen auszuweichen. Nach etwa fünfzehn Minuten waren an Bord dann deutlich zwei Detonationen zu hören. Ein »Aal« hatte in den mächtigen Seitenpanzer eingeschlagen, ohne größeren Schaden anzurichten. Der andere Torpedo aber hatte den Riesen am Heck getroffen. Die Gewalt der Explosion verklemmte die beiden Ruder – gerade als die »Bismarck« einen leichten Schwenk nach Backbord vornahm. Deutlich war zu spüren, wie sich das Schlachtschiff nach dem Angriff drehte, seinen Verfolgern direkt in die Arme.

Fieberhaft gingen die Reparaturtrupps an die Arbeit, versuchten mehrmals vergeblich, die verklemmten Ruder freizubekommen. Das Steuern mit den Schrauben musste ergebnislos abgebrochen werden. Dann überlegte man, die Ruder einfach abzusprengen. Doch das Risiko, dadurch die noch intakten Schrauben zu beschädigen, war zu groß. Gegen Mitternacht war es gewiss: Die Reparaturarbeiten an der

»Völlig erschöpft« – nur wenige Überlebende der »Bismarck« werden von britischen Schiffen aufgenommen

Ruderanlage waren gescheitert! In der schweren See schlingerte das Schiff seinem Feind entgegen. Bald würden die britischen Schlachtschiffe heran sein und die manövrierunfähige »Bismarck« angreifen. Ein Entkommen war nicht mehr möglich. »Morgen sind wir alle tot«, schoss es Kapitänleutnant Müllenheim-Rechberg durch den Kopf. Das Schicksal hatte sich gegen die »Bismarck« gewendet. Niemand konnte ihr jetzt mehr helfen. Bei dem miserablen Wetter war nicht zu erwarten, dass es deutschen Bombern gelingen würde, an der Grenze ihrer Reichweite den britischen Schlachtschiffen Schaden zuzufügen. Ebenso erging es den U-Booten, die eilig zum Ort des Geschehens beordert worden waren. U 556, das Patenboot der »Bismarck«, bekam die »Force H« in Sicht, gerade als die zweite Welle der »Swordfish«-Torpedobomber gestartet worden war. Die »Ark Royal« und die »Renown« standen in idealer Schussposition, doch U 556, das auf dem Heimweg von der Order überrascht worden war, hatte keine Torpedos mehr an Bord! Und wenige Stunden später schrieb der Kommandant, Kapitänleutnant Wolfahrth, in sein Kriegstagebuch: »Aufgetaucht. Was kann ich nur für die ›Bismarck‹ tun? Ich beobachte Leuchtgranatenschießen und Abwehrfeuer von ›Bismarck‹. Es ist ein schreckliches Gefühl, in der Nähe zu sein und nichts tun zu können.«

Ich sah Berge von Toten. Als ich nach Oberdeck kam, war das Schiff schon fast untergegangen. Es neigte sich ungefähr 45 Grad zur Seite. Wegen der großen Windstärke gingen die Brecher über Deck. Die Toten sahen ganz weiß aus – das Wasser hatte ihr Blut weggespült. Es war schrecklich. Dann bäumte sich das Schiff ganz allmählich auf, mit dem Bug nach oben. Einige Zeit stand es fast steil im Wasser. Dann war es verschwunden.

Otto Peters, Maschinist
auf der »Bismarck«

Am Morgen begann das Requiem. Ein tiefer Fatalismus hatte die Männer erfasst. »Heute wird meine Frau Witwe, sie weiß es nur noch nicht«, sagte einer der Offiziere in der Messe. Kapitän Lindemann stand bereits mit aufgeblasener Schwimmweste auf der Brücke und blickte resigniert in die aufgewühlte See. Er nahm gerade sein Frühstück zu sich, als die »King George V« und die »Rodney« auf das manövrierunfähige Schiff zuhielten. Um 8.50 Uhr begann der Kampf. Die Briten hatten sich schnell eingeschossen und verringerten rasch die Gefechtsentfernung. »Näher ran«, befahl Tovey, »näher, noch näher, ich kann nicht genug Treffer sehen.« Schon nach gut zehn Minuten wurde der vordere Artillerieleitstand der »Bismarck« von einem Volltreffer in tausend Stücke gerissen. Wenige Augenblicke später fielen die vorderen 38-cm-Türme aus, dann war auch der hintere Artillerieleitstand zerstört. Spätestens jetzt wäre es an der Zeit gewesen, den Kampf abzubrechen und den Briten das Signal für die Rettung der Besatzung zu geben. Die Männer hatten wahrhaft ihre Pflicht erfüllt und alles Menschenmögliche getan, den Gegner zu bekämpfen. Doch der ungleiche Kampf, der längst einem Scheibenschießen glich, ging weiter. Um 9.31 Uhr schwiegen alle schweren Geschütze des deutschen Schiffes. Die in der Dünung schlingernde »Bismarck« hatte selbst keine Treffer erzielen können. Wenige Augenblicke später wurde das Schiff von Granaten überschüttet, eine geordnete Befehlsführung brach zusammen. Lütjens hatte sich entschlossen, mit seinem Schiff so zu enden, wie es die Marineleitung von ihm erwartete: bis zum Letzten kämpfend, um dann mit wehender Flagge unterzugehen. Kurz vor Mitternacht, als die Reparaturversuche abgebrochen worden waren, hatte er noch gefunkt: »Schiff manövrierunfähig. Wir kämpfen bis zur letzten Granate. Es lebe der Führer!« Und eine Stunde später: »Schiff ist waffenmäßig und maschinell voll in Takt.« In einem Funkspruch an Hitler meldete Lütjens dann: »Wir kämpfen bis zum Letzten im Glauben an Sie, mein Führer, und in felsenfestem Vertrauen auf Deutschlands Sieg.« Aus heutiger Sicht eine perverse Botschaft – und doch nicht unbedingt das Resultat notorischer NS-Gesinnung. Es war die Tradition der Marine, die das vorzeitige Streichen der Flagge verbot, die praktisch die Opferung der Besatzung für die vermeintliche Ehre von Staatsführung und Vaterland vorschrieb. Einer solchen Tradition fühlte Lütjens sich verpflichtet. Die Selbstversenkung der »Graf Spee« vor Montevideo war in der Marine als Schmach empfunden worden. Und Lütjens wollte unter keinen Umständen, dass man ihn wie seinen Vorgänger als »Versager« verspottete. Für eine solche Gesinnung opferte der Admiral seine Besatzung – mehr als 2000 Männer.

Um 10.16 Uhr stellten die Briten ihr Feuer ein, sie waren bis auf wenige Kilometer herangekommen und hatten die »Bismarck« in ein loderndes Wrack verwandelt. Dichte Qualmwolken hüllten das Vorschiff ein, überall gab

Wie schon gestern bekannt gegeben, wurde das Schlachtschiff »Bismarck« nach seinem siegreichen Gefecht bei Island am 26. Mai abends durch einen Torpedotreffer eines feindlichen Flugzeuges manövrierunfähig. Getreu dem letzten Funkspruch des Flottenchefs Admiral Lütjens ist das Schlachtschiff mit seinem Kommandanten Kapitän zur See Lindemann und seiner tapferen Besatzung am 27. Mai vormittags der vielfachen feindlichen Übermacht erlegen und mit wehender Flagge gesunken.

Bekanntgabe des
Oberkommandos der
Wehrmacht, 28.Mai 1941

es Verwüstungen, Berge von Toten und grausam Verstümmelte. Nach den Erinnerungen Überlebender herrschte eine Szenerie wie in Dantes Inferno. Admiral Tovey lief mit seinen beiden Schlachtschiffen in Richtung Heimat ab und überließ die Versenkung der »Bismarck«

»Warten auf das Kriegs-
ende« – gefangene
Matrosen der »Bis-
marck«

»Wertvoll und verwund-
bar« – Schlachtschiffe
wie die »Scharnhorst«
wurden mit allen
Mitteln gejagt

dem Kreuzer »Dorsetshire«. Dieser feuerte drei Torpedos, die alle ihr
Ziel erreichten. Gegen 10.00 Uhr hatte Kapitänleutnant Junack im
Maschinenraum der »Bismarck« der Befehl erreicht, das Schiff zur
Versenkung vorzubereiten. Dann hört er nichts mehr von der Führung. Schließlich – es mag gegen 10.15 Uhr gewesen sein – sprengte er
auf eigene Verantwortung die Seewasserventile der »Bismarck«. Jetzt
begann das Schiff zu sinken. Es senkte sich weit nach Backbord und
sackte mit dem Heck immer tiefer. Männer, die das Inferno bislang
überlebt hatten, bahnten sich ihren Weg ans Oberdeck und sprangen
in den eiskalten Atlantik. In diesem Augenblick sah der im Wasser
schwimmende Maschinengefreite Römer, wie Kommandant Lindemann mit seinem Gefechtsmelder den Bug erklomm und grüßend mit
seinem Schiff unterging. »Ich dachte immer, so etwas steht nur in
Büchern, und nun habe ich es selbst erlebt.«
Der Kreuzer »Dorsetshire« und der Zerstörer »Maori« versuchten in
der schweren Dünung, die Überlebenden an Bord zu nehmen. Seile
wurden in die ölverschmierte See herabgelassen, doch nur die Stärksten schafften es, sich festzuklammern. Völlig erschöpft wurden sie von
den Briten an Deck gehievt. Nachdem beide Schiffe 110 Mann gerettet

hatten, glaubte ein Ausguck auf der »Dorsetshire« in zwei Meilen Entfernung ein U-Boot ausgemacht zu haben. Die Rettungsaktion wurde abgebrochen. »Auf der ›Dorsetshire‹«, berichtete später Ludovic Kennedy, »hörte man das schwache Rufen hunderter deutscher Seeleute, die ihre Rettung schon zum Greifen nahe glaubten und überzeugt waren, dass ihr langer Leidensweg endlich vorüber sei; es waren Schreie, an die sich die britischen Seeleute ebenso wie die Geretteten immer erinnern werden.« U 74 konnte am Abend des 27. Mai noch drei Überlebende aus einem treibenden Schlauchboot aufnehmen. Die anderen zur Untergangsstelle befohlenen U-Boote sahen nur noch Leichen und Trümmer. Der Matrosengefreite Otto Maus und der Maschinengefreite Walter Lorenzen hatten unglaubliches Glück: Am Abend des 28. Mai sichtete das deutsche Wetterbeobachtungsschiff »Sachsenwald« ihr Floß und nahm sie an Bord. Von den 2221 Mann Besatzung haben nur 115 den Untergang überlebt.

Ich habe versucht, mich oben auf den Wellen zu halten. Zum Glück trieb ich auf die »Dorsetshire« zu, ich konnte das bei dem starken Seegang ja überhaupt nicht beeinflussen. Die Seeleute haben dann Taue heruntergeworfen. Aber weil ich voller Öl war, hatte ich so glitschige Hände, dass ich zwei Mal wieder aus der Schlinge herausrutschte und ins Wasser zurückfiel. Ich war der letzte Gerettete. Nach meiner Rettung gab es U-Boot-Alarm und man hat die Rettungsaktion sofort abgebrochen. Es waren noch sehr viele im Wasser.

Karl Kuhn,
Besatzungsmitglied der
»Bismarck«

»Auf Todesfahrt« –
Kommandostand der
»Scharnhost«

Alle waren dagegen, dass die »Scharnhorst«
rausgeht. Aber Dönitz hat es befohlen, weil er
mit Hitler diskutiert hatte, ob die Dickschiffe
beibehalten werden sollten oder nicht. Sie wa-
ren übereingekommen, dass die Dickschiffe
abmontiert werden, wenn sie innerhalb von
sechs Monaten keinen Erfolg erzielen. Drei
Monate waren um, und Dönitz sah die Möglich-
keit, den Beweis zu liefern, dass die Dickschif-
fe doch noch gebraucht werden. Die »Scharn-
horst« ist ins Dunkel hineingefahren – aber
der Gegner hat mit seinem Radar die »Scharn-
horst« gesehen und konnte sie abschießen.
Das Schiff ist mit 2000 Mann Besatzung
gesunken.

Erich Topp,
U-Boot-Kommandant

Das tragische Ende der »Bismarck« bedeutete
nicht nur den Verlust eines symbolträchtigen
Schlachtschiffs, es markierte auch den Anfang
vom Ende der Atlantikschlacht mit Überwas-
serschiffen: Im Juni 1941 rollten die Briten
das Netz der deutschen Tanker im Atlantik
auf. Brest wurde massiv von der Royal Air
Force bombardiert, die »Prinz Eugen«, die
hier am 1. Juli eingelaufen war, erhielt bald
einen Bombentreffer und auch die »Scharnhorst« wurde schwer getroffen. Die deutschen
Kriegsschiffe wurden 1942 nach Norwegen
verlegt und verkrochen sich hier in den Fjorden. Einsätze wurden wegen der Bedrohung
durch feindliche Torpedoflieger, eklatantem
Treibölmangel und nicht zuletzt wegen Hitlers panischer Angst, wieder ein wertvolles
Schiff zu verlieren, kaum mehr durchgeführt.
Am Ende stand die Todesfahrt der »Scharnhorst«. Das letzte noch
intakte deutsche Schlachtschiff sollte Weihnachten 1943 im Nordmeer
den alliierten Geleitzug JW55B angreifen – ein Himmelfahrtskom-

»Kaum eine Überlebens-
chance« – fast alle
Matrosen der »Scharn-
horst« starben

mando ohne Aussicht auf Erfolg. Doch Groß-admiral Karl Dönitz, seit Anfang des Jahres Raeders Nachfolger als Oberbefehlshaber der Marine, wollte Hitler beweisen, dass die Großkampfschiffe noch immer zu etwas nütze waren. Weder ungünstige Wettermel-dungen noch ablehnende Ratschläge des Marineoberkommandos Nord ließen Dönitz davon absehen, dem Kapitän der »Scharn-horst« den verhängnisvollen Einsatzbefehl zu übermitteln. An Bord feierte die Besatzung Weihnachten. »Wir hatten geschmückte Tannenbäume, kleine Geschenke und die Heimatpost wur-den verteilt«, erinnerte sich der Schiffsme-chaniker Herbert Reimann. »Aber es lag etwas

Das Schiff neigte sich weit auf die Seite und versank dann langsam in den Fluten. Dann wurde es stockdunkel. Man konnte nichts mehr sehen, man hat nur noch den Wind ge-hört und die Wellen gespürt. Ich war alleine auf dem Meer. ... Auf dem Deck des engli-schen Zerstörers bekamen wir Geretteten Tee und Kakao. Wir wurden von hinten und von vorne mit Handtüchern abgerubbelt. Die eng-lischen Seeleute haben sich sehr viel Mühe gegeben, um uns wieder halbwegs ins Leben zurückzuholen.

Herbert Reimann,
Artilleriemechaniker
auf der »Scharnhorst«

in der Luft, als ahnten die Leute, dass irgendetwas passieren würde. Es herrschte eine seltsame Unruhe.« Am ersten Weihnachtsfeiertag des Jahres 1943 trafen alliierte Torpedos den Rumpf der »Scharnhorst«. Fast 1900 Seeleute starben, nur 36 überlebten. Einer von ihnen war Herbert Reimann, der die letzten Stunden auf der »Scharnhorst« nie vergessen kann. »Alles ging ganz ruhig vor sich, aber ich hörte das dreifache ›Hurra‹, das zahlreiche Matrosen im Wasser ausbrachten, und anschließend das Lied ›Auf einem Seemannsgrab, da blühen keine Rosen‹.« Es war das Todeslied der deutschen Kriegsmarine. Ihre Über-wasserflotte war praktisch ausgelöscht.

»Warten auf Opfer« –
deutsches U-Boot
im Atlantik

Die deutschen U-Boote gehörten zu den gefährlichsten Waffen des Zweiten Weltkriegs. Um ein Haar hätten sie den Krieg zur See entschieden. Mitte 1941 gelang den Briten der große Coup: Sie bombardierten U 110 und zwangen das Boot zum Auftauchen. Dabei fiel ihnen »Enigma«, der Schlüssel zum geheimen deutschen Wehrmachtscode in die Hände. Die Deutschen ahnten nichts von dieser reichen Beute, die die Wende in der Atlantikschlacht herbeiführen sollte.

Tödliche Falle

A n einem Oktoberabend, kurz nach 19.00 Uhr, durchbrach der stählerne Leib eines deutschen U-Bootes die Wasseroberfläche. Der Kommandant öffnete das Turmluk und kletterte auf die Brücke. Die Dieselmotoren wurden angeworfen, rasch nahm das Boot Fahrt auf. Der Zweite Weltkrieg war gerade sechs Wochen alt, Polen war von der Wehrmacht besetzt, an der Westfront gab es den »drôle de guerre«, den »komischen Krieg«, in dem sich Franzosen und Deutsche scheinbar friedlich gegenüberlagen. Auf dem Kontinent herrschte Ruhe vor dem Sturm – nur auf See wurde gekämpft.

Es war die Nacht des 13. Oktober 1939, in der

Die U-Boot-Waffe ist nicht überholt; im Gegenteil, sie ist vielleicht berufen, in einem zukünftigen Seekrieg die Entscheidung herbeizuführen. Sie hat ihre großen Erfolge nicht hinter sich, sondern – und das ist meine feste Überzeugung – erst vor sich.

Karl Dönitz, 1935

Kapitänleutnant Günther Prien mit U 47 ein ganz besonderes Ziel anvisierte: das Allerheiligste der britischen Heimatflotte, den Flottenstützpunkt Scapa Flow auf den Orkney-Inseln im äußersten Norden Schottlands. Ein deutscher Aufklärer hatte im September Luftaufnahmen mit nach Hause gebracht, die den Stein ins Rollen brachten. Deutlich war auf den Bildern eine Lücke zwischen den britischen Netzsperren und den zahlreichen Blockschiffen zu erkennen. Ein entschlossener Kommandant könnte hier möglicherweise mit seinem U-Boot hindurchschlüpfen, direkt hinein in die Höhle des Löwen. Ein riskantes Unternehmen, das hatte schon die Vergangenheit gezeigt. Denn im Ersten Weltkrieg waren bei einem ähnlichen Unternehmen zwei deutsche U-Boote bei der Einfahrt nach Scapa Flow versenkt worden. Prien prüfte sorgfältig die Unterlagen, die ihm der Führer der U-Boote, Karl Dönitz, übergeben hatte – und entschloss sich, das Husarenstück zu wagen.

Gegen Mitternacht stand U 47 vor dem Kirk-Sund, hier hatte die Luftwaffe die Sperrlücke entdeckt.»Es ist eine zauberhafte Nacht«, schrieb Prien in sein Kriegstagebuch.»An Land ist alles dunkel, das Nordlicht erhellt den Himmel. [...] Die im Sund versenkten Schiffe scheinen phantastische Theaterkulissen zu sein.« Im engen Kirk-Sund herrschten starke Strömungen, das Boot kam den Schutznetzen bedrohlich nahe, hatte sogar kurz Grundberührung – aber dann war es geschafft: Um 0.30 Uhr stand das Boot mitten in der Bucht von Scapa Flow. In Priens Kriegstagebuch heißt es weiter:»Es ist widerlich hell! Die ganze Bucht ist fabelhaft zu übersehen. Im Süden bei Cava liegt nichts. Ich laufe noch näher heran. Da erkenne ich die Bewachung von Hoxa Sund, für die das Boot als Zielscheibe in den nächsten Sekunden erscheinen muss. Damit wäre alles umsonst, zumal sich an Steuerbord immer noch keine Schiffe ausmachen lassen, obwohl sonst auf weiteste Entfernung alles klar erkennbar ist. Also, Entschluss: An Steuerbord liegt nichts, deshalb: Bevor jede Aussicht auf Erfolg aufs Spiel gesetzt wird, müssen erreichbare Erfolge durchgeführt werden. Dementsprechend kehrtgemacht und unter der Küste nach Norden gelaufen. Dort liegen zwei Schlachtschiffe, weiter unter Land Zerstörer vor Anker. Kreuzer sind nicht auszumachen. Angriff auf die beiden Dicken.«

Langsam schob sich Prien an die vorausliegenden Schatten heran. Er erkannte das Schlachtschiff»Royal Oak« – einen Veteran aus dem Ersten Weltkrieg – und ein weiteres großes Schiff dahinter, das er für den Schlachtkreuzer»Repulse« hielt. Noch hatte niemand das U-Boot entdeckt, 3000 Meter entfernt lagen die Besatzungen der beiden britischen Schiffe ahnungslos in ihren Kojen. Jetzt musste alles schnell gehen. Die vier Bugtorpedorohre wurden klargemacht. Sorgfältig zielte der Erste Wachoffizier, Engelbert Endraß. Dann das Kommando:

»Rohr eins bis vier – los!« Banges Warten, drei Minuten brauchten die Torpedos bis zum Ziel – es erschien den Männern wie eine Ewigkeit. Dann ein Krachen, eine dumpfe Detonation an der Ankerkette der »Royal Oak« – dann wieder Stille. Was war mit den anderen Torpedos? Versager! Ausgerechnet jetzt, wo jeden Moment Alarm gegeben werden konnte! Doch nichts geschah, nirgendwo gab es Anzeichen einer Abwehr, keine Scheinwerfer, keine Zerstörer, keine Wasserbomben. Scapa Flow schlief noch immer. Nur auf der »Royal Oak« herrschte hektisches Treiben: Die Besatzung suchte den technischen Defekt, der die Detonation verursacht hatte – an einen Treffer durch ein deutsches U-Boot dachte niemand.

»Riskantes Unternehmen« – Kommandant Günther Prien nach dem Schlag gegen Scapa Flow

Alle Lichter gingen aus, und das Schiff nahm sofort Schlagseite von 35 Grad nach Steuerbord an. Wir hatten keinen elektrischen Strom mehr, um die größeren Boote auszusetzen, und wegen der zusätzlichen Krängung des Schiffes wurde es in der dunklen Nacht auch immer schwieriger, die kleineren Boote zu handhaben. In fast völliger Dunkelheit warfen der Kommandant und ich mit Unterstützung einer Reihe von Besatzungsangehörigen so viel Rettungsmaterial über Bord, wie wir finden konnten.

R. F. Nichols, Erster
Offizier der »Royal Oak«

Kaltblütig nutzte Prien seine Chance. Er setzte sich ein Stück ab und ließ die Torpedorohre nachladen. In der Rekordzeit von nur zwölf Minuten war U 47 wieder schussklar und lief zum zweiten Angriff an. Diesmal gab es keine Versager. Um 1.16 Uhr trafen drei »Aale« den dunklen Riesen. Gewaltige Detonationen zerrissen die Stille der Nacht. Die »Royal Oak« war schwer getroffen und begann rasch zu sinken. Während 833 Seeleute in diesen Minuten einen grausamen Tod starben, erwachte Scapa Flow endlich. Scheinwerfer blitzten auf, Zerstörer suchten die Bucht ab. U 47 aber bahnte sich bereits seinen Weg zurück in die offene See. Unerträglich langsam schob sich das Boot Meter für Meter gegen die starke Strömung vorwärts, unerträglich war die Anspannung der Besatzung in diesen bangen Minuten. Vielleicht würden sie doch noch von der britischen Abwehr erfasst werden. Endlich war es geschafft, das Husarenstück

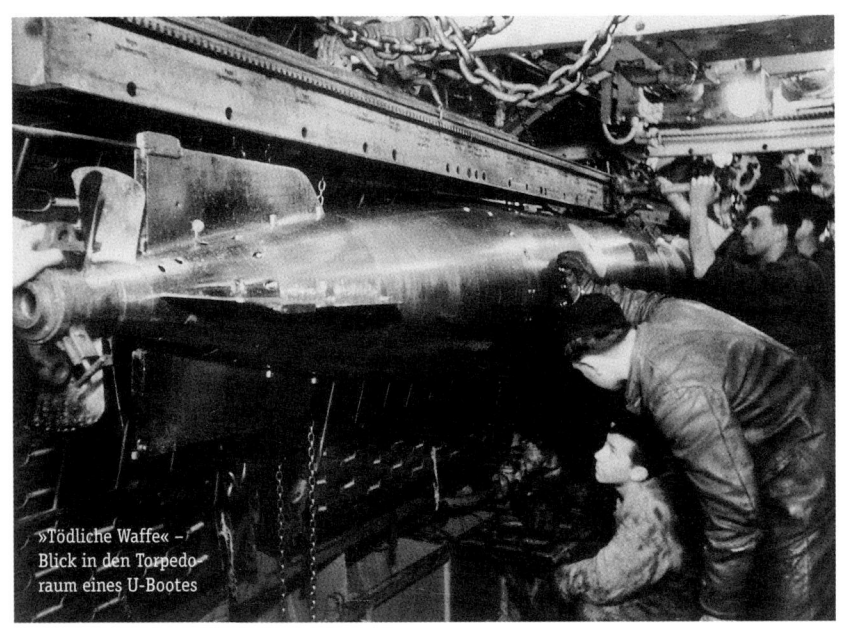

»Tödliche Waffe« –
Blick in den Torpedo-
raum eines U-Bootes

vollbracht! Die Freude der Besatzung kannte keine Grenzen: U 47 war über Wasser fahrend nach Scapa Flow eingedrungen, hatte ein Schlachtschiff versenkt und erreichte zwei Tage später unbeschadet Wilhelmshaven. Den Turm des siegreichen Bootes zierte fortan ein Stierbild als Symbol des Sieges. Das Emblem war Engelbert Endraß im Hochgefühl des Erfolgs eingefallen und wurde später ehrenhalber sogar zum Abzeichen einer ganzen U-Boot-Flottille. Und auch für Günther Prien war schnell ein neuer Name gefunden: Der »Stier von Scapa Flow«.

Mit Prien hatte Deutschland seinen ersten hoch gefeierten »See-helden«, den ersten Marineoffizier, der das Ritterkreuz erhielt. Die Besatzung von U 47 wurde von Hitler in der Reichskanzlei empfangen, die Propagandamaschinerie lief auf Hochtouren. Der moralische Erfolg zählte dabei weit mehr als der materielle. Gewiss, die Royal Navy hatte ein Schlachtschiff verloren, doch es war eines ihrer ältesten. Die Briten besaßen noch vierzehn weitere Schlachtschiffe – an ihrer erdrückenden Seeherrschaft änderte sich also nichts. Doch die deutsche Marine wurde durch diesen Erfolg endgültig aus einer langen Phase der Resignation gerissen.

Im November 1918 war die Revolution in Deutschland von den meuternden Matrosen der Hochseeflotte ausgegangen – ein Vorgang, der das Selbstwertgefühl der Offiziere schwer belastete. In einem letzten dramatischen Akt versenkte sich die an die Alliierten ausgelieferte Hochseeflotte dann im Juni 1919 aus Protest gegen die Friedensbedingungen des Versailler Vertrages. Ort des Geschehens war Scapa Flow. In der Zwischenkriegszeit wurde der Name zum Synonym für die schwärzeste Stunde der kaiserlichen Marine. Zwanzig Jahre später machte Prien, zumindest im Selbstverständnis eingefleischter Traditionalisten, mit seiner »Heldentat« die »Schande« von damals wieder gut.

1939 ging es aber nicht nur um die Begleichung alter Rechnungen, sondern auch darum, einen letzten Beweis für die Leistungsfähigkeit einer bereits totgesagten Waffe zu liefern. Beim Wiederaufbau der Marine in den dreißiger Jahren hatte der Oberbefehlshaber Admiral Erich Raeder den Schwerpunkt deutlich auf große Überwasserschiffe gelegt. U-Boote schienen nach der Ent-

Der Verlust der »Royal Oak« ... trifft England im gegenwärtigen Augenblick ... besonders schwer. Der Erfolg schädigt in hohem Maße das englische Prestige bei den Neutralen und erhöht die Achtung vor der deutschen Schlagkraft. Im deutschen Volk stärkt er in gleicher Weise wie die Erfolge unseres U-Boot-Handelskriegs das Ansehen der Kriegsmarine und weckt die Liebe zur jungen deutschen U-Boot-Waffe.

Erich Raeder,
Großadmiral, 1939

Zwischen Raeder und Dönitz war das Verhältnis nicht immer ungetrübt. Raeder vertraute darauf, dass es zu keiner Kollision mit England kommen würde – er wollte eine gewaltige Flotte aufbauen. Dönitz war da anderer Ansicht. Er sagte, man müsse in absehbarer Zeit eine brauchbare U-Boot-Waffe haben.

Hans-Rudolf Rösing,
Befehlshaber der
U-Boote-West

wicklung des Unterwassersonars, des so genannten Asdic, zur stumpfen Waffe verkommen. Entsprechend gering war das Interesse der Marineleitung an Bau und Entwicklung neuer Modelle. Anders Karl Dönitz, der Führer der Unterseeboote: Als Kommandant von UB 68 im Ersten Weltkrieg kannte er das Metier. Nachdem 1938 England als möglicher Gegner in die Kriegsplanungen mit einbezogen worden war, wollte er die technisch nur wenig weiterentwickelten U-Boote mit einer ganz neuen Kampftaktik auf die kommenden Herausforderungen vorbereiten. Dönitz war klar, dass ein einzelnes Boot gegen gut gesicherte Konvois nur geringe Erfolgschancen hatte. Dank verbesserter Funktechnik sollten nun mehrere U-Boote an einen feindlichen Geleitzug herangeführt werden und ihn gemeinsam angreifen. Diese so genannte Rudeltaktik ließ er Anfang 1939 in der Biscaya und der nördlichen Nordsee erproben. Während er fest davon überzeugt war,

»Neue Konzepte« –
U-Boot-Chef Dönitz
beschwört die Schlag-
kraft seiner Waffe

»Bessere Hilfswaffen« –
zu Beginn des Krieges
laufen die U-Boote zu
Einzelaktionen aus

dass seine Boote entscheidend zum Erfolg eines Krieges auf See beitragen würden, interessierte sich die Marineleitung für all dies nur am Rande. Für Raeder und seine Offiziere waren die U-Boote lediglich bessere Hilfswaffen. Im Angesicht des drohenden Krieges gegen England forderte Dönitz in einer Denkschrift am 1. September 1939 eine U-Boot-Flotte von 300 Frontbooten. Mit dieser Streitmacht glaubte er, Englands lebenswichtige Versorgung abschneiden zu können. Die Kriegserklärung der Briten und Franzosen am 3. September kam ihm bei der Umsetzung seiner Pläne unverhofft zu Hilfe. Denn die veränderte politische Lage bedeutete das jähe Ende von Raeders Flottenträumereien. Der Oberbefehlshaber der Marine entschied, Dönitz' Forderung nach der Massenproduktion von U-Booten nachzukommen. Darüber hinaus sollten einige der noch in Bau befindlichen schweren Überwasserschiffe fertig gestellt werden. Die Kriegführung zur See würde demnach auf zwei Säulen ruhen: auf den U-Booten und auf einigen wenigen Dickschiffen.

Die U-Boot-Waffe muss mit allen Mitteln in kürzester Frist auf einen Stand gebracht werden, der sie befähigt, ihre Hauptaufgabe, nämlich die Niederringung Englands im Kriege, zu lösen.

Karl Dönitz,
1. September 1939

Schockiert nahm Dönitz die Nachricht von der britischen Kriegserklärung entgegen:»Verdammt«, soll er spontan ausgerufen haben, »verdammt, dass ich das noch einmal erleben muss!« Die U-Boot-Waffe war auf diesen Krieg ebenso wenig vorbereitet wie die übrige Marine. Von 57 U-Booten waren gerade mal 38 einsatzbereit. Vom

71

19. August an waren sie in Vorausahnung der kommenden Ereignisse in See geschickt worden: 16 Boote in den Atlantik, 7 in die Nordsee, 11 in die Ostsee.

Dann, am 3. September 1939, begann der Seekrieg – David gegen Goliath. Und er begann mit einem fatalen Irrtum. U 30 versenkte gleich am ersten Kriegstag völkerrechtswidrig den britischen Passagierdampfer »Athenia«. Kommandant Julius Lemp hatte das Schiff versehentlich für einen britischen Hilfskreuzer gehalten. 112 Menschen starben. Die Bilder der überlebenden Opfer gingen um die Welt.

Als U 30 am Ende des Monats in seinen Heimathafen zurückkehrte, nahm Dönitz Kommandant und Mannschaft ins Gebet. Alle mussten schwören, Stillschweigen über die Hintergründe des Angriffs auf die »Athenia« zu wahren. Zur Sicherheit ließ der »Führer der Unterseeboote« den betreffenden Eintrag aus dem Kriegstagebuch von U 30 entfernen.

Der Krieg wird nicht mit Gold, sondern mit Eisen gewonnen... Wir sehen es als äußerst wichtig an, die Finanzmacht des Feindes zu schädigen, aber wir zielen darauf ab, die Flotte zu dezimieren, die weiterhin Handel mit England betreibt, und besonders darauf, alle Frachtschiffe mit lebenswichtigen Lieferungen für England zu vernichten.

Konteradmiral
Friedrich Lützow in
einer Rundfunksendung
am 17. Januar 1940

Unterdessen zerstörten die im Atlantik und der Nordsee verteilten U-Boote die ersten britischen Handelsschiffe. Noch waren diese zumeist nicht bewaffnet und das Konvoisystem war nur unvollständig eingeführt worden. Es gab somit genügend wehrlose Einzelfahrer, die gefahrlos angegriffen werden konnten. Dann kam der erste große Erfolg der U-Boot-Waffe: Am 17. September 1939 suchte der britische Flugzeugträger »Courageous« mit seinen Zerstörern die See nach deutschen U-Booten ab. U 29 bekam Fühlung mit der britischen Kampfgruppe und schoss drei Torpedos ab. Kurze Zeit später schüttelten zwei Detonationen den gewaltigen Stahlleib der »Courageous«, die sich schnell nach Backbord neigte und zu sinken begann. Nach nur 15 Minuten war das Schiff in den Fluten versunken. Von den 1260 Besatzungsmitgliedern kamen 519 ums Leben. Die Zerstörer belegten das U-Boot mit Wasserbomben, doch Kapitänleutnant Schuhart entkam. Drei Wochen später folgte der Coup von Prien in Scapa Flow. Die Stimmung an Land und auf See besserte sich spürbar. Offenbar war die kleine deutsche Marine doch nicht zum raschen Untergang verdammt; sie stellte vielmehr propagandawirksam unter Beweis, dass sie den Briten empfindliche Niederlagen beibringen konnte.

Nur Dönitz sah trotz dieser Anfangserfolge keinen Grund, allzu optimistisch in die Zukunft zu blicken. Die Rudeltaktik, in die er so viele

Erwartungen gesetzt hatte, war noch nicht zum Tragen gekommen. Außerdem kämpften die Besatzungen seiner U-Boote viel zu oft mit Torpedoversagern – ein Problem, das erst im Juni 1940 mit der Auslieferung zuverlässiger Zündungen überwunden werden konnte. Im März 1940 fiel die Bilanz des ersten halben Kriegsjahres daher recht zwiespältig aus: Trotz der Torpedoprobleme waren 227 Schiffe mit 974 000 Bruttoregistertonnen (BRT) versenkt worden. Die 17 eigenen Verluste bedeuteten hingegen, dass ein Drittel aller vorhandenen U-Boote verloren gegangen war. Für die Briten waren die deutschen Erfolge nicht wirklich Besorgnis erregend. Die Verluste an Handelsschifftonnage konnten durch Neubauten und Ankäufe ausländischer Schiffe mehr als ausgeglichen werden. Wenn man England »aushungern« wolle, müsse die Zahl der U-Boote drastisch erhöht werden, mahnte Dönitz erneut.

Als die Wehrmacht im Frühjahr 1940 Norwegen, Dänemark, die Benelux-Staaten und Frankreich überrannte, war der Weg zu den Atlantikhäfen frei. Die Kriegsmarine verfügte nun endlich über die

Die an sich sehr effektive Fernzündung, durch die ein Torpedo unter dem Ziel hochging und durch die entstehende Wassersäule eine ganz andere Kraft hatte, funktionierte anfangs nicht so, wie sie funktionieren sollte. Es gab vor allem viele Frühzünder und Versager.

Hans-Rudolf Rösing,
Befehlshaber der
U-Boote-West, über die
»Torpedokrise«

»Tote auf Abruf« –
U-Boot Männer kehren
zurück

73

»Raue See« – bei jedem
Wetter suchen die
Wachen nach alliierten
Schiffen

ersehnte Operationsbasis für den Seekrieg gegen England. Die Küsten Norwegens und Frankreichs umrahmten die britische Insel wie eine Zange, die Versorgungslinien lagen jetzt sozusagen vor der Haustür der Deutschen. Dönitz aber mochte sich dem allgemeinen Siegestaumel nicht so recht anschließen. Gewiss, die neuen Stützpunkte würden den U-Boot-Krieg gegen England effizienter machen. Darüber hinaus konnte man dank des Funkbeobachtungsdiensts (B-Dienst) mittlerweile den Funkverkehr der britischen Atlantikkonvois mithören. Man kannte Stärken und Schwächen des Geleitschutzes und wusste auch, in welchem Rhythmus sie ein- und ausliefen. Doch die Zahl der U-Boote war seit

Ich habe eine große Hochachtung vor der Leistung dieses Menschen. Er hat oft gezeigt, wie schnell er sich auf neue Lagen einzustellen vermochte, und er entwickelte immer sofort eine klare Konzeption für das, was zu tun sei.

Horst von Schroeter,
U-Boot-Kommandant,
über Dönitz

Kriegsbeginn immer noch nicht gestiegen. Das Dutzend einsatzbereiter Hochseeboote, das Dönitz zur Verfügung stand, war kaum eine Streitmacht, mit der er England das Fürchten lehren konnte.

Im Juni 1940 schickte Dönitz wieder Boote in das Seegebiet vor Großbritannien. Hier, in den so genannten Western Approaches, bündelte sich der lebenswichtige Nachschubverkehr, hier fuhren die Handelsschiffe entlang, um in Liverpool oder Glasgow ihre heiß ersehnte Fracht zu löschen. Schiffe, die 12 Knoten und mehr laufen konnten, waren dabei immer noch als Einzelfahrer unterwegs – und damit eine leichte Beute für die »Grauen Wölfe«. Die ersten neun ausgelaufenen U-Boote versenkten 31 Handelsschiffe. Und so ging es Monat für Monat weiter. Die Kommandanten wetteiferten um die höchsten Versenkungserfolge. Ab 100 000 BRT vernichteter Feindtonnage gab es das Ritterkreuz, ab 200 000 BRT das Eichenlaub. Dönitz wusste zwar von seinem B-Dienst, dass die gemeldeten Versenkungszahlen oftmals übertrieben waren. Im Eifer des Gefechts oder bei schlechter Sicht schätzten die Kommandanten die Größe ihrer Opfer fast immer zu hoch ein. Doch der »Löwe«, wie die U-Boot-Fahrer Dönitz respektvoll nannten, ließ sie gewähren. Ihm ging es vor allem darum, seine Männer zu immer neuen Höchstleistungen anzuspornen. »Dönitz befahl sehr selten«, so sein Stabsoffizier Eberhard Godt. »Er überzeugte, und weil alles, was er wollte, sehr genau überlegt war, überzeugte er wirklich. Er suchte die Diskussion mit allen Menschen, die eine Meinung hatten. Ohne Ansehen des Dienstgra-

Er war der Rommel des Seekriegs.

Sir Harry Hinsley,
Mitarbeiter des britischen »Ultra«-Projekts,
über Dönitz

Die taktische Führung wurde beim Befehlshaber der U-Boote konzentriert. Dort stellte man aus Meldungen der U-Boote und der Aufklärungsdienste ein Lagebild zusammen, aufgrund dessen die U-Boote in der von Dönitz entwickelten Rudeltaktik eingesetzt wurden. Sie suchten in einem breiten Streifen Seegebiete ab, wo man Geleitzüge erwartete. Wenn einer gesichtet wurde, konzentrierten sich alle in der Nähe befindlichen Boote auf diesen Geleitzug. Dies hat in der ersten Zeit, als sich die Boote über Wasser noch verhältnismäßig schnell bewegen konnten, gut funktioniert.

Hans-Rudolf Rösing,
Befehlshaber der
U-Boote-West

des. Wer keine hatte, den ließ er bald beiseite. Er provozierte den Gesprächspartner, um Gegenargumente zu erfahren. Dann erst entschied er sich.«

Bei allem Diskutieren verlangte Dönitz jedem seiner Männer das Äußerste ab. Sie durchlebten im raum- und zeitlosen Universum ihrer Boote auf wochen- und monatelangen Feindfahrten eine Art Hölle. Hinter zwanzig Millimeter dünnen Stahlwänden waren fünfzig Mann eingepfercht wie Sardinen in einer Dose, gefangen in einer beklemmenden Atmosphäre, in der der Gedanke, jeden Moment »zu Grunde« gehen zu können, einen makabren Doppelsinn bekam. In den Untiefen des Atlantik waren die Besatzungen auf Gedeih und Verderb den Weisungen ihres Admirals ausgeliefert, der, wenn es der »Sache« diente, von Menschenleben so gefühlskalt sprechen konnte wie von Torpedos oder Tonnage. Das »Menschenmaterial« hatte wie eine Maschine zu funktionieren: reibungslos und ohne Klagen.

Im September 1940 gelang es erstmals, Dönitz' Rudeltaktik erfolgreich anzuwenden. Am 20. September sichtete Prien den Konvoi HX 72, der auf dem Weg vom kanadischen Halifax nach England war. Wie befohlen griff er zunächst nicht an, sondern meldete den Standort des

»Propagandistisch wirksam« – Admiral Dönitz zeichnet eine U-Boot-Besatzung aus

»Vorzeigesoldat der Marine« – Kapitän Kretmscher (vorne), Kommandant von U 99 mit seiner Crew

Geleits an Dönitz' Befehlsstelle und hielt Fühlung. Am Abend des folgenden Tages waren fünf weitere U-Boote heran, das erste Rudel formierte sich. Tagsüber folgten sie den Handelsschiffen, nachts griffen sie an. Innerhalb von 26 Stunden fielen ihnen elf Schiffe zum Opfer, zwei weitere wurden beschädigt. Besonders gewagt ging Joachim Schepke, Kommandant von U 100, vor. Er ließ sich in den Konvoi sacken und feuerte einen Torpedo nach dem anderen ab. Vergeblich suchte die britische Eskorte das deutsche U-Boot. Sie ahnte nicht, dass der »Graue Wolf« mitten in der Schafherde steckte. In einer Nacht versenkte Schepke sieben Schiffe – die Propaganda konnte einen neuen »Helden« feiern.

Im Oktober wurden zwei weitere britische Geleitzüge schwer getroffen. SC 7 und HX 79, die von neun U-Booten in zwei aufeinander fol-

»Weidlich ausgeschlach-
tet« – im Oktober 1939
verleiht Hitler Kapitän-
leutnant Prien das
Ritterkreuz

genden Nächten attackiert wurden, verloren 33 Handelsschiffe. Die
»Grauen Wölfe«, allen voran U 99 unter dem Kommando von Otto
Kretschmer, hatten reiche Beute eingefahren. Zurück im Stützpunkt
regnete es Orden auf die erfolgreichen Kommandanten. Prien, dem als
Erstem die Versenkung von 200 000 BRT feindlichen Schiffsraums
zuerkannt wurde, erhielt als erster Marineoffizier das Eichenlaub zum
Ritterkreuz. Die Goebbels'sche Propagandamaschinerie schlachtete
die Erfolge aus. Prien, Schepke und Kretschmer wurden zu den Vor-
zeigesoldaten der Marine. Zusammen mit den
drei Jagdfliegern Mölders, Galland und Wick
avancierten sie zu Volkshelden. Jedes Kind
kannte ihre Namen und ihre Bilder.

*Die U-Boot-Waffe war für die Propaganda
ganz hervorragend geeignet. Die Wochenschau präsentierte sie immer als Lieblings-
kinder des Führers. Wenn man das U-Boot-
Kriegsabzeichen an der Brust hatte, dann
war man wer.*

Lothar-Günther
Buchheim, damals
Kriegsberichterstatter

Im Winter 1940/41 erschwerten heftige Winterstürme die Operationen der U-Boote im
Nordatlantik. Wie Korken tanzten sie auf den
haushohen Wellen, Nässe und Kälte durch-
drangen jeden Winkel der engen Tauchröh-
ren. Den Besatzungen wurde alles abverlangt.

Zeitzeuge Heinz Schaeffer schilderte ein-
drucksvoll, was die Männer durchmachen mussten:»Seit vier Wochen
blies es unaufhörlich aus allen Himmelsrichtungen. Windstärke 9 bis
10. Sturm, Regen, Nebel. Das Thermometer nur wenige Grad über
Null. Dazu auf der offenen Brücke – kein Dach, nur kalte Stahlwände.
Nicht einmal warmlaufen konnte man sich. Denn man war ja an
einem etwa zehn Zentimeter breiten, stahldurchflochtenen Leder-
riemen festgebunden, der die Rippen einschnürte. Durch Zuruf erfuh-

78 **Tödliche Falle**

ren wir von den beiden hinteren Ausguckposten, wenn eine See über-
zukommen schien. Man duckte sich, suchte einen Halt und dann –
Nase, Ohren, Mund, alles voll Wasser. Die Augen brannten. Wasser
kam tonnenweise über. Das Regenzeug, Gum-
mihose und Jacke, schützte nur wenig, überall
lief das kalte Wasser herein. Die Hände steif-
gefroren, mussten wir das Fernglas halten.
Nichts durfte unseren Augen entgehen.« Nur
wenn die Männer am Rande der völligen
Erschöpfung standen, gab der Kommandant
den erlösenden Befehl zum Tauchen. Dort
unten, in 40, 50 Metern Tiefe waren die tosenden Stürme kaum mehr wahrzunehmen.
Während die deutschen U-Boote mit dem
miserablen Wetter kämpften und dennoch

Die Skl ist der sicheren Überzeugung, dass die Konzentration aller Kampfmittel auf das eine Ziel der Vernichtung der britischen Zufuhr und des britischen Schiffsraumes geeignet ist, um den Gegner in absehbarer Zeit die Fortsetzung dieses Krieges als aussichtslos erscheinen zu lassen.

Kriegstagebuch der
Seekriegsleitung, Ende
November 1940

spektakuläre Versenkungserfolge erzielten, wurde Churchill langsam
unruhig. Offensichtlich war die Royal Navy nicht in der Lage, der
Bedrohung Herr zu werden. Von Juni bis Anfang Dezember 1940 hatten die deutschen U-Boote fast 300 Schiffe mit mehr als 1,6 Millionen
BRT versenkt. Der britische Geleitschutz hatte im November zuletzt
ein deutsches U-Boot versenkt – vier lange Monate sollten ohne einen
weiteren Erfolg verstreichen. Churchill musste handeln. Am 6. März
1941 verkündete er die »Schlacht im Atlantik«, so wie er im August
1940 die »Schlacht um England« ausgerufen hatte. Er wollte ein
öffentliches Signal setzen, sich nunmehr mit aller Kraft den »Grauen

»Wachsende Bedrohung« – die Zahl der deutschen U-Boote nimmt zu

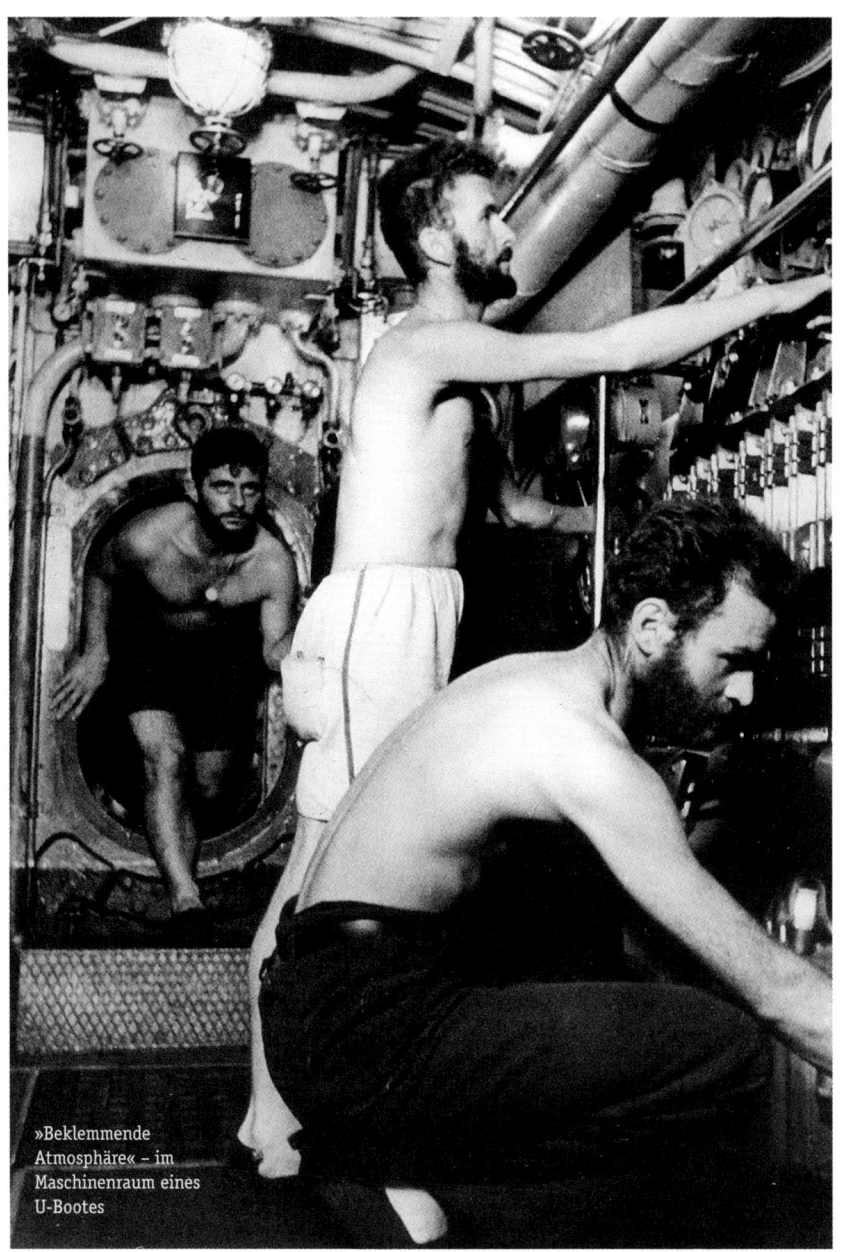

»Beklemmende
Atmosphäre« – im
Maschinenraum eines
U-Bootes

Wölfen« entgegenzustemmen. Darüber hinaus wurde ein »Battle of the Atlantic Committee« gebildet, in dem alle Abwehrmaßnahmen koordiniert werden konnten. Jahre später bekannte Churchill: »Das einzige, was mich während des Krieges wirklich beängstigte, war die Bedrohung durch die U-Boote. [...] Diese Schlacht beunruhigte mich stärker als jene ruhmreichen Kämpfe, die als die ›Luftschlacht um England‹ bezeichnet wurden.«

An jenem Tag, an dem Churchill verschärfte Kampfmaßnahmen anordnete, sichtete U-Boot-Kommandant Prien weit draußen vor dem Nordkanal den Geleitzug OB 293, der auf dem Weg von England nach Kanada war. Zwei Korvetten und die beiden Zerstörer »Wolverine« und »Verity« sollten die Handelsschiffe sicher über den Atlantik führen. U 47 hielt zäh Fühlung und Dönitz ließ ein neues Rudel formieren. Gegen 18.00 Uhr war U 99 unter Otto Kretschmer als erstes Boot heran. Im dichten Nebel traf er auf Prien – die See war ruhig, beide Kommandanten unterhielten sich über Megafon über den Angriff auf den Konvoi. Plötzlich tauchten die beiden britischen Zerstörer auf und zwangen die Deutschen zum Alarmtauchen. Wasserbomben detonierten, doch beide U-Boote konnten entkommen. Während der folgenden Stunden erreichten auch U 70 und UA den Geleitzug. Der Tanz konnte beginnen. Nur, diesmal war alles anders. Das große »Schlachtfest«, wie die U-Boot-Männer es nannten, blieb aus. Die im Ballast fahrenden Schiffe waren schwer zu versenken, nur ein Tanker wurde vernichtet, ein weiterer musste später aufgegeben werden, zwei Schiffe konnten beschädigt nach Schottland zurückgebracht werden.

Die britische Eskorte schlug ungewöhnlich geschickt und aggressiv zurück. U 70 wurde nach einer mehrstündigen Jagd versenkt. Dann beharkten die Briten UA, das schwer beschädigt mit viel Glück entkommen konnte. Kretschmers U 99 wurde neun Stunden lang verfolgt. Ihm gelang es jedoch wieder einmal, seinen Verfolgern zu entwischen. Von Prien hat man seit dieser Nacht nichts mehr gehört. Um 4.54 Uhr gab er seinen letzten Funkspruch ab: »Geleitzug in [Planquadrat] 1249 AM.« Gut eine Stunde später torpedierte er den Tanker »Terje Viken«. Seitdem ist er verschollen, Kretschmer war der Letzte, der das legendäre U-Boot gesehen hat. Die Briten, so viel ist nach neuesten Erkenntnissen sicher, haben U 47 nicht versenkt. Es mag einen technischen Defekt an Bord gegeben haben, vielleicht hat auch ein Kreisläufer das Boot getroffen oder der Leitende Ingenieur machte einen fatalen Fehler bei einem Tauchmanöver. Es gab im Krieg einige

»Die Angst fährt mit« –
alliierter Konvoi auf
dem Atlantik

U-Boote, die nach einer Panne beim Tauchen nur durch einen flachen Meeresgrund vor dem Untergang bewahrt worden sind. Was in jener Nacht wirklich mit U 47 passierte wird wohl für immer im Dunkel der Geschichte bleiben.

Zehn Tage später griff ein anderes Rudel den stark gesicherten HX 112 an. Fünf U-Boote waren es diesmal, darunter auch U 99. Erneut hatten sie kein leichtes Spiel, die »Escort Group 5« sicherte mit fünf Zerstörern und zwei Korvetten das Geleit. Kretschmer ließ sich davon nicht beeindrucken, fuhr in den Konvoi und feuerte inmitten der Schiffskolonnen seine todbringenden Torpedos ab. Fünf Schiffe, darunter drei wertvolle Tanker, fielen Kretschmer in dieser Nacht zum Opfer, ein weiteres wurde beschädigt. Brennendes Öl hüllte das Schlachtfeld in dichten Rauch – eine gespenstische Atmosphäre. Kretschmer nutzte die Verwirrung und schlich sich vorsichtig wieder aus dem Geleitzug heraus. Er hatte alle Torpedos verschossen und nahm Kurs in Richtung Lorient.

Das Boot, auf das ich kam, machte damals schon seine siebte Fahrt; ich war einer der Jüngsten an Bord. Aber mit dieser Zahl verbindet sich ja auch die offene Kalkulation: »Je mehr Fahrten, desto sicherer ist es einmal die letzte.«

Adolf Clasen,
U-Boot-Wachoffizier

Die anderen Kommandanten hatten nicht so viel Glück. Das Meer war durch die brennenden Tanker mittlerweile hell erleuchtet und die »Escorts« waren auf der Hut. Als Erstes erwischte es U 37. Schwer beschädigt musste es seine Angriffsversuche abbrechen. Nun ging alles Schlag auf Schlag: Ein weiterer britischer Zerstörer, die »Vanoc«, war hinzugekommen, um sich an der Jagd zu beteiligen. Dann bekam der Zerstörer »Walker« plötzlich einen »Asdic«-Kontakt. Wasserbomben rauschten in die Tiefe, gewaltige Detonationen erschütterten das Meer. Kapitänleutnant Schepke mit U 100 versuchte verzweifelt, seinen Verfolgern zu entkommen. Die ersten Wasserbomben trafen das Boot, Wasser brach ein, Instrumente zerbarsten. U 100 sackte auf 230 Meter ab, jeden Moment konnte es von dem enormen Wasserdruck zerquetscht werden. Es gab keine Alternative, Schepke musste hoch. Der Leitende Ingenieur blies die Tauchzellen an. Um 3.00 Uhr nachts durchbrach das U-Boot die Wasseroberfläche – und wurde sofort vom

»Kaum noch sichere Routen« – britisches Lagezentrum für den Konvoi-Verkehr

»Rudeltaktik« – zwei
deutsche U-Boote
im Atlantik

neuen Radargerät der »Vanoc« geortet. Mit voller Fahrt lief der Zerstörer auf das deutsche Boot zu. Schepke rief noch: »Schiff verlassen!« Dann wurde er auf der Brücke zerquetscht. Der Bug der »Vanoc« hatte sich in den Stahlleib von U 100 gebohrt.

Beim Tauchen musste alles rasend schnell gehen. Wenn die vielen Handgriffe – Ventile schließen, das Boot fluten und das Wasser unter der Wasseroberfläche wieder herauspumpen – nicht hundertprozentig saßen, konnte leicht etwas passieren.

Tielko Tilemann,
U-Boot-Wachoffizier

Sechs Überlebende konnten die Briten aus den eisigen Fluten retten, der Rest der Besatzung ging mit dem Boot unter.

Kretschmer, dem es zunächst gelungen war, dem Inferno unbemerkt zu entfliehen, versuchte, sich weiter von dem Geleitzug abzusetzen. Unvermittelt tauchte plötzlich die »Walker« neben dem Boot auf. Alarmtauchen, dann bange Minuten. War U 99 entdeckt worden oder hatten sie noch einmal Glück gehabt? Ein gut gezielter Wasserbombenteppich besiegelte das Schicksal des Bootes, das schwer beschädigt auftauchen musste. Die Besatzung sprang von Bord, wenig später ging ihr Boot unter.

In der Londoner Admiralität herrschte Hochstimmung. Nach all den Niederlagen der letzten Monate war endlich ein großer Schlag gegen die U-Boote gelungen. Für die Deutschen war das Debakel perfekt: Innerhalb von nur zehn Tagen waren vier U-Boote versenkt und zwei weitere schwer beschädigt worden. Alle drei von der Propaganda gefeierten »Asse« Prien, Schepke und Kretschmer waren vernichtend geschlagen worden. Nur zögernd gaben die offiziellen deutschen

»Inferno auf See« – mehrere Torpedotreffer verwandeln diesen Tanker in eine schwimmende Fackel

»Atlantikschlacht« –
ein britisches Schiff
versinkt vor den Augen
der U-Boot-Besatzung

Stellen die Niederlage zu. Der mysteriöse Tod des »Stiers von Scapa Flow«, Günther Prien, wurde mit Rücksicht auf seine große Popularität erst im Juni bekannt gegeben.

1941 hatte Dönitz erstmals genug U-Boote, um seine Rudeltaktik einzuführen, also die U-Boote zu benutzen, als wären sie eine Armeeeinheit, sie en bloc zu manövrieren und auf die Routen der Konvois anzusetzen. Jetzt musste er aber ständig mit ihnen reden, um Befehle erteilen zu können. Was passierte? Wir lasen all diese Signale, und fast alle Konvois wurden von den U-Boot-Rudeln wegdirigiert. Der Sieg über die U-Boote war also weniger ein Sieg als vielmehr die Vereitelung jeglicher Erfolge. Sie sagten sich, dass sie keine Konvois mehr finden könnten und sich deshalb andere Kampfplätze suchen müssten.

Sir Harry Hinsley,
Mitarbeiter des britischen »Ultra«-Projekts

Dönitz war von den Verlusten schockiert. Was war passiert? Lag es am Radar oder an der Einpeilung des U-Boot-Funkverkehrs? Hatten die Briten gar ein ganz neues Ortungsgerät entwickelt, von dem man bislang nichts ahnte? Gewiss, die Royal Navy hatte ihre Abwehrmaßnahmen deutlich verbessert und auch die ersten Radargeräte eingeführt, doch für den Befehlshaber der U-Boote (BdU) war dies alles nicht recht zu erklären. Offensichtlich war das Seegebiet vor dem Nordkanal zu gut bewacht, als dass es sich lohnte, hier noch weitere Beutezüge zu unternehmen. Da es Dönitz darum ging, möglichst leicht möglichst viel gegnerische Tonnage zu versenken, galt es neue, ergiebigere Operationsgebiete zu finden. Er befahl seinen Kommandanten daher, weiter in den Nordatlantik bis nach Grönland und zur Neufundlandbank vorzustoßen. In diesen »jungfräulichen« Gebieten, wo bislang noch kein U-Boot operiert hatte, suchten die »Grauen Wölfe« nun nach ihren Opfern. An die großen Erfolge aus dem Herbst und Winter des Jahres 1940 konnte sie dort jedoch nicht mehr anknüpfen.

Am 9. Mai 1941 griff U 110 südlich von Island einen britischen Konvoi an. Der Kommandant, Kapitänleutnant Lemp, war ein erfahrener U-Boot-Fahrer, der nach der unrühmlichen Versenkung der »Athenia« mit großen Erfolgen auf sich aufmerksam gemacht hatte. In einem waghalsigen Unterwasserangriff schoss er drei Torpedos ab und versenkte zwei Schiffe. Als er gerade einen Tanker ins Visier nehmen wollte, wurde er von drei »Escorts« mit Sonar geortet. Schnell versuchte Lemp zu tauchen, doch es war zu spät. Nahe dem Boot detonierten zwei Wasserbomben-Teppiche. U 110 wurde hin und her geworfen, die Besatzung verlor die Kontrolle. Lemp gab den Befehl: »Anblasen« – das Boot musste nach oben. Von der Brücke aus sah der Kommandant mit Schrecken zwei Zerstörer, die mit voller Fahrt auf ihn zuhielten. Die Lage war hoffnungslos. Während die Besatzung aufgefordert wurde, sich zu retten, öffnete der Leitende Ingenieur die Flutventile,

»Verfolgte Jäger« – am
Unterwasser-Horchgerät
ortet der Funker die
Einschläge der Wasser-
bomben

um das Boot zu versenken. Aber irgendetwas ging schief. Die Ventile
blieben zu, sei es aufgrund eines technischen Defektes, sei es wegen
eines Bedienungsfehlers. Den Briten jedenfalls war nicht entgangen,
dass U 110 zwar mit dem Heck unter Wasser lag, das Boot offenbar
jedoch nicht sank. Der Kommandant des Zerstörers »Broadway«,
Lieutenant T. Taylor, nutzte seine Chance: Ein Enterkommando
stürmte das U-Boot. An Bord herrschte heilloses Chaos, die Besatzung
hatte alles stehen und liegen gelassen. Und die Briten machten wahrhaft eine reiche Beute: Nicht nur unzählige Unterlagen fielen in ihre
Hände, sondern auch eine »Enigma«-Schlüsselmaschine, die Tagesschlüssel der Monate Mai und Juni sowie der spezielle Offiziers-

Schlüssel, mit dem besonders wichtige Nachrichten zusätzlich chiff-
riert wurden. Die Marine hatte – im Gegensatz zur Luftwaffe – ihren
Funkverkehr besonders gesichert. Jeden Tag galt ein anderer Schlüssel,
sodass der Besitz der »Enigma« allein den Briten noch keinen Vorteil
verschaffte. Man musste den Tagesschlüssel kennen, um die Funksprüche dechiffrieren zu können. Da aber auf U 110 alles erforderliche
Material erbeutet worden war, um den U-Boot-Funkverkehr im
Atlantik im Mai und Juni ohne Verzögerung mitlesen zu können, war
die Freude bei der Admiralität entsprechend groß. Die Standorte der
U-Boote waren ihr nunmehr bekannt, sodass die Konvois problemlos
um die »Rudel« herumgeleitet werden konnten.

Die Erkenntnisse aus der Funkentzifferung erhielten die höchste Geheimhaltungsstufe »Ultra«. In Bletchley Park bei London wurde die Entzifferung der Funksprüche vorgenommen. Tausende Mathematiker und Techniker waren hier zusammengezogen worden, um die Schlacht im Äther gegen die Deutschen aufzunehmen. Mit elektromechanischen Analogrechnern gelang es schließlich auch nach dem Juni 1941, aus der Masse der abgefangenen U-Boot-Funksprüche den jeweiligen Tagesschlüssel zu rekonstruieren und die Meldungen zu entziffern. Doch damit allein war es nicht getan – der Zeitfaktor spielte eine entscheidende Rolle, wollte man die Informationen an der Front noch nutzen. Seit Mitte des Jahres 1941 war Bletchley Park in der Lage, die meisten Funksprüche binnen höchstens fünfzig Stunden zu dechiffrieren. Die Deutschen wussten von alldem nichts. Zwar kamen Dönitz etliche Male Zweifel an der Sicherheit des eigenen Funkschlüssels, wenn er bemerkte, dass britische Geleitzüge allzu überraschend um U-Boot-Aufstellungen herumgeleitet wurden. Doch auf seine bohrenden Rückfragen erklärte der Marinenachrichtendienst stets reichlich überheblich, dass der Einbruch in den eigenen Schlüssel, vor allem in den Tagesschlüssel, ganz und gar unmöglich sei. Ein tragischer Irrtum, der tausende U-Boot-Fahrer das Leben kosten sollte.

Berlin, 11. Dezember 1941: Vier Tage nach dem japanischen Überfall auf Pearl Harbour erklärte Hitler den USA den Krieg. Nachdem die offiziell neutralen Vereinigten Staaten zuletzt immer unverhohlener die Briten unterstützt hatten, war nun der Weg frei für

Die Deutschen glaubten nie wirklich, dass ihre Rückschläge auf die mangelnde Sicherheit ihrer Codes zurückzuführen seien. Die deutschen Funk- und Dechiffrier-Experten kamen jedes Mal zu dem Ergebnis, dass es nicht an »Enigma« liegen könne. Sie sahen die Ursache für ihre Verluste immer im britischen Wunder-Radar.

Sir Harry Hinsley,
Mitarbeiter des britischen »Ultra«-Projekts

einen überraschenden Schlag gegen die amerikanische Ostküste. Endlich konnte man in neue Gewässer aufbrechen, in denen die U-Boote ihre großen Erfolge wiederholen sollten. Die Streitmacht, die Dönitz in den Kampf schickte, war allerdings nicht sehr beeindruckend. Die Gewässer zwischen Boston und Florida lagen außerhalb der Reichweite des Standardtyps VII. Von den Langstreckenbooten des Typs IX waren nur 19 vorhanden, von denen etliche nicht einsatzbereit waren. Am Ende standen für den ersten Schlag gegen den neuen Kriegsgegner nur sechs Boote zur Verfügung. Am 17. Dezember 1941 rief Dönitz die Kommandanten in seinen Befehlsstand und erläuterte ihnen die große Aufgabe. Nach einer 5500 Kilometer langen

Reise sollten sie an der amerikanischen Ostküste zwischen dem kanadischen Halifax und Kap Hatteras in den ungeschützten Schiffsverkehr einbrechen. Deckname: Operation »Paukenschlag«.

Die Briten, die dank »Ultra« den Weg der U-Boote genau verfolgen konnten, entsandten mehrere Warnungen an Admiral King, den Oberbefehlshaber der amerikanischen Marine; sie wurden nicht ernst genommen. Mitte Januar 1942 waren fünf deutsche Boote am Ziel angelangt, das sechste hatte wegen Maschinenschadens umkehren müssen. Am 12. Januar 1942 begann der »Paukenschlag« gegen die unvorbereiteten Handelsschiffe. Besonders spektakulär waren die Erfolge von Reinhard Hardegen. Mit U 123 versenkte er innerhalb einer Woche sieben Schiffe, zwei weitere folgten auf der Rückfahrt. Hardegen war sogar so weit in die seichten Gewässer vor New York vorgedrungen, dass er den entfernten Lichterschein Manhattans sehen konnte. Die Wochenschau schlachtete diese »Heldentat« später mit schlecht gefälschten Archivbildern propagandistisch aus. Die anderen Boote verzeichneten ebenfalls große Erfolge: U 130 versenkte sechs, U 66 und U 109 je fünf Schiffe, U 125 einen Dampfer.

> *Ich war als Erster vor New York. Ich dachte damals, das wäre eine große Überraschung für die Amerikaner. Ich wusste ja nicht, dass die Engländer bereits unseren Funkcode geknackt hatten und meine Position dem Oberbefehlshaber der amerikanischen Flotte meldeten. Doch der ließ die Meldungen einfach liegen und unternahm nichts. So konnte ich vor New York einen Tanker versenken.*
>
> Reinhard Hardegen,
> U-Boot-Kommandant

Da Anfang Januar 1942 die zweite Welle der Langstreckenboote IX losgeschickt worden war, konnte das Operationsgebiet weiter ausgedehnt werden: Zwei Boote kreuzten bereits vor der Küste Floridas. Ihnen kam zugute, dass sich die dicht unter der Küste fahrenden Handelsschiffe vor der Küstenbeleuchtung deutlich abhoben und so zur leichten Beute wurden. Obwohl sich vor ihrer Haustür grausame Szenen abspielten, sträubte sich die Bevölkerung gegen eine Verdunkelung. Die Gefahr von Verkehrsunfällen werde so erhöht, hieß es. Vor allem aber befürchtete man Einbußen im Tourismusgeschäft. Die Besatzungen der Handelsschiffe bezahlten für diese Haltung oft genug mit ihrem Leben.

Ab Mitte Februar drangen die deutschen Langstecken-U-Boote sogar bis in die Karibik vor, um vor Aruba, Curaçao und Trinidad Jagd auf alliierte Tanker zu machen. Und sie bekamen unerwartet Hilfe: Dönitz hatte errechnen lassen, dass selbst die Boote des Typs VII für etwa zehn Tage in amerikanischen Gewässern operieren konnten, wenn sie konsequent Treiböl sparten. Da Ende April darüber hinaus der erste

U-Boot-Tanker in seinem Einsatzraum östlich der Bermuda-Inseln eintraf, konnte die Reichweite der deutschen U-Boote erheblich vergrößert werden. Ein einziges dieser großen Versorgungs-U-Boote konnte zehn Typ-VII-Boote so weit mit Brennstoff, Torpedos, Proviant und Ersatzteilen versorgen, dass auch sie bis in die Karibik vorstoßen konnten. Dönitz war also nun in der Lage, alle seine Boote in die neuen Jagdgründe zu entsenden. Und er hatte noch einen weiteren unschätzbaren Vorteil auf seiner Seite, von dessen Existenz er allerdings nichts ahnte: Der Marinenachrichtendienst hatte Ende Januar 1942 einen neuen Typ der »Enigma« eingeführt – Bletchley Park konnte die Funksprüche der U-Boote nicht mehr entziffern. Erst im Oktober gelang es der Royal Navy, von einem sinkenden Boot im Mittelmeer die modifizierte Schlüsselmaschine zu bergen und erneut in den deutschen Funkverkehr einzubrechen. Für lange zehn Monate aber blieb den Alliierten der Einblick in die U-Boot-Operationen der Deutschen verwehrt.

Die »Grauen Wölfe« hatten also wieder Oberwasser. Von Januar bis August 1942 konnten die U-Boote in den amerikanischen Gewässern bei nur 22 eigenen Verlusten 609 Schiffe mit 3,1 Millionen BRT versenken (einschließlich der Schiffe, die auf dem An- und Rückmarsch vernichtet wurden), das heißt ein Viertel allen Schiffsraums, den deutsche U-Boote im Zweiten Weltkrieg insgesamt zerstört haben. Es war

»Schwierige Versorgung« – deutsches Flugzeug bei der Nachschublieferung für ein U-Boot

Der Abzug der deutschen U-Boote von der Konvoi-Route nach Westafrika oder in die Karibik, wo sie viele Schiffe versenkten, verbarg vor Dönitz, dass wir das U-Boot-»Enigma« verloren hatten. Denn ab dem 1. Februar 1942 hatte das U-Boot-Kommando einen neuen Schlüssel eingesetzt, der sechzig Mal schwieriger zu knacken war als der alte. Wir waren bis zum Dezember 1942 lahm gelegt. Im Atlantik wären viele Konvois zerstört worden – wenn es dort U-Boote gegeben hätte! Das hätte Dönitz gezeigt, dass sich etwas geändert hatte, und er wäre vielleicht darauf gekommen, dass es die Codes waren.

Sir Harry Hinsley,
Mitarbeiter des britischen »Ultra«-Projekts

wie ein »zweites Pearl Harbor«. Die amerikanischen Bewacher hatten nur sehr langsam ihre Hilflosigkeit gegenüber den deutschen U-Booten abgelegt. Etliche Male konnten schwer beschädigte Boote entkommen, weil es ihren Verfolgern an Erfahrung fehlte. Zum Teil glich die U-Jagd einem reichlich skurrilen Unterfangen. Hochseefischer sollten zum Beispiel als Späher fungieren und feindliche U-Boote melden, unter ihnen auch der Autor Ernest Hemingway. Die US-Marine brauchte volle drei Monate, um ihren ersten Abwehrerfolg zu erzielen. Am 14. April 1942 erwischte es U 85. Der amerikanische Zerstörer »Roper« stellte das Boot im flachen Wasser vor der Küste New Jerseys. Der Kommandant Eberhard Greger versuchte vergeblich, über Wasser in die Dunkelheit der Nacht zu entkommen. Als er die Hoffnungslosigkeit der Situation erkannte, gab er das Boot auf. Mit geöffneten Flutventilen sank es auf den nur 30 Meter tiefen Meeresgrund. Die »Roper« machte keine Anstalten, die im Wasser schwimmende Besatzung zu retten. Mit voller Fahrt durchpflügte sie den Pulk der Schiffbrüchigen und warf vier flach eingestellte Wasserbomben. Nicht ein Mann der Besatzung überlebte das Massaker. Einen derart massiven Waffeneinsatz der Alliierten gegen wehrlos im Wasser schwimmende U-Boot-Fahrer hatte es noch nicht gegeben – denn bislang war die unerbittliche Schlacht auf See vergleichsweise »ritterlich« geführt worden. Wenn es die Gegebenheiten erlaubten, retteten die Alliierten U-Boot-Besatzungen schon allein deshalb, um durch die Befragung von Gefangenen an wertvolle Informationen zu kommen. Umgekehrt sind zahllose Fälle belegt, in denen U-Boote den Überlebenden der von ihnen versenkten Einzelfahrer Hilfe leisteten und teilweise auch Schiffbrüchige an Bord nahmen. Im September 1942 schließlich führte der so genannte »Laconia-Fall« jedoch zu einer Verschärfung der Situation. U 156 unter Korvettenkapitän Hartenstein befand sich mit drei anderen U-Booten auf dem Weg nach Südafrika. Unterwegs versenkte er den britischen Truppentransporter »Laconia«, der rund 2800 Menschen an Bord hatte, darunter etwa 1800 italienische Kriegsgefangene. Hartenstein leitete sofort eine Rettungsaktion ein, funkte offen seine

Position und bat um Hilfe. Vier Tage nach der Versenkung sichtete ein amerikanischer »Liberator«-Bomber U 156. Dicht gedrängt standen 115 Mann auf dem Oberdeck, vier Rettungsboote schleppte es hinter sich her. Obwohl Hartenstein die Rotkreuzflagge gesetzt hatte, erhielt der Pilot den Befehl zum Angriff. U 156 konnte schwer beschädigt entkommen – zahlreiche Schiffbrüchige jedoch starben. Einige Tage später konnten französische Schiffe 1120 Überlebende der »Laconia« aufnehmen.

Dönitz zog aus dem tragischen Vorfall Konsequenzen: Er erließ einen Befehl, wonach die U-Boote künftig die Rettung von Überlebenden zu unterlassen hätten, da dies »den primitivsten Forderungen der Kriegsführung nach Vernichtung feindlicher Schiffe und Besatzungen«

»Achtung, Adolf!«
Die Amerikaner jagen systematisch und mit Erfolg deutsche U-Boote – Rekrutierungsplakat der US-Küstenwache

»Im Visier« – ein
deutsches U-Boot
hat zugeschlagen

widerspreche. Man solle ferner daran denken, dass der Gegner »bei
seinen Bombenangriffen auf deutsche Städte, auf Frauen und Kinder
auch keine Rücksicht« nehme. Der U-Boot-Krieg wurde von deutscher Seite fortan härter geführt. Die Marine konnte sich zwar den
Forderungen Hitlers nach bewusster Tötung von Handelsschiffs-
besatzungen entziehen, doch etliche Male setzten sich U-Boote ab,
obwohl eine Hilfeleistung ohne weiteres möglich gewesen wäre. Im
Gegensatz zu einigen Vorfällen auf alliierter Seite ist allerdings nur ein
einziger Fall belegt, in dem ein deutsches U-Boot gezielt auf
Schiffbrüchige geschossen hat. Heinz-Wilhelm Eck, Kommandant von
U 852, versenkte 1944 im Südatlantik den griechischen Dampfer
»Peleus« und eröffnete anschließend auf die Überlebenden das Feuer.
Eck wurde 1945 in Hamburg von den Briten zum Tode verurteilt und
hingerichtet. Der »Laconia«-Befehl spielte auch während der Nürn-

berger Kriegsverbrecher-Prozesse eine Rolle. Die Anklage versuchte, den Befehl als Aufforderung zur Ermordung von Schiffbrüchigen zu deuten, scheiterte aber daran, dass etliche hohe alliierte Marineoffiziere zugunsten von Dönitz intervenierten und deutlich machten, dass auch ihre U-Boot-Waffe in der Regel keine Überlebenden gerettet habe. In der zweiten Jahreshälfte 1942 trieb die Schlacht im Atlantik ihrem Höhepunkt zu. Erstmals zahlte es sich aus, dass man bei Kriegsbeginn ein forciertes U-Boot-Bauprogramm gestartet hatte. Standen im Juli noch 70 U-Boote im Hauptoperationsgebiet Atlantik, waren es im Oktober schon 105. Endlich verfügte Dönitz annähernd über die Zahlen, die er immer gefordert hatte. Zudem ermöglichten die U-Tanker die Versorgung der Boote auf See, sodass diese nun an mehreren Geleitzugschlachten hintereinander teilnehmen konnten. Der B-Dienst lieferte nach wie vor wertvolle Hinweise über die alliierten Konvoirouten und Bletchley Park konnte noch immer den erneuerten »Enigma«-Schlüssel nicht knacken. Immerhin hatte die britische U-Boot-Abwehr mittlerweile erhebliche Fortschritte gemacht. Die Begleitschiffe waren nicht nur zahlreicher geworden, sie waren vor allem auch technisch besser ausgerüstet. Immer mehr Zerstörer hatten Radargeräte an Bord, mit denen sie die

Alle Kommandanten:

1. Jeglicher Rettungsversuch von Angehörigen versenkter Schiffe, also auch Auffischen von Schwimmenden und Anbordnahme auf Rettungsboote, Aufrichten gekenterter Rettungsboote, Abgabe von Nahrungsmitteln und Wasser, haben zu unterbleiben. Rettung widerspricht den primitivsten Forderungen der Kriegsführung nach Vernichtung feindlicher Schiffe und Besatzungen.

2. Die Befehle über Mitbringung Kapitäne und Chefingenieure bleiben bestehen.

3. Schiffbrüchige nur retten, falls Aussagen für Boote von Wichtigkeit.

4. Hart sein. Daran denken, dass der Feind bei seinen Bombenangriffen auf deutsche Städte auf Frauen und Kinder keine Rücksicht nimmt.

Dönitz-Befehl, 1942

»Jäger und Retter« –
ein deutsches U-Boot
nimmt Schiffbrüchige
auf

»Glück im Unglück« –
Überlebende eines
versenkten britischen
Dampfers

U-Boote bei ihren nächtlichen Überwasserangriffen leicht orten konnten. Zudem verfügten die »Escorts« über ein neuartiges Kurzwellenpeilgerät: »High Frequency Detecting Finder« oder kurz »Huff Duff« genannt. Damit war es möglich, die Fühlungshaltermeldungen der U-Boote sofort einzupeilen. Meldete ein Kommandant einen gesichteten Geleitzug, verriet er sogleich seinen Standort und war sofort heftigen Angriffen der Bewacher ausgesetzt. Auch die U-Jagd-Flugzeuge waren mit Radar ausgerüstet und entwickelten sich dadurch zu einer tödlichen Bedrohung. Noch waren ihre Anzahl und Reichweite allerdings beschränkt, sodass in der Mitte des Atlantik eine breite Luftüberwachungslücke klaffte, das so genannte »Black Gap«.

Die ernst zu nehmende Anklage war, dass Karl Dönitz im Zuge des uneingeschränkten U-Boot-Kriegs ohne Anhalten und Warnung feindliche und neutrale Schiffe versenken ließ und den Befehl gegeben hatte, Schiffbrüchige nach der Versenkung von Schiffen zu vernichten. Doch Dönitz hat niemals befohlen, Schiffbrüchige zu vernichten. Er hat befohlen, sie nicht zu retten.

Otto Kranzbühler,
Verteidiger von Dönitz
in Nürnberg, zum
»Laconia«-Befehl

Alle Abwehrmaßnahmen der Briten sollten angesichts der gestiegenen U-Boot-Zahlen vorerst jedoch wenig nützen. Eine Geleitzugschlacht folgte der anderen, die Versenkungszahlen erklommen immer neue Rekordmarken. Im November 1942 versenkten deutsche, italienische und japanische U-Boote zusammen über 800 000 BRT alliierten Schiffsraum – die Höchstmarke des Krieges. Der Triumph der deutschen Propaganda indes sollte nicht lange anhalten. Denn bald bauten amerikanische Werften so viele Schiffe, dass die Alliierten ihre Verluste gut verschmerzen konnten und der Tonnagekrieg bereits im Winter der Jahre 1942/43 durch die ökonomische Überlegenheit der USA entschieden wurde.

Im Januar 1943 tobten gewaltige Winterstürme im Nordatlantik. Der orkanartige Wind türmte riesige Wellen auf, 14, 15 Meter hoch. Bei diesem Wetter waren die Konvois kaum zusammenzuhalten, die kleinen Korvetten tanzten wie Spielbälle in der tosenden See. Auch die U-Boote waren in ihren Operationen stark eingeschränkt. Nur wenige Geleitzüge konnten aufgespürt und bekämpft werden. Während Dönitz das Ausbleiben entscheidender Schläge gegen die Alliierten dem schlechten Wetter zuschrieb, hatten die Misserfolge noch einen anderen Grund. Am 30. Oktober 1942 hatte ein britisches Kommando das sinkende U 559 geentert und wertvolle Schlüsselunterlagen bergen können. Seit Dezember hatte Bletchley Park den Funkverkehr wieder mitlesen und die lauernden U-Boot-Rudel einige Male ausmanövrie-

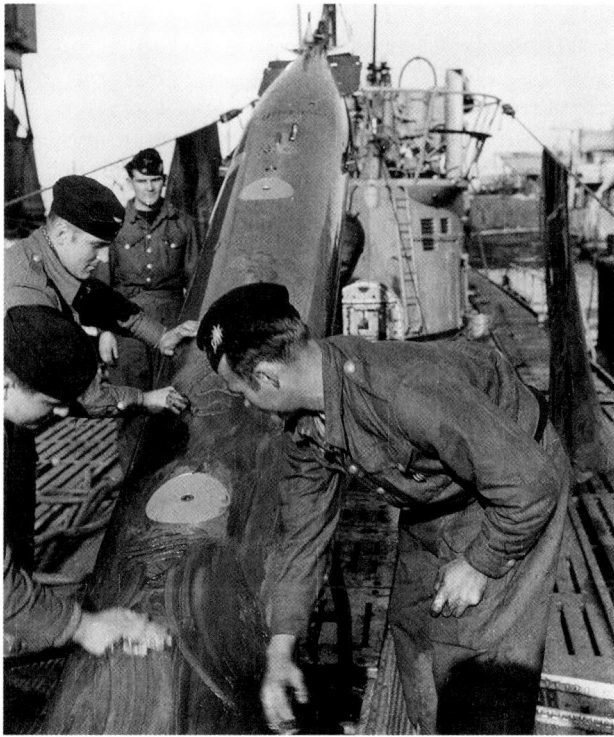

»Tödlicher Nachschub«
– ein U-Boot lädt neue
Torpedos

ren können. Mit der Zeit erwies sich allerdings auch diese Strategie als wenig Erfolg versprechend. Denn die deutschen Rudel waren mittlerweile so zahlreich, dass man ihnen kaum noch ausweichen konnte.

Die vernichteten Schiffe der Gegenseite wurden ohne größere Probleme ersetzt. Aber ein U-Boot mit einer ausgebildeten Besatzung zu schaffen, war damit nicht zu vergleichen.
Erich Topp,
U-Boot-Kommandant

War ein Konvoi um einen Vorpostenstreifen herumgeleitet, lief er meist direkt in den nächsten hinein. Von nun an ging es also darum, wer in der direkten Konfrontation als Sieger hervorgehen würde.

Im Februar schlugen die U-Boote hart zu. Allein aus zwei stark gesicherten Konvois versenkten sie 28 Schiffe. Die Alliierten gerieten immer mehr unter Druck. Trotz aller Bemühungen gelang es einfach nicht, der Bedrohung Herr zu werden. Am 10. März kam dann noch ein weiterer Rückschlag: Aufgrund einer erneuten technischen Verbesserung der »Enigma« gab es einen »Black-out« bei der Entzifferung der Funksprüche. Unter Einsatz aller Kräfte gelang es Bletchley Park erst nach zehn Tagen, wieder in den Schlüssel einzubrechen. Für die größten Konvoischlachten des Zweiten Weltkriegs kam dies zu spät.

Am 10. Dezember 1942 knackten wir den neuen Schlüssel. Und wenn es auch wieder einige Zeit dauerte, bis wir die Signale fließend lesen konnten, bekamen wir die Situation langsam wieder in den Griff. Allerdings waren jetzt so viele Boote im Meer, dass die Ausweichstrategie, also Konvois von den Booten wegzuleiten, immer weniger Erfolg hatte. Denn wenn ein Konvoi von einer Gruppe weggeleitet wurde, kam er automatisch in die Nähe einer anderen. Deshalb mussten wir »Enigma« nun offensiv einsetzen.
Sir Harry Hinsley,
Mitarbeiter des britischen »Ultra«-Projekts

Zwischen dem 16. und 20. März 1943 griffen vierzig U-Boote von allen Seiten zwei Konvois an. In der ersten Nacht fielen ihnen zehn Schiffe zum Opfer. In den nächsten Tagen unterstützten zwar Langstreckenbomber aus Nordirland die alliierte Eskorte, sie konnten aber nicht verhindern, dass weitere elf Schiffe aus den beiden Geleitzügen versenkt wurden. Dönitz dagegen büßte nur ein Boot ein. Vom 1. bis zum 20. März vernichteten die U-Boote im Atlantik insgesamt 70 Schiffe, 60 davon im Zusammenhang mit Konvoioperationen. Bei derart hohen Verlustquoten erschien es unmöglich, die erforderlichen Güter für die Eröffnung der Zweiten Front nach England zu bringen. Die gesamte Strategie der Alliierten zur Niederringung Deutschlands war dadurch gefährdet. Monate später schrieb die britische Admiralität, dass »die Deutschen niemals so nahe daran waren, die Verbindung zwischen der Neuen und der Alten Welt zu zerreißen, wie in den ersten zwanzig Tagen des März 1943«. Diese Aussage ist aus heutiger Sicht zwar reichlich übertrieben, sie verdeutlicht aber die Dramatik der

Situation. Alternativen mussten gefunden werden – und zwar schnell. Die einzige Chance der Alliierten lag darin, die Sicherung der Geleitzüge weiter zu verbessern. Der Schlüssel dazu war die Schließung der Luftüberwachungslücke im Atlantik. Von März 1943 an standen die ersten Geleitflugzeugträger zur Verfügung, umgebaute Handelsschiffe, die ein gutes Dutzend Maschinen zur U-Boot-Jagd aufnehmen konnten. Auch die US-Langstreckenbomber vom Typ »Liberator« eigneten sich aufgrund ihrer großen Reichweite hervorragend als U-Boot-Jäger. 50 Maschinen wurden für diese Aufgabe umgebaut und halfen mit, das »Air Gap« zu schließen.

So erfolgreich der Monat März für Dönitz verlaufen war, so groß war die Enttäuschung im April. Die alliierte Abwehr war besser organisiert. Wann immer ein Boot einen Konvoi sichtete und meldete, wurde es

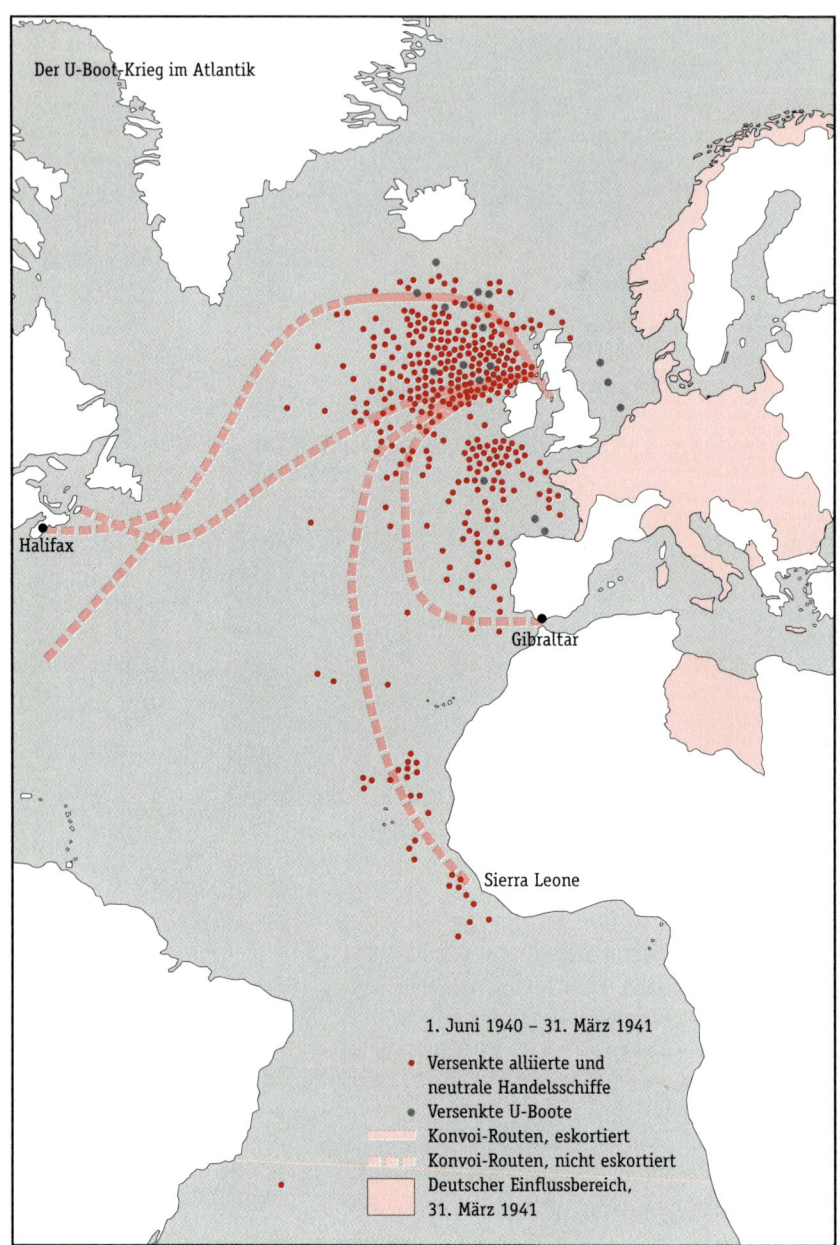

Der U-Boot-Krieg im Atlantik

Halifax

Gibraltar

Sierra Leone

1. Juni 1940 – 31. März 1941

- Versenkte alliierte und
  neutrale Handelsschiffe
- Versenkte U-Boote
  Konvoi-Routen, eskortiert
  Konvoi-Routen, nicht eskortiert
  Deutscher Einflussbereich,
  31. März 1941

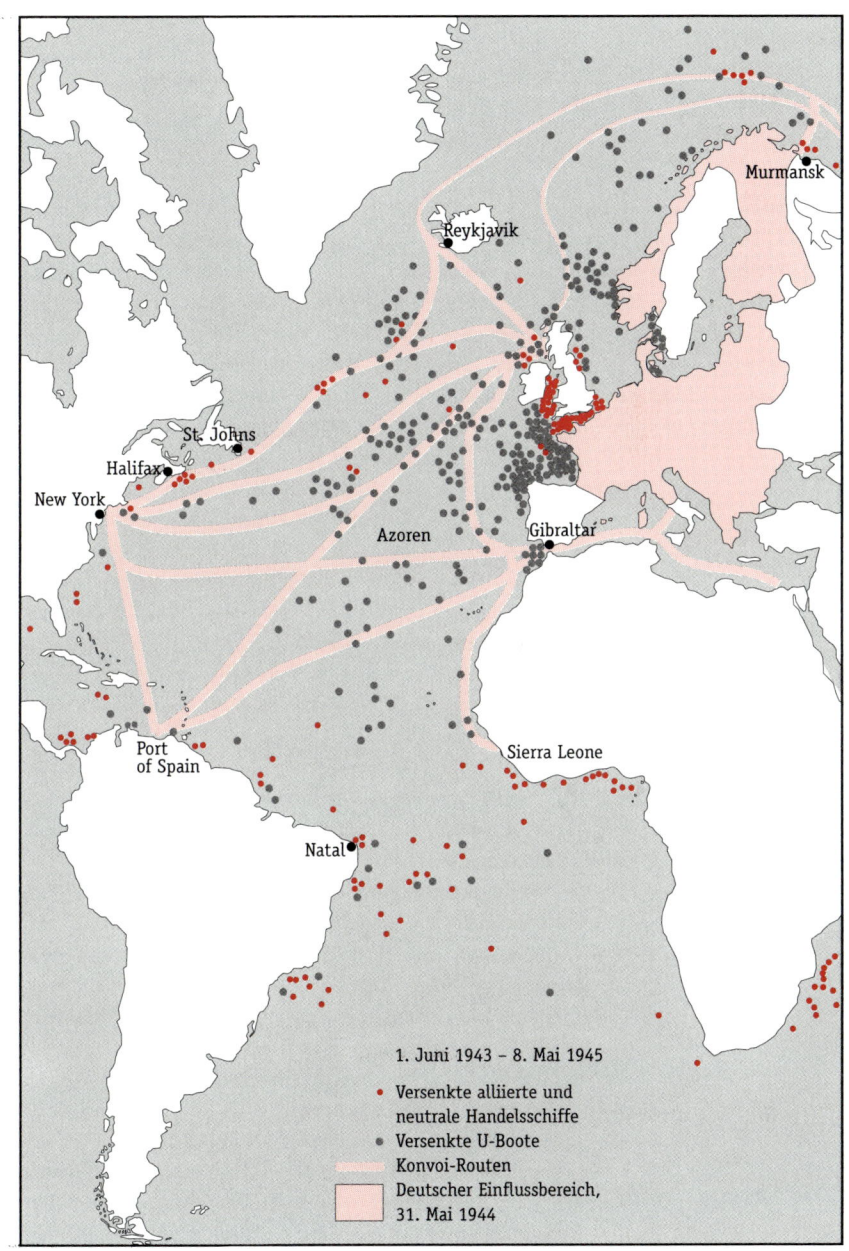

Murmansk

Reykjavik

St. Johns
Halifax
New York

Azoren

Gibraltar

Port
of Spain

Sierra Leone

Natal

1. Juni 1943 – 8. Mai 1945

- Versenkte alliierte und
  neutrale Handelsschiffe
- Versenkte U-Boote

Konvoi-Routen

Deutscher Einflussbereich,
31. Mai 1944

mit Wasserbomben belegt. Die Luftüberwachung war überaus stark und drängte die Angreifer immer wieder ab. Dann, Anfang Mai, schien sich das Blatt erneut zu wenden. Der Konvoi ONS 5 fuhr mitten in eine Ansammlung von 53 U-Booten hinein. Jetzt sollten die Kommandanten endlich wieder zeigen, wozu sie fähig waren. Von allen Seiten fielen die »Grauen Wölfe« über den Konvoi her. Die sieben Geleitfahrzeuge konnten die wütenden Attacken nicht abwehren. Verfolgten sie ein U-Boot, stießen andere in die Lücke und drangen zu den Handelsschiffen vor. Binnen zwei Tagen waren elf Schiffe versenkt. Am 5. Mai schien die völlige Vernichtung von ONS 5 unmittelbar bevorzustehen. Dönitz feuerte seine Kommandanten an, jetzt noch einmal alles zu wagen und dem Feind den Todesstoß zu versetzen. Als am Abend dichter Nebel aufkam, witterten die U-Boote ihre Chance. Sie tauchten auf, um sich geschützt durch die schlechte Sicht in den Konvoi zu schleichen – und konnten nicht ahnen, dass sie dadurch zur perfekten Zielscheibe wurden. Die Bewacher, die allesamt Radar an Bord hatten, konnten durch den dichten Nebel »sehen«. In heftigen Nachtgefechten versenkten sie 5 und beschädigten weitere 17 U-Boote. Am 6. Mai musste Dönitz den ungleichen Kampf abbrechen, da man sich »einwandfrei in unterlegener, aussichtsloser Position« befand. Die Radarortung der Geleitschiffe war zu einer der gefährlichsten Waffen geworden, die »dem U-Boot seine wesentlichste Eigenschaft, die Nichtfeststellbarkeit« nahm.

Obwohl die folgenden Konvoioperationen ähnlich verliefen und die Verluste sprunghaft anstiegen, mochte Dönitz noch nicht an eine tatsächliche Wende im U-Boot-Krieg glauben. Zunächst erklärte er sich das Ausbleiben von Erfolgen mit der Unerfahrenheit vieler nachgerückter junger Kommandanten. Am 21. Mai ermahnte Dönitz diese in scharfen Worten: »Derjenige, der nun glaubt, dass die Geleitzugbekämpfung nicht mehr möglich ist, ist ein Schwächling und kein echter U-Bootskommandant. Die Schlacht im Atlantik wird härter, sie ist aber die entscheidende Kriegsführung. Seid Euch Eurer hohen Verantwortung bewusst und Euch darüber klar, dass Ihr Euer Handeln verantworten müsst. Tut Euer Bestes an diesem Geleitzug. Wir müssen ihn zerschlagen. Wenn die Verhältnisse günstig dazu sind, vor Flug-

Schlachten können gewonnen oder verloren werden, Unternehmen gelingen oder scheitern, Gebiete können gewonnen oder verlassen werden, aber entscheidend für unsere Fähigkeit, den Krieg fortzusetzen oder auch nur uns selbst am Leben zu erhalten, war unsere Beherrschung der Ozeanrouten und der freie Zugang und die Einfahrt in unsere Häfen.

Winston Churchill
in seinen Kriegs-
erinnerungen

zeugen nicht tauchen, schießen und abwehren. Vor Zerstörern möglichst über Wasser ablaufen. Hart sein, nach vorne kommen und angreifen. Ich glaube an Euch. Oberbefehlshaber.«

Solche Ermahnungen konnten die enorme technische Unterlegenheit der U-Boote natürlich nicht ausgleichen. Allein im Mai 1943 gingen 43 deutsche U-Boote verloren – es war die höchste Verlustrate des ganzen Krieges. Darunter war auch U 954, auf dem Peter Dönitz, der jüngste Sohn des Großadmirals, Dienst tat. Das Boot wurde am 19. Mai versenkt, es gab keine Überlebenden. Am 24. Mai musste Dönitz eingestehen, dass die Konvoibekämpfung im Nordatlantik aufgrund der

Dönitz hat die hohe Verlustquote bewusst in Kauf genommen. Auf der einen Seite schickte er seine Leute auf »U-Boot-Weiden«, das heißt, er gab ihnen alles, was Küche und Keller zu bieten hatten, und es gab Sonderurlaub. Auf der anderen Seite hat er sie ins Verderben geschickt.

Erich Topp,
U-Boot-Kommandant

hohen Verluste keinen Sinn mehr ergab. Er brach den Kampf ab – die Wende im U-Boot-Krieg war da. Hitler gegenüber äußerte er, der U-Boot-Krieg befände sich in einer Krise. Es gelte jetzt mit den Kräften zu sparen, um später den Kampf mit voller Kraft wieder aufzunehmen.

Nun rächte es sich bitter, dass die Marine die Entwicklung neuer und leistungsfähigerer U-Boot-Typen weitgehend ignoriert hatte. Die Hauptschwäche der vorhandenen Typen war zweifellos, dass es sich nicht um »Unterseeboote« im eigentlichen Sinn des Wortes handelte, sondern um »Tauchboote«. Die meiste Zeit fuhren sie mit ihren Dieselmotoren über Wasser. Getaucht bewegten sie sich mit Elektromotoren, deren Batterien nur eine geringe Kapazität hatten. Dönitz und vor allem das für den U-Boot-Bau zuständige Konstruktionsamt (K-Amt) hatten diese große Schwäche viel zu lange ignoriert, anstatt sich ernsthafte Gedanken über den Bau eines echten Unterseeboots zu machen – eines Bootes, das lange Zeit und mit großer Geschwindigkeit unter Wasser operieren konnte.

Im Mai 1943 hatte der Marineoberbaudirektor Oelfken dann eine zündende Idee: Man könnte doch einfach ein großes stromlinienförmiges U-Boot mit einer so gewalti-

Wir haben den U-Boot-Krieg ja im Wesentlichen nur über Wasser führen können. Über Wasser konnte man mit Dieselmotoren etwa bis zu 17 Knoten laufen, unter Wasser mit E-Motoren 4, 5 Knoten – man war also fast stationär. Über Wasser hatte man die Brückenwache oben, das heißt vier Ausgucks, dazu den Kommandanten und den Torpedooffizier, während unter Wasser nur der Kommandant am Seerohr etwas sah. Deshalb zogen wir es vor, bei Nacht anzugreifen. Das änderte sich später, als wir von der Oberfläche verdrängt wurden, vor allen Dingen durch die Luftüberwachung, Radar und die Peiler der Zerstörer.

Horst von Schroeter,
U-Boot-Kommandant

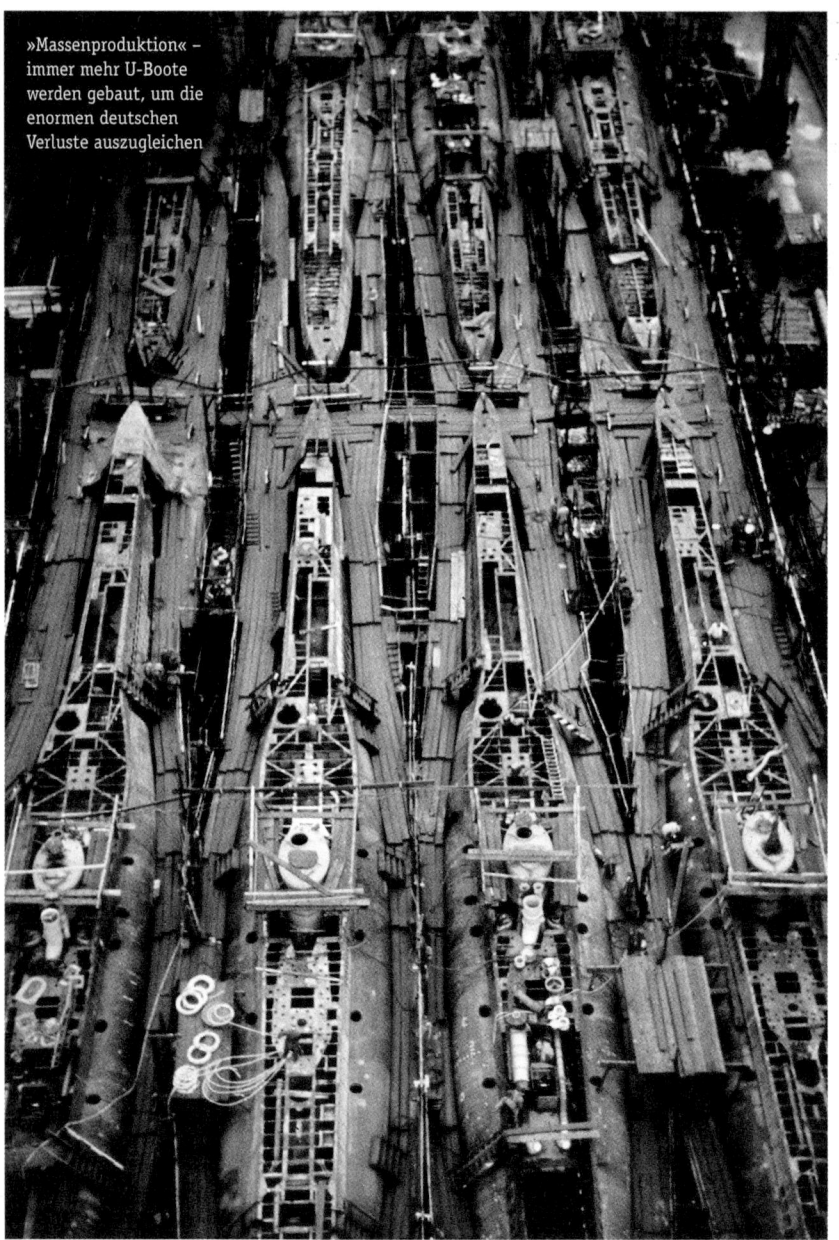

»Massenproduktion« –
immer mehr U-Boote
werden gebaut, um die
enormen deutschen
Verluste auszugleichen

gen Batteriekapazität bauen, dass auch unter Wasser eine hohe Geschwindigkeit erreicht werden könne. Das revolutionäre Konzept des »Elektroboots« war geboren, die Lösung aller Probleme schien gefunden. Dönitz erkannte sofort, dass mit diesen neuartigen U-Booten die Schlacht im Atlantik wieder Erfolg versprechend geführt werden konnte. Die neuen Typen mussten schnell gebaut und an die Front geworfen werden. Dönitz, Ende Januar 1943 zum Oberbefehlshaber der Kriegsmarine aufgestiegen, konnte Hitler bald von der zentralen Bedeutung der neuartigen Boote überzeugen.

Sie erhielten höchste Priorität und Albert Speer brachte eines der gewaltigsten Rüstungsprogramme des 20. Jahrhunderts auf den Weg. Innerhalb eines Jahres sollten die ersten Boote fertig sein, in anderthalb Jahren sollte eine neue leistungsfähige U-Boot-Flotte den Alliierten die Seeherrschaft auf dem Atlantik wieder streitig machen.

Im Sommer 1943 ließ Dönitz sämtliche Flottillenchefs zu sich kommen und fragte sie, ob es noch Sinn mache weiterzumachen. Er wollte von jedem seine Meinung hören – vom Jüngsten zuerst, vom Ranghöchsten zuletzt. Wenn wir damals gesagt hätten:»Es hat keinen Zweck mehr«, dann wäre der Krieg vorbei gewesen. Aber so weit waren wir damals noch nicht.

Hans-Rudolf Rösing,
Befehlshaber der
U-Boote-West

Bei allem Engagement war mit der Aufnahme des neuen »Unterwasserkriegs« jedoch nicht vor Frühjahr 1945 zu rechnen. Schließlich mussten die Boote erst eingefahren werden, die Besatzungen sich mit der neuen Technik erst vertraut machen. Die Frage war nun, was bis dahin geschehen sollte. Sollte der Kampf so lange eingestellt werden? Oder war es besser, weiterzukämpfen und dabei hohe Verluste in Kauf zu nehmen? Dönitz rief seine Flottillenchefs zusammen. Sie alle stimmten überein, dass der Kampf weitergeführt werden müsse, da der U-Boot-Krieg riesige Ressourcen der Alliierten binde. Man musste sich also so lange behelfen, bis die neuen U-Boote einsatzbereit waren.

Ungeduldig wartete Dönitz unterdessen auf neue Waffen, mit denen er die vorhandenen Boote aufrüsten konnte. Mitte September 1943 war es dann so weit: Der neue Akustiktorpedo T-5, Deckname »Zaunkönig«, war verfügbar. Einmal abgeschossen, folgte er den lauten Geräuschen schnell laufender Schiffsschrauben – eine ideale Waffe gegen angreifende Zerstörer. Alle Boote hatten außerdem eine verstärkte Flakbewaffnung und eine gepanzerte Brücke erhalten. Die Atlantikschlacht konnte weitergehen. 21 U-Boote formierten sich zu einem Rudel, dem Dönitz erwartungsvoll den Namen »Leuthen« gab, eine Anspielung auf den Sieg Friedrichs des Großen 1757 gegen die Österreicher. Zwei Konvois liefen genau in die Aufstellung hinein. Am

19. September begann die Schlacht. Dönitz funkte an seine Kommandanten:»Der Führer verfolgt jede Phase eures Kampfes. Angriff! Ran! Versenken!« Und sie schienen die Erwartungen zu erfüllen. Wieder und wieder hieß es:»Habe Zerstörer mit T-5 versenkt!« Nach fünf Tagen zog Dönitz Bilanz. Zwölf Eskortschiffe wurden als versenkt gemeldet, zudem neun Handelsschiffe. Was Dönitz nicht wissen konnte: Tatsächlich waren nur drei, nicht zwölf Bewacher versenkt worden, zudem auch nicht neun, sondern nur sechs Handelsschiffe. Viele der neuen Akustiktorpedos detonierten harmlos im Kielwasser der Schiffe, die sie eigentlich versenken sollten. Die U-Boot-Fahrer hörten die Explosion und meldeten einen Treffer. Dass der nicht vollständig ausgereifte »Zaunkönig« die massive technische Unterlegenheit der deutschen U-Boote nicht ausgleichen konnte, zeigte sich auch in den folgenden Wochen. Alle Konvoioperationen schlugen unter schweren Verlusten fehl. Boot um Boot wurde versenkt, von alliierten Land- und Trägerflugzeugen Tag und Nacht gejagt, von zahllosen Zerstörern gehetzt. 26 U-Boote gingen im Oktober im Operationsgebiet verloren, die dritthöchste Verlustquote des Jahres 1943. Die Marineführung zog

»Angriff! Ran! Versenken!« – Admiral Dönitz (Mitte) schickt trotz der hohen Verluste seine U-Boote weiter auf Feindfahrt

hieraus allerdings keine Konsequenzen und versuchte stattdessen, den Erfolg zu erzwingen. Im Herbst 1943 und Frühjahr 1944 wurden die U-Boot-Männer regelrecht verheizt. Erst im März 1944 brach Dönitz den Kampf im Nordatlantik ab.

In diesen Monaten der schweren Krise war Dönitz verstärkt um die Aufrechterhaltung der »soldatischen Moral« bemüht. Auf keinen Fall durften sich die Verhältnisse von 1918 wiederholen, als Matrosen gemeutert hatten. Die U-Boot-Fahrer hatten willig und schweigend in den Tod zu gehen, jeden Anflug von »Feigheit« galt es eisern zu bekämpfen. Der Erfolgsdruck, der insbesondere auf den Kommandanten lastete, war enorm. Nach jeder Rückkehr – so es eine solche überhaupt gab – mussten sie sich für ihr Handeln vor Dönitz oder seinem Stabschef Konteradmiral Godt rechtfertigen. Häufig wurden Kommandanten abgelöst, weil sie für unfähig gehalten wurden, zuweilen drohte auch das Kriegsgericht. Einer, der dem Druck nicht mehr standhielt, war damals der Kommandant von U 505, der 25-jährige Kapitänleutnant Peter

Was Dönitz angerichtet hat, ist Massentotschlag. Denn der U-Boot-Krieg war im Jahr 1942 längst verloren. Wenn er ihn trotzdem weitertrieb, dann nur als Futter für einen ins Monströse entarteten Ehrgeiz. Dönitz war ohne Zweifel ein Kriegsverbrecher. Er hatte nur ein Riesenglück in Nürnberg – und sehr gute Verteidiger.

Lothar-Günther
Buchheim, damals
Kriegsberichterstatter

Zschech. Zigmal hatte er aus technischen Gründen seine Feindfahrten abbrechen müssen, jedes Mal war er mit leeren Händen ohne Siegeswimpel am Sehrohr nach Hause gekommen. Am 24. Oktober 1943 erschoss er sich während einer Wasserbombenverfolgung.

Im Frühjahr 1944 sorgte ein weiterer Vorfall für Aufsehen. Oskar Kusch, der erfahrene Kommandant von U 154, war nach einer Feindfahrt an die brasilianische Küste von seinen Wachoffizieren als »Volksverhetzer« denunziert worden. Sie sagten aus, er habe Hitler als krank und größenwahnsinnig bezeichnet und das obligatorische Hitler-Bild in seinem Spind mit der Bemerkung entfernt, dass es auf seinem Boot keine »Götzenanbetung« mehr geben werde. Ferner habe er mehrmals geäußert, dass Deutschland den Krieg verlieren werde und die Ermahnungen der U-Boot-Führung nur »große Worte und Sklaventreiberei« seien. Kusch wurde vor ein Kriegsgericht gestellt, die Anklage empfahl eine Haftstrafe von zehn Jahren und sechs Monaten, doch das Gericht verurteilte Kusch zum Tode. Dönitz bestätigte als oberster Gerichtsherr das Urteil und ließ sich auch von etlichen Petitionen hoch dekorierter U-Boot-Kommandanten nicht erweichen, die Kusch als integren und tapferen Soldaten beschrieben, der

»Wirksame Waffe« –
ein US-Schiff setzt
Wasserbomben gegen
deutsche U-Boote ein

diese Strafe nicht verdient habe. Am 12. Mai 1944 wurde Oskar Kusch in Kiel standrechtlich erschossen. Dönitz hatte ein Zeichen gesetzt: Jeder Anflug von »Wehrkraftzersetzung« würde schwer geahndet werden. Wer gegen das Prinzip von Glaube und Gehorsam verstoße, so Dönitz, »der muss von uns zerbrochen werden«.

In der Nacht vom 6. zum 7. Juni 1944 begann der D-Day – der alliierte Sturm auf die »Festung Europa«. Die Seekriegsleitung schickte alle verfügbaren U-Boote aus den Atlantikstützpunkten in den Kampf. Jetzt ging es um »Sein oder Nichtsein«. Doch nur einige wenige verwegene Kommandanten schafften es, bis zum großen Dampferweg zwischen der Isle of Wright und der Normandie-Küste vorzudringen. Sie versenkten ein gutes Dutzend Schiffe – angesichts der unübersehbaren Masse von alliierten Frachtern nur ein Tropfen auf den heißen Stein. Der Tribut, der für diese Erfolge entrichtet werden musste, war enorm. Einige wenige Boote konnten sich in letzter Minute vor ihren Verfolgern nach Boulogne oder Le Havre retten, viele hatten allerdings weniger Glück. Unter der Detonationsgewalt der Wasserbomben gab der schützende Druckkörper nach und ein Gemisch aus Wasser und Treiböl überflutete binnen kurzem das Boot. Die Besatzungen der Boote, die im vergleichsweise flachen Ärmelkanal operierten, hatten zumindest die theoretische Chance, mit einem primitiven Tauchgerät aus einem sinkenden Boot auszusteigen. Praktisch hatte kaum ein Besatzungsmitglied das Glück und die Nervenstärke, sich bei völliger Dunkelheit in dem heillosen Chaos eines überfluteten Bootes den Weg nach draußen zu bahnen und dann auch noch den Aufstieg aus der Tiefe zu überleben. So geschah es auch bei U 741, das am 15. August 1944 in der Seine-Bucht versenkt wurde. Elf Mann waren im Heck-

raum eingeschlossen, doch nur dem 22-jährigen Maschinen-Ober-
gefreiten Leo Leuwer gelang es, über die achtere Torpedoluke aus dem
eisernen Sarg zu entkommen und aus 60 Meter Tiefe aufzusteigen.
Alle anderen, insgesamt 47 Männer, starben einen grausamen Tod.
Ende Juli 1944 konnten die Alliierten aus ihrem Brückenkopf in der
Normandie ausbrechen und binnen weniger Wochen bis zur Reichs-
grenze vorstoßen. Die für den Seekrieg so entscheidenden Stützpunkte
waren dadurch verloren. Doch je aussichtsloser die Kriegslage war,
desto mehr versteifte sich Dönitz auf den Einsatz des neuen U-Boot-
Typs XXI. Stolz konnte die Danziger Werft am 20. April 1944 Hitler als
Geburtstagsgeschenk den Stapellauf des ersten neuen Elektroboots
melden. Sie verschwieg freilich, dass dies nur ein Propagandacoup war.
Denn in Wirklichkeit hatte man das U-Boot lediglich notdürftig
schwimmfähig gemacht und nach dem Stapellauf sofort wieder einge-
dockt. Hilflos musste Dönitz in den folgenden Monaten mit ansehen,
wie sich sein Bauprogramm immer mehr verzögerte. Material-
probleme, Arbeitermangel und vor allem die feindlichen Luftangriffe
auf Werften und Verkehrseinrichtungen beeinträchtigten den Bau der
neuen Superboote. Erst am 3. Mai 1945 sollte U 2511 endgültig zur
ersten Feindfahrt auslaufen. Um die Verzögerung zu überbrücken,
wurden noch einmal alte Modelle in den Kampf geschickt – sie erlitten
schwere Verluste. Mehrere tausend U-Boot-Fahrer starben allein im
Frühjahr 1945.

»Das nackte Leben
gerettet« – deutsche
U-Boot-Männer auf
einem amerikanischen
Schiff

Wir sind dann auch noch mal ausgelaufen und wussten, dass es unsinnig war. Ich habe dem Leitenden Ingenieur den Befehl erteilt, einen Maschinenschaden vorzutäuschen. Ich wusste, wenn wir auslaufen, ist das der anderen Seite bekannt und wir werden zerschlagen. Genauso war es auch: Vier Boote liefen aus, zwei wurden versenkt, eines schwer beschädigt. Ein Einziges kam heil in den Oslo-Fjord.

Erich Topp,
U-Boot-Kommandant,
über die Situation kurz
vor Kriegsende

Am 4. Mai befahl Dönitz schließlich allen Booten, das Feuer einzustellen und in ihre Stützpunkte zurückzumarschieren. Vereinzelt wurde auf beiden Seiten noch geschossen. Als letztes deutsches Boot ging U 3523 am Abend des 6. Mai 1945 im Kattegatt mit der gesamten Besatzung verloren. Der U-Boot-Krieg war vorbei. 2900 alliierte Schiffe fielen ihm zum Opfer – und 33 000 Seeleute. Von den 1167 deutschen U-Booten gingen 757 verloren, davon 429 mit ihrer gesamten Besatzung. Den Epilog dieses Kapitels des Zweiten Weltkriegs markierte eine U-Boot-Besatzung, die sich nicht ergeben wollte. U 977 unter Kapitänleutnant Heinz Schaeffer lief Anfang Mai 1945 nach Norwegen zurück, setzte hier einige Besatzungsmitglieder an Land und begann am 16. Mai seine Rekordfahrt nach Argentinien. Am 17. August erreichte das Boot Mar del Plata. 66 Tage lang war es getaucht durch den Atlantik geschlichen, ab und an dicht unter der Wasseroberfläche erschienen, um mithilfe eines speziellen Schnorchels die Batterien aufzuladen, und erst auf Höhe der Kapverden wieder an die Oberfläche gekommen. Allen hartnäckigen

»Wertvolle Beute« –
Amerikaner kapern im
Juni 1944 vor den
Bermudas U 505

»Der letzte Akt« –
U-Boot-Wracks nach
der Kapitulation

Gerüchten zum Trotz hatte Schaeffer weder Adolf Hitler noch einen
anderen braunen Paladin an Bord. Der Gefangenschaft konnte die
Besatzung freilich nicht entgehen. Die Argentinier lieferten die
Männer an die Vereinigten Staaten aus. Doch immerhin – sie hatten
überlebt. Von fast 50 000 deutschen U-Boot-Fahrern aber waren über
30 000 in den Tod gegangen.

»Ein verdammt schwerer Auftrag« – General Erwin Rommel übernimmt das Kommando in Afrika

Der Auftrag Hitlers, den Vormarsch der Bri-
ten in Nordafrika zu stoppen, glich einem
Himmelfahrtskommando. Schier unschlagbar
schien die britische Übermacht. Doch bereits
am ersten Tag auf afrikanischem Boden ver-
schaffte sich Erwin Rommel mit einem Täu-
schungsmanöver den Respekt des Gegners.
Im Juni 1942 gelang dem deutschen Panzer-
general sein letzter großer Coup: Nach einem
Scheinvorstoß auf Alexandria eroberte das
Afrika-Korps die Festung Tobruk.

Mythos Rommel

Am 12. Februar 1941 schien der Krieg in Nordafrika entschieden. Der britische Premierminister Winston Churchill gratulierte in einem langen Telegramm General Archibald Percival
Wavell zu dessen unerwartet schnellem Sieg.

Rund 900 Kilometer waren seine Truppen
von Ägypten aus in nur zwei Monaten nach
Westen vorgerückt. Die Italiener in Libyen
waren geschlagen. Tobruk, Benghasi und El
Agheila – die Cyrenaika war unter britischer
Kontrolle. Ein weiterer Vormarsch nach Tripolis sei nicht nötig, lautete die Anweisung
aus London.

Nehmen Sie meine herzlichsten Glückwünsche
zu diesem letzten bewundernswürdigen Sieg
entgegen und zu der unerwarteten Schnellig-
keit, mit der die Cyrenaika erobert worden ist.

Churchill an
General Wavell,
12. Februar 1941

Zur gleichen Zeit setzte in Castel Benito, dem Flugplatz von Tripolis,
der Mann zum ersten Mal seinen Fuß auf afrikanischen Boden, den
Adolf Hitler kurz zuvor zum »Befehlshaber der deutschen Heeres-
truppen in Libyen« ernannt hatte. Mit kaum fünfzig Jahren zählte er
zu den jüngsten Generälen in Hitlers Wehrmacht. Schwabe war er, das

war nicht zu überhören. Aufgefallen war er als Autor des militärischen Fachbuchs »Infanterie greift an«, zu dessen Lesern auch der »Führer« des »Großdeutschen Reichs« zählte. Seine Erfolge im Frankreichfeldzug als Kommandeur der 7. Panzerdivision hatte der Kinofilm »Der Sieg im Westen« bekannt gemacht. Viel mehr wussten die Soldaten allerdings nicht. Doch schon wenige Wochen nach der Ankunft in Nordafrika sollte die ganze Welt seinen Namen kennen: Erwin Rommel. Als »Wüstenfuchs« sollte er zur lebenden Legende bei Freund und Feind werden. Der Krieg in Nordafrika hatte am 12. Februar 1941 von neuem begonnen.

In Italienisch-Nordafrika sei die Lage folgendermaßen: Die Cyrenaika sei nicht zu halten. Ohne deutsche Hilfe ginge ganz Italienisch-Nordafrika verloren. Dass dies ein großer Nachteil für die Achse wäre, brauche er nicht zu erläutern. Auch hier würde schon das Erscheinen eines kleinen deutschen Verbandes genügen, um sofort eine Wendung der Lage herbeizuführen, weil ebenso wie in Albanien eine starke moralische Wirkung auf die italienischen Truppen, auf die Engländer in Ägypten und auch auf die Franzosen in Nordafrika sicher sei.

Äußerung Hitlers im Kriegstagebuch des OKW, 28. Dezember 1940

Nur wenige Tage zuvor hatte der Kriegsherr seinem General in einer persönlichen Audienz am 3. Februar 1941 über seine neuen Aufgaben informiert. Die Zeit drängte. Erst am Nachmittag hatte das Oberkommando der Wehrmacht (OKW) darüber beraten, wie Mussolinis Truppen aus ihrer selbst verschuldeten Misere gerettet werden konnten. Im Sommer 1940 hatte der faschistische »Duce« versucht, sein »Imperio Romano« auf afrikanischem Boden auszubauen. Doch schon bald war die italienische Offensive in den britischen Stellungen hängen geblieben. Der Gegenangriff der Commonwealth-Truppen unter General Wavell hatte Mussolini jäh aus seinen Träumen gerissen. Der großspurige »Duce« musste seinen deutschen Bundesgenossen kleinlaut um Beistand bitten – und Hitler hatte Hilfe versprochen. Den »verwegensten Panzerwaffengeneral, den wir in der deutschen Armee haben«, wollte er schicken. Das großzügige Angebot war nicht ganz uneigennützig: Eine drohende Kapitulation des Verbündeten mit all ihren Auswirkungen auch auf Deutschland musste unbedingt verhindert werden. Unter dem Decknamen »Sonnenblume« wurden folgende Zielvorgaben zusammengefasst: »Hauptaufgabe ist Störung englischer Land- und Seezufuhren. Niederkämpfung Luftstützpunkt Malta ist anzustreben.«

»Ein verdammt schwerer Auftrag«, hatte Rommel nach seinem Besuch bei Hitler eingeräumt. Doch es war gleichwohl ein Auftrag ganz nach seinem Geschmack. In Nordafrika, weit entfernt von den Zwängen der Hierarchie im OKW, konnte er fortsetzen, was er als Kommandeur in

»Tausend deutsche Panzer« – Rommels Trick in Tripolis

Frankreich gezeigt hatte: moderne Kriegsführung. Damals, im Mai 1940, war Rommel schon einmal auf britische Einheiten gestoßen und hatte sie zum Rückzug gezwungen. Ebendiese Erfolge erwartete der »Führer« von seinem frisch gekürten Ritterkreuzträger nun auch in Nordafrika.

Einen ersten Beleg dafür, dass Hitler den richtigen Mann geschickt hatte, lieferte Rommel kurz nach seinem Eintreffen in Nordafrika – in Form eines ebenso dreisten wie einfachen Täuschungsmanövers. Persönlich überwachte er am 14. Februar 1941 das Ausschiffen der ersten deutschen Truppen. Dabei schickte er seine wenigen Panzer immer wieder um den Häuserblock und gaukelte so den Beobachtern auf den provisorischen Tribünen eine mächtige Armee vor. Die italienischen Zuschauer applaudierten dieser Demonstration vermeintlicher Stärke begeistert. Und auch andere Beobachter waren von der Panzerarmee à la Potemkin beeindruckt. Ein Spion im Dienste der Briten meldete ins Hauptquartier der Streitkräfte Seiner Majestät, dass mehr als tausend deutsche Panzer in Afrika gelandet seien. »General Bluff« konnte seinen ersten Erfolg verbuchen, noch bevor der Feldzug überhaupt begonnen hatte. Genau so hatte man sich das in Berlin auch vorgestellt. »Der Führer war von der Initiative, mit der er die

Wir wussten, dass Rommel beim Frankreichfeldzug eine große Rolle gespielt hatte, dass er da durchgebraust war. Seine Division hieß die Gespensterdivision. Insofern war er uns ein Begriff. Aber ich hatte ihn persönlich bis dahin noch nie gesehen.

Winrich Behr, Offizier
in der Aufklärungs-
abteilung, Deutsches
Afrika-Korps

Aufgabe angepackt hat, außerordentlich befriedigt«, notierte Hitlers Chefadjutant Rudolf Schmundt, der nach seiner Rückkehr aus Tripolis Bericht erstattet hatte.

So bezeichnend dieser Trick für den Einfallsreichtum des unkonventionellen Heerführers war – allzu großen Eindruck machte Rommels Eintreffen auf die siegreichen Briten zunächst nicht. In einer Lagebeurteilung des Generalstabs in London hieß es zur Einschätzung der militärischen Schlagkraft des neuen Gegners nur knapp: Keine Erfahrung im Wüstenkrieg, keine ausreichenden Kräfte. »Es wird eine beträchtliche Zeit verstreichen, bevor von Tripolis aus eine ernst zu nehmende Gegenoffensive gestartet werden kann«, versicherte General Wavell.

»Vermeintliche Stärke« – die Ausschiffung in Tripolis

Den Mangel an Erfahrung und die Unkenntnis der Anforderungen, die das Leben in der Wüste stellte, versuchte die deutsche Heeresführung unter anderem mit einem »Leitfaden« für den »Soldaten in Libyen« zu beheben. Die Ratschläge reichten von Bekleidungshinweisen (»Trage nachts eine Leibbinde, du hütest dich vor Erkältungen.«) über Ernährungsanweisungen (»Trinke nur abgekochtes Wasser.«) bis zu allgemeinen Warnungen (»Die Schlangen des Landes sind sehr giftig. Gehe niemals mit nackten Füßen im Sande.«). An alles hatten die Experten im fernen Berlin gedacht. Sie hielten sogar einen Rat für Situationen parat, über die der Mann im Krieg nicht spricht: »Besuche nur das von der Truppenführung freigegebene Bordell. Geschlechtsverkehr mit farbigen Frauen ist Rassenschande.« Was Rommels Kenntnisse anbelangte, waren zumindest die Hinweise für das Verhalten im ungewohnten Klima dringend notwendig. Denn der Kommandeur hatte zunächst völlig falsche Vorstellungen von dem, was ihn erwartete. »Ich habe nun endlich Gelegenheit, im heißen Wüstenklima etwas gegen mein Rheuma zu tun«, schrieb er an seine Frau. Wie kalt Wüstennächte werden können, sollte er schon bald erfahren. Weder die Generäle im OKW noch der Kommandeur in Tripolis wussten so recht, was es bedeutete, Krieg in der Wüste zu führen. Wüstenkrieg – das hieß enorme Temperaturen und enorme Temperaturunterschiede. Am Tag sengende Sonne, nachts erbärmliche Kälte. Wüstenkrieg – das bedeutete Chamsin und andere Sandstürme, die das Atmen zur Qual machten und den feinen Sand in Nase, Mund und Ohren bliesen. Wüstenkrieg – das war nicht nur die Auseinandersetzung mit einem militärischen Gegner, sondern das war auch der Kampf gegen eine äußerst lebensfeindliche Umgebung.

Als ich nach Afrika kam, hatte ich überhaupt keine Ahnung. Ich erinnere mich an den ersten optischen Feindeindruck, den ich hatte. Ich ging mit meinem Kompanieführer auf einen Hügel und ich sagte: »*Ach kucken Sie mal, da hinten ist ja eine Oase, da, die hohen Bäume*«, *und er erwiderte:* »*Nein, Herr Oberleutnant, das sind feindliche Panzer.*« *Ich schaute näher hin und diese hohen Bäume bewegten sich und verschoben sich gegeneinander. Und er sagte im schönsten Berlinerisch:* »*Det is hier so, man sieht was und det stimmt nicht.*«

Hans Peter Quaatz,
Oberleutnant in der
Aufklärungsabteilung,
Deutsches Afrika-Korps

Doch nicht nur das ungewohnte Klima machte Rommel Kopfzerbrechen, weit größeren Anlass zur Sorge bereitete ihm der Zustand der italienischen Verbände. Rund 130 000 Soldaten, darunter 22 Generäle, waren in Gefangenschaft geraten. Und die verbliebenen Einheiten waren nur noch unvollständig ausgerüstet. Aussicht auf Besserung bestand kaum: Die Nachschubverbindungen über das

Mittelmeer waren ständigen Angriffen der Briten ausgesetzt. Kein Grund zu Optimismus also. Die Moral der Truppe war gebrochen, ihr militärischer Wert gering, auch wenn die Panzerdivision Ariete und die motorisierte Trento-Division den deutschen Verbänden zahlenmäßig weit überlegen waren. Rommel konnte lediglich auf Teile der 5. Leichten Division setzen. Das Panzerregiment 5, dessen Ausstattung den Erfordernissen eines Wüsteneinsatzes allerdings kaum entsprach, hatte nur 120 Panzer zur Verfügung. Sandfilter für die Vergaser waren ebensowenig in ausreichender Zahl vorhanden wie breite 7,5-Zoll-Reifen, die sich nicht in den Sand eingruben. Und bis die 15. Panzerdivision, der Kern der geplanten deutschen Streitmacht, gelandet war, würde es Mai werden. Die Militärführung in Berlin war also denkbar unvorbereitet in dieses Unternehmen gegangen – und das

125

»Ein Meer aus Sand« –
Wehrmachtssoldaten in
der libyschen Wüste

zeigte sich auch an Formalien. Die Truppen hatte noch keinen Namen. Erst am 19. Februar erhielt Rommels Armee die Bezeichnung, unter der sie Furore machen sollte: Deutsches Afrika-Korps.

Unter den gegebenen Umständen mussten sich die ersten militärischen Aktionen eigentlich auf Verteidigungsmaßnahmen beschränken. Doch als Rommel, der sich bei einem Aufklärungsflug persönlich ein Bild der Lage machte, erkannte, wie unfertig die britischen Stellungen noch waren, setzte er die frisch gelandeten deutschen Kampftruppen umgehend in Marsch. Nach einer Wüstenrallye über 500 Kilometer auf Sandpisten und nacktem Fels standen die Panzerjägerabteilung 39 sowie eine Aufklärungsabteilung am 24. Februar in Sichtweite des britischen Vorpostens in Libyen: El Agheila – ein paar Häuser, ein kleiner Notflughafen und viel Wüste. Hier trafen Deutsche und Briten zum ersten Mal aufeinander, hier vermeldete das OKW in seinem ersten Bericht aus Nordafrika den ersten Sieg:»Eine Anzahl englischer Motorfahrzeuge wurde vernichtet. Auf deutscher Seite entstanden keine Verluste.« Im britischen Hauptquartier in Kairo herrschte noch Selbstsicherheit:»Unsere Vorposten stießen auf eine Panzereinheit, allem Anschein nach eine deutsche, und warfen sie zurück.« Bald jedoch mussten die Briten erkennen, dass ihr neuer Gegner kontinuierlich stärker wurde. Immer häufiger kam es zu Scharmützeln, in denen die sieggewohnten Briten den Kürzeren zogen. Vier Wochen ließ Rommel in vorsichtigen Vorstößen die Stärke der gegnerischen Kräfte testen. Dann gab er am 24. März den Befehl zum Angriff. Die Verbände der 5. Leichten Division erstürmten die britischen Stellungen bei El Agheila.

Die erste Feindbegegnung geschah in einem kleinen Wüstenfort namens El Agheila. Ich bin mit einer kleinen Gruppe, vielleicht zwanzig Leute und ein Leutnant, vorgefahren, dann haben wir die Fahrzeuge stehen lassen und sind nachts am Strand die restlichen Kilometer zu Fuß marschiert. Aber als wir ankamen, stellte sich heraus, dass im Fort nur hunderttausende von Flöhen, aber kein einziger Brite übernachtete. Erst im Morgengrauen kamen ihre Spähwagen angefahren, die wir dann schnappten oder abschossen. Und diese lächerliche Geschichte kam, weil sie natürlich von einer gewissen strategischen Bedeutung war, in die deutsche Presse. Und das Fort El Agheila erschien dort, als ob es Fort Knox wäre und wir eine große Schlacht geschlagen hätten. In Wirklichkeit war es eine lächerliche Karl-May-Geschichte.

Winrich Behr, Offizier in der Aufklärungsabteilung, Deutsches Afrika-Korps

Der schnelle Erfolg brachte zwar nur einen bescheidenen Landgewinn, doch er hatte eine große psychologische Wirkung. Ein besorgter Premierminister erkundigte sich bei seinem Oberkommandierenden:»Der rapide Vormarsch bereitet uns Sorge. Ich nehme an, Sie warten nur darauf, dass die Schildkröte ihren Kopf weit genug vorstreckt, um ihn abzuhauen.« Wavell antwortete Churchill am 30. März mit einer beruhigenden Lageeinschätzung:»Vor Ablauf eines Monats kann Rommel keine größere Angriffsaktion durchführen.« Die Militärs in Berlin waren derselben Ansicht. So wiederholte das OKW am 2. April:»Hauptaufgabe bleibt es, die erreichten Stellungen zu sichern. Die sich hieraus ergebenden Angriffsunternehmungen mit beschränktem Ziel dürfen vor dem Eintreffen der 15. Panzerdivision nicht weiter ausgedehnt werden. Auch dann ist eine großräumige Offensive zunächst nicht vorzusehen.«

Doch Erwin Rommel ließ sich von solchen Befehlen nicht bremsen. Er sah seine Aufgabe nicht in der Verteidigung, sondern im Angriff – in der Rückeroberung der Cyrenaika. Nach dem erfolgreichen Vorspiel in El Agheila hatte er seinen Truppen bereits am 31. März den Befehl zur ersten Großoffensive gegeben, ohne auf Anweisungen aus Berlin zu warten. Die Stellung der Briten bei Mersa Brega fiel noch am ersten Angriffstag. Die Verteidiger mussten sich zurückziehen.

Rommel war ein richtiger Draufgänger. Er war kein General, der am Schreibtisch saß, sondern er wollte vorne bei seinen Männern sein und sagen: Leute, ich bin hier, folgt mir. Und das haben alle gemacht, ohne Einschränkung.

Friedrich Hauber,
Ordonanz in
Rommels Stab

Zum ersten Mal erlebten einfache Soldaten wie Karl Zimmermann jenen typischen Führungsstil, der Rommel von anderen Heerführern unterschied:»Er war kein General, der in der hintersten Front stand und von dort seine Befehle gab.« Während der britische Oberkommandierende weit weg am sicheren Nil saß, war sein deutsches

»Schwierige Verbündete« – Rommel und sein Stab im Gespräch mit italienischen Offizieren

Pendant bei den Angriffsaktionen stets vorne dabei. Rommel war kein Etappenhengst, sondern Frontoffizier. »Wo Rommel ist, da ist die Front«, lautete schon bald ein geflügeltes Wort. Und da die Front fast überall war, war auch der Kommandeur überall zu finden. Dieser Führungsstil barg natürlich auch ein hohes Risiko: Bei seinen Einsätzen lief der Heerführer mehr als einmal Gefahr, inmitten feindlicher Verbände zu landen, weil er die Orientierung verlor und nicht mehr wusste, wo die eigenen Truppen standen. Zudem riskierte er sein Leben. »Neulich bekam ich einen Granatsplitter ab. Er hinterließ aber nur ein in allen Farben schillerndes, talergroßes Mal. Man muss nebenbei auch Glück haben«, schrieb er seiner Frau. Doch wer fragte im Falle des Erfolgs schon nach heiklen Situationen? Statt kritischer Einwände machte bald eine Reihe von Anekdoten die Runde. Als Rommel während eines Angriffs aus seinem »Fieseler Storch« eine motorisierte Einheit Halt machen sah, warf er eine Botschaft ab: »Wenn Sie nicht gleich weiterfahren, komme ich mal runter! Rommel.« In einem anderen Fall ließ er den Piloten landen, weil drei Panzerspähwagen an einem verlassenen englischen Betriebsstofflager hielten. Den verdutzten Kommandeur herrschte Rommel an: »Jetzt wird nicht getankt, jetzt wird gefahren.«

Rommels Engagement riss die Soldaten mit; begeistert setzten sie ihren Vorstoß weiter fort. Am 2. April räumten die Briten Agedabia. Die Unruhe in London nahm zu: »Es ist wünschenswert, dem deutschen Vormarsch Einhalt zu gebieten«, forderte Churchill. »Es kommt darauf an, die Kampfkraft zu bewahren, bis Nachschubschwierigkeiten den Feind schwächen«, rechtfertigte Wavell den Rückzug. Der erfahrene General wusste, welche Bedeutung die Versorgungswege im Wüstenkrieg hatten. Ohne Wasser, ohne Benzin war in dieser menschenfeindlichen Umgebung kein noch so schneller Landgewinn auf Dauer zu halten. Und genau darin lag auch für die Deutschen das Risiko ihres schnellen Vordringens. 300 Kilometer Wüste hatten sie in nur vier Tagen überwunden. Da es weiter vorwärts ging, musste der Nachschub über immer längere Strecken herbeigeschafft werden. Die Lastwagen mit den Treibstofflieferungen benötigten schon bald einen Großteil ihrer Ladung für den eigenen Hin- und

Wir junge Soldaten hatten sehr großen Respekt vor Rommel. Der ganze Vormarsch, der hat uns mitgerissen und wir waren stolz, deutsche Soldaten zu sein.

Otto Henning,
Aufklärungsabteilung,
Deutsches Afrika-Korps

Rückweg zur Front. Mit Blick auf diese Achillesferse der deutschen Angriffslinien forderte Marschall Italo Gariboldi, der Oberbefehlshaber der italienischen Streitkräfte in Nordafrika, am 3. April in Rommels Gefechtsstand die sofortige Einstellung des Angriffs, »bis alle Versorgungsfragen geregelt sind«. Da Rommel formell dem italienischen Oberkommando unterstellt war, hätte er eigentlich seine Operationen vom »Comando Supremo« genehmigen lassen müssen. Doch gegen alle Warnungen und explizite Verbote riskierte Rommel den weiteren Vormarsch. »Ich handle, wie es die taktische Lage erfordert«, hielt er seinem Gast entgegen. Die Chance auf einen schnellen

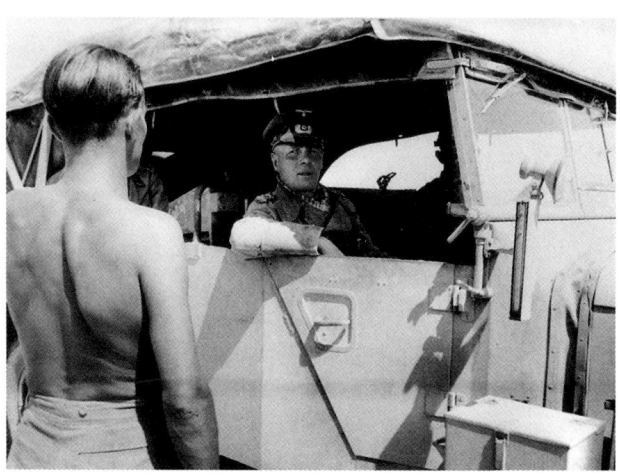

»Kein Etappenhengst«
– General Rommel
sucht den persönlichen
Kontakt

Rommels Einfallsreichtum hat uns sehr impo-niert. Einmal kam sein Adjutant zu uns und sagte: Rommel hat befohlen, es soll Staub gemacht werden, seht mal zu, dass ihr Besen an die Fahrzeuge macht. Das haben wir na-türlich mit großer Freude mitgemacht. Auch an meinem Wagen hat der Fahrer rechts und links zwei Besen angebracht. Wir fuhren dann über eine breite Wüstenfläche, mein Pkw und andere Fahrzeuge in einer Linie nebeneinander. Das gab dann eine Staub-wolke, dass man glauben konnte, es kommen drei Heeresgruppen anmarschiert.

Winrich Behr, Offizier
in der Aufklärungsab-
teilung, Deutsches
Afrika-Korps

Sieg wollte er nicht durch zu große Vorsicht verstreichen lassen. Sein Befehl an die Truppe lautete: »Weiter vorwärts!«

In mehreren Stoßkeilen ließ Rommel den Angriff fortsetzen. In der Nacht zum 4. April erreichten die deutschen Panzer die Küsten-stadt Benghasi, wo sie auf wenig Widerstand stießen. In der Eile hatten die Briten zudem das zurückgelassen, was die Deutschen am dringendsten brauchten: Brennstoff und Ver-pflegung. Mit britischem Benzin setzten die deutschen Panzer ihren Vorstoß auf Derna fort. Am 7. April marschierten sie in die geräumte Küstenstadt ein.

Zur gleichen Zeit verdunkelte eine Staub-wolke den Horizont bei El Mekili. Der Staub, so wähnten die Briten, konnte nur von einer riesigen Panzerarmee produziert werden. Sie ahnten nicht, dass es schlichte Volkswagen waren, die den Wüstensand aufwirbelten. Doch die Illusion heranziehender Panzerpulks zeigte Wirkung – mit wenig mehr als einer Hand voll Panzer eroberten die Deutschen das Wüstenfort. Erobert oder besetzt, überall konnten die Angreifer ihren Bedarf aus britischen Beständen decken. »Die Beute an Material ist noch nicht zu übersehen«, triumphierte das OKW am

»Keine Beute« –
brennendes britisches
Öllager

»Volle Deckung« – die
Briten ziehen sich aus
der Cyrenaika zurück

9. April. Rommel hatte das Nachschubproblem auf seine Weise gelöst. Die Eroberungen nährten die weiteren Angriffe – zumindest vorläufig. Am gleichen Tag bestätigte General Wavells Hauptquartier, dass dem deutschen Vormarsch kein Widerstand entgegengesetzt werde. Man wolle sich auf eine Linie zurückziehen, wo man sich dem Gegner mit der »größtmöglichen Aussicht auf Erfolg« stellen konnte. Ein strategischer Rückzug, keine Schwäche – dieses Bild sollte vermittelt werden. Dabei verlief der Rückzug in den meisten Fällen alles andere als geordnet. »Die Verbindungen brachen zusammen. Viele Einheiten wurden abgeschnitten«, notierte damals der britische Kriegsberichterstatter Alan Moorehead.

Die Erfolge der Operationen des Afrika-Korps waren enorm. Am 10. April rückten die deutschen Truppen bis auf 20 Kilometer an Tobruk heran. Was Wavells Soldaten in zwei Monaten erkämpft hatten, eroberte Rommels noch immer nicht vollständiges Afrika-Korps in kaum zwei Wochen zurück. Mit einer halben Division hatten die Deutschen einen ganzen Sieg errungen. Die Cyrenaika war wieder unter der Kontrolle der Achsenmächte. In den deutschen Wochenschauen konnte man sehen, wie ein Landser auf den Wegweisern den Schriftzug »Wavell's Way« durchstrich und durch »Rommels Weg« ersetzte – ein sichtbares Zeichen, dass Nordafrika einen neuen Herrscher hatte.

Oft hat der Erfolg viele Väter, doch hier hatte er nur einen: Erwin Rommel. Es schien, als habe allein sein taktisches Geschick, sein

Es wäre etwas überspitzt zu sagen, dass Rommel zuerst an das Leben seiner Soldaten dachte. Aber er überlegte bei jedem Einsatz, wie er mit möglichst wenig Verlusten ans Ziel kam. Freilich hat er nicht darauf verzichtet, ein notwendiges Ziel anzugreifen, nur weil er meinte, dabei könnten Soldaten ums Leben kommen.

Winrich Behr, Offizier
in der Aufklärungs-
abteilung, Deutsches
Afrika-Korps

Ideenreichtum und sein besonderer Führungsstil diese Siege über die britischen Kräfte ermöglicht.»Ein fähiger, mutiger Feldherr, der seine Feldzüge mit Brillanz und Umsicht leitete«, charakterisiert der Militärhistoriker Mamdouh Anis Fathy die Leistung Rommels noch heute. Und auch damals war das Lob einhellig.»Der Truppenführer muss sich durch Härte, Hingabe für seine Truppe, instinktmäßige Gelände- und Feindbeurteilung, Reaktionsgeschwindigkeit und Temperament auszeichnen. Alle diese Eigenschaften verkörperte in seltener Weise General Rommel«, notierte der spätere Generalstabschef des Afrika-Korps, Fritz Bayerlein.»Rommel war der General, der von vorne führte. Er war für uns junge Männer ein Idealbild des militärischen Führers«, schrieb Meinhard Glanz, General im deutschen Afrika-Korps. Viele einfache Soldaten gewannen mit der Zeit enormes Vertrauen in die Fähigkeiten ihres Kommandeurs. Kaum ein Angehöriger des Afrika-Korps, der ihn nicht persönlich erlebte; kaum einer, der nicht Zeuge seines Mutes und seiner Genügsamkeit wurde. Das machte Eindruck. Auch wenn Rommel seine Soldaten mit manchmal unbarmherziger Härte vorantrieb – wer in vorderster Linie stand, konnte sicher sein, dass Rommel von ihm nur das forderte, was er selbst zu leisten bereit war. In aller Munde war damals der Rommel-Satz:»Vergießt Schweiß – aber kein Blut.«

Auch die Briten erkannten die Qualitäten ihres neuen Gegners an:»Es war ein militärischer Handstreich, wie er einem Kommandeur nur einmal im Leben gelingt«, notierte Alan Moorehead in einem Artikel für den *Daily Express*. Und gefangene britische Offiziere äußerten sich in einer Mischung aus Hochachtung und Resignation:»Man weiß bei eurem General nie, woran man ist.« Selbst Premierminister Winston Churchill schien angesichts der Erfolge Erwin Rommels zu glauben, dass der neue Gegenspieler Unmögliches möglich machen konnte:»Ist es nicht kurios, dass der Hafen von Benghasi, den wir für unbenutzbar erklärt haben, vom Feind so ausgiebig genutzt werden kann?«, fragte er sarkastisch.

Als wir in Afrika ankamen, waren wir sehr viel besser als die Engländer ausgerüstet. Die englischen Panzer taugten nichts gegenüber unseren Panzern, und sie waren auch nicht gewappnet gegen die Wucht unserer 88er Flugabwehrgeschütze, die ja in der Wüste erstmals als Panzerabwehr eingesetzt wurden.

Winrich Behr, Offizier
in der Aufklärungs-
abteilung, Deutsches
Afrika-Korps

134 **Mythos Rommel**

Doch auch wenn die deutschen Siege weitgehend den Fähigkeiten Rommels zugeschrieben wurden, hatte des Erfolg seiner Truppen in dieser Phase auch andere Gründe. Da war zum einen der doppelte Überraschungseffekt. Die Briten hatten es bislang mit einem Gegner zu tun, den sie ohne große Anstrengungen besiegen konnten und von dessen Kampfkraft sie wenig hielten:»Der Sand im Vergaser ist ein wesentlich ernsthafteres Problem als die Italiener«, lautete ein verbreitetes Vorurteil. Die neuen Erfahrungen beschrieb Douglas Waller, Infanterist der 8. Britischen Armee, dagegen so:»Bisher kämpften wir gegen Italien. Der Kampf gegen die Deutschen war eine ganz andere Art von Krieg.« Die Zeit der leichten Siege war vorbei. Darüber hinaus hatten die Briten fest darauf vertraut, dass die Deutschen so kurz nach ihrem Eintreffen in Libyen keine Offensive wagen würden, weil ihnen dafür die notwendigen Kräfte fehlten. Mit der Unternehmungslust des ehrgeizigen Erwin Rommel hatten sie nicht gerechnet.

Das schnelle Vordringen der Deutschen rührte aber nicht zuletzt auch daher, dass das britische Kriegskabinett kurz vor Rommels Eintreffen den größten Teil seiner Streitkräfte von Nordafrika nach Griechenland verlagert hatte. Rund 7000 von ursprünglich 36 000 Mann würden genügen, um das Erreichte zu sichern – glaubte London. Die briti-

»Führen von vorne« – General Rommel an vorderster Front

»Propagandabilder für die Heimat« – Rast in einer Oase

schen Truppen befanden sich zu Beginn der deutschen Offensive also in einer Phase der Umorganisation. Hinzu kam, dass der neue britische Befehlshaber in der Cyrenaika, General Neame, in der Wüste wenig erfahren war. Auf dem Höhepunkt der deutschen Offensive geriet der Kommandeur des VIII. Korps am 6. April 1941 in Gefangenschaft. Ironie des Schicksals: In seiner Begleitung befand sich ausgerechnet General O'Connor, ein ausgewiesener Wüstenkenner. »Ich hatte ihn telegraphisch zur Unterstützung herbeigerufen«, so Wavell auf die Frage des Kriegskabinetts, warum die Briten gleich zwei führende Generale auf einmal verlieren konnten.

Und schließlich begünstigte noch ein anderer Umstand Rommels Sieg. Es ist ein Kuriosum, dass gerade eine Niederlage den Erfolg ermöglichte. Kryptologen und Mathematiker hatten im englischen Bletchley Park den als »absolut sicher« geltenden Code der Verschlüsselungsmaschine »Enigma« geknackt. Zwar war das Decodieren der Funksprüche kompliziert und zeitaufwändig, doch die britische Führung wusste nun über den einen oder anderen Auftrag, den das OKW dem deutschen Befehlshaber in Nordafrika übermittelte, Bescheid. Darunter war auch eine Anweisung, die Rommel Anfang April aus Berlin erhalten hatte: »Kein Vorstoß über El Agheila hinaus.« Die Briten wähnten sich im Glück und glaubten, auf Verstärkung verzichten zu können. Ihr Pech: Rommel dachte nicht daran, den Anweisungen des OKW Folge zu leisten. »Ich wagte es, entgegen früheren Befehlen vorzugehen, weil ich eine Chance sah«, notierte der »Wüstenfuchs«. Er war sicher: »Sie werden es am Ende gutheißen.« Also setzten die Deutschen ihren Angriff fort und die nun gänzlich überraschten Briten konnten dem nichts entgegensetzen. Im Rückblick freilich erscheint manches als perfekte Kriegskunst, was nur durch das Zusammentreffen einzelner, oft glücklicher Umstände möglich war. Und Rommels Anteil am Anfangserfolg bestand vor allem in schnellem, taktisch glänzendem Vorgehen.

Rommel war eine singuläre Persönlichkeit, auch als Führer. Er war kein Stratege. Er war ein Taktiker, der die Gunst der Stunde zu nutzen wusste auf jeder Ebene, auch nachher auf der Ebene einer Heeresgruppe.

Meinhard Glanz,
Deutsches Afrika-Korps

Er erkannte und nutzte die Gunst der Stunde. Dass er dabei auch das notwendige Glück hatte, muss den Erfolg nicht schmälern. Und so entstand aus eigener Leistung, Fehlern des Gegners und günstigen Umständen der »Mythos Rommel«, die Legende eines allgegenwärtigen, übermächtigen Gegners. In London schwante Churchill schon früh, welche Gefahr von dieser Glorifizierung ausging. Schon am 3. April 1941 hatte der Premier seinem Außenminister erklärt: »Weit ärger als der Bodenverlust ist der Gedanke, dass die Deutschen nur aufzutauchen brauchen, um uns hunderte von Kilometern zurückzujagen.«

Der größte Teil der Truppen Wavells hatten sich Anfang April nach Ägypten zurückgezogen. Nur ein starker Stützpunkt war noch fest in britischer Hand: Tobruk. Diese Bastion war der Stachel im Fleisch der deutschen Front, denn die Hafenstadt spielte eine Schlüsselrolle im Kampf um die Herrschaft in Nordafrika. Das von den Italienern zur Festung ausgebaute Tobruk war im Januar 1941 nach nur zwei Tagen an die Briten gefallen. Im April 1941 sicherte ein äußerer Verteidigungsring von 60 Kilometer Länge die Stadt. Mehr als hundert Verteidigungsanlagen mit Panzergräben und -sperren lagen wie über ein riesiges Schachbrett verteilt rund um das Stadtzentrum. Hinter dem ersten Verteidigungsring erstreckte sich ein zweiter mit ausgedehnten Drahtverhauen und Minenfeldern. Unter dem Befehl von General Morshead standen 25 000 Mann bereit, um den Auftrag des britischen Oberkommandos zu erfüllen:»Verteidigung bis zum Äußersten.« Am 11. April war der deutsche Belagerungsring um Tobruk geschlossen. Nun sollten Stoßtrupps eine Woche lang die Stärke der Verteidigung erkunden. Doch überall gerieten sie in starkes Abwehrfeuer. Die deutschen Verbände waren noch nicht stark genug, um den Verteidigungsring zu durchbrechen – die geplante Offensive wich zunächst einem Stellungskrieg. Rommel beschloss, auf weitere Verstärkung zu warten.

Beim ersten Angriff auf Tobruk hat sich Westphal mit Rommel überworfen. Er hat gesagt, Herr General, wir müssen das abbrechen, wir schaffen es nicht. Aber Rommel hat weitergemacht und erst am dritten Tage abgebrochen. Und dann hat er zwei Tage lang mit Westphal nicht mehr gesprochen. Das konnte Rommel nicht ab, wenn er nicht Recht hatte, das war schlecht.

Friedrich Hauber,
Ordonanz in
Rommels Stab

Ein erster Rückschlag? Sein Intimfeind Generalstabschef Halder reagierte prompt und bemerkte am 14. April sarkastisch:»Rommel meldet, dass seine Kräfte nicht ausreichen. Diesen Eindruck hatten wir hier in der Ferne schon länger.« In der militärischen Führung hatte der ehrgeizige Rommel eine Reihe von Gegnern, vor allem bei den Traditionalisten. Zwar hatte er es im Ersten Weltkrieg bis zum Kompaniechef gebracht und im Krieg hervorragende Leistungen gezeigt, sobald aber höhere Aufgaben anstanden, war er geflissentlich übergangen worden. Im Offizierskorps war bekannt, dass Rommel eine uneheliche Tochter hatte. Nach dem Krieg

»Auf der Suche nach dem Gegner« – ein deutscher Schützenpanzer auf Erkundungsfahrt

blieb dem ehrgeizigen Offizier die angestrebte Generalstabsausbildung verwehrt. Und noch im »Dritten Reich« war seine Stellung innerhalb der Wehrmacht anfangs zwiespältig. Seine Vorgesetzten lobten ihn, wie Generalfeldmarschall List, als »vorzüglichen Soldaten«. Doch als Rommel zu Beginn des Krieges um ein Frontkommando bat, wurde seine Bitte abgelehnt. Erst nach dem persönlichen Eingreifen Hitlers erhielt er das Kommando über eine Panzerdivision. Als »Günstling Hitlers« aber hatte Rommel in der militärischen Spitze viele Neider. Ein weiterer Grund für die Kritik an seiner Person: »Es ist mit Rommel schwierig, weil er sich nur ungern unterstellt«, monierte Wilhelm Keitel. Der Chef des OKW, ein äußerst unterwürfiger Befehlsempfänger, konnte mit der Eigenständigkeit eines Erwin Rommel nur wenig anfangen. Kein Wunder also, dass die militärische Führung bei der Besetzung des Afrika-Kommandos andere Pläne verfolgte. Erst sollte Erich von Manstein die Operationen leiten, dann wurde Freiherr von Funck vorgeschlagen. Als Hitlers Wahl auf Rommel fiel, notierte Generalstabschef Franz Halder verärgert: »General Rommels charakterliche Fehler lassen ihn als eine besonders unerfreuliche Erscheinung hervortreten, mit der aber niemand in Konflikt geraten will wegen seiner Stützung an oberster Stelle.« Die Siegesmeldungen der ersten Tage hatten die Kritiker zunächst zum Schweigen gebracht. Mit den ersten Problemen meldeten sich wieder die Bedenkenträger. Halder kritisierte am 23. April 1941 den ungeliebten Gegenspieler in seinem Tagebuch: »Er ist seiner Führungsaufgabe in keiner Weise gewachsen. Er rast den ganzen Tag bei den weit verstreuten Truppen herum. Kein Mensch hat einen Überblick über ihre Gefechtskraft.« Der Generalstab handelte und schickte Generalleutnant Friedrich Paulus nach Afrika. »Vielleicht hat er als Einziger die Möglichkeit, diesen verrückt gewordenen Soldaten durch seinen persönlichen Einfluss abzufangen«, hoffte Halder.

Paulus tat sein Möglichstes. Doch er konnte Rommel nicht überzeugen. Im Gegenteil. Am 29. April billigte Paulus den Plan zum Großangriff auf Tobruk – nachträglich. Bereits am 26. April hatte Rommel vorbereitende Schritte angeordnet. Es begann mit jenen listigen Manövern, die den Ruf des »Wüstenfuchses« begründen sollten: »Im Raum Bardia-Sollum-Capuzzo sind bis 1. Mai Täuschungsmaßnah-

Schwere Verluste an der Einbruchstelle bei Tobruk. Besuch General Paulus bei General Rommel. Ergebnis: schwere Verluste und Kämpfe. Fortsetzung der Kämpfe nur bei englischem Nachgeben, sonst Abwarten der 15. Panzerdivision. Neuer Auftrag an Deutsches Afrika-Korps rein defensiv. Eventuell Verzicht auf Sollum, Bardia und Tobruk.

Kriegstagebuch des
OKW, 5. Mai 1941

men in größtmöglichem Umfang durchzuführen«, lautete die Anweisung mit der Nr. 222/41.

Das ganze Repertoire aus der Trickkiste des gewieften Taktikers wurde angewandt:»Starke Staubentwicklung hinter der Front«, hieß die Anweisung und so wirbelten die Soldaten mit allem, was fahren konnte, mächtig Staub auf. Dabei kamen auch die»Rommel-Panzer« zum Einsatz, selbst gezimmerte Holzgestelle auf Volkswagen-Lafetten, die zumindest aus der Ferne den Gegner beeindruckten. Und als der Befehl»häufiger Stellungswechsel« erging, tauchten dieselben Panzer immer wieder an verschiedenen Stellen auf und täuschten eine Streitmacht vor, die es gar nicht gab.

Im Gegensatz zu dieser weithin sichtbaren Betriebsamkeit bei Sollum herrschte vor Tobruk scheinbare Ruhe.»An der Angriffsfront dürfen keinerlei Anzeichen erkennbar sein, aus denen der Gegner auf einen Angriff schließen könnte. Die in Ziffer 2 genannten Maßnahmen gelten im umgekehrten Sinne.« Das hieß: kein Funkverkehr, keine Truppenbewegungen am Tag, keine ungetarnten Fahrzeuge. Erst am 30. April sollten die Briten erfahren, wo das tatsächliche Angriffsziel lag. Sturzkampfbomber eröffneten den Angriff auf Tobruk. Anschließend ging ein gewaltiger Feuerschlag der deutschen Artillerie auf die Verteidiger nieder. Die Überraschung gelang. Doch als die deutschen Panzer bei Temperaturen von bis zu 50 Grad versuchten, das britische Verteidigungsnetz zu durchbrechen, geriet der Angriff ins Stocken.»Sehr schwere Verluste und Kämpfe«, lautete der Eintrag ins Kriegstagebuch des OKW am 5. Mai 1941.»Neuer Auftrag an Deutsches Afrika-Korps rein defensiv.« Zum zweiten Mal war der Angriff auf Tobruk gescheitert. Ohne zusätzliche Kräfte blieb ihm nur die Belagerung. Paulus notierte am 7. Mai in seinem Abschlussbericht:»Problem in Nordafrika liegt nicht in Tobruk, sondern im Nachschub.« Rommels Widersacher in Berlin nahmen diese Aussage zum Anlass für weitere Kritik an dessen Person: Er sei ein »Hasardeur«, der seine Truppen ohne die notwendigen Reserven vorantrieb – kein sehr schmeichelhaftes Urteil, das die deutsche Militärführung fällte. Doch der erste Hasardeur des Reichs hielt seinem Lieblings-general die Treue: Hitler liebte das Vabanque-spiel ebenso. Und Rommel rechtfertigte einmal mehr das in ihn gesetzte Vertrauen. Auch wenn Rommels Sturm auf Tobruk noch einmal gescheitert war, mussten die Briten reagieren. Der Kriegsschauplatz in Nordafrika hatte für sie neue Bedeutung erhalten – gerade weil die Cyrenaika 1941 der einzige Kriegs-schauplatz war, auf dem sich Briten und Deutsche an Land gegenüberstanden. Militärisch und psychologisch hatte der Vormarsch des Afrika-Korps die Verteidiger Ägyptens massiv getroffen, denn der deutsche Angriff war nicht nur erfolgreich, sondern auch wesentlich effektiver und schneller gewesen als der eigene ein halbes Jahr zuvor. Damit sollte nun Schluss sein. Die britische Öffentlichkeit erwartete von ihrer Armee den Sieg – man verstand sich schließlich als Weltmacht. Die im Februar begonnene Truppenverlegung wurde gestoppt, frische Kräfte rollten an die Front.

Wenn man bei Rommels Qualifikation die negativen Seiten prüft, dann war die Versorgungsfrage etwas, was ihn nur in zweiter Linie interessierte. Er sagte zu uns: Holt euch das Benzin doch bei den Tommis! Das haben wir eine Zeit lang auch gemacht. Aber die Versorgung auf Dauer sicherzustellen, das war etwas, das Rommel nicht mit der gleichen Sorgfalt machte.

Winrich Behr, Offizier
in der Aufklärungs-
abteilung, Deutsches
Afrika-Korps

»Trümmerstadt Tobruk«
– britische Soldaten
verteidigen die Festung

Mit der Zeit gewöhnt man sich an die Wüste, obwohl das Wort, »ein Königreich für ein klares Glas Wasser«, sagt eigentlich alles. Trotz der Hitze kriegten wir am Tag gerade mal einen halben Liter Kaffee, der nicht einmal gut schmeckte. Mit dem Rest, weil wir ihn nicht trinken konnten, haben wir uns am nächsten Morgen noch rasiert. Und kein Baum, kein Strauch zu sehen. Wenn wir irgendwo hielten, haben wir uns unter den Wagen verkrochen. Der Befehl war eigentlich, wenn wir irgendwo liegen, sollten wir den Spaten nehmen und uns sofort einbuddeln. Aber dazu waren wir zu phlegmatisch. Das haben wir nie gemacht. Nur Schatten, unter den Wagen und dann abwarten, bis es weiterging.

Günter Halm,
Panzerjäger, Deutsches
Afrika-Korps

Auch Rommel musste die Kampfpause nutzen, um die Nachschublage zu verbessern. Während des bisherigen Feldzugs hatte das Afrika-Korps seinen Bedarf aus eroberten Beständen decken können. Nun kam es darauf an, möglichst schnell eigene Versorgungslinien aufzubauen. Ein Wettlauf der besonderen Art begann: Wer konnte die eigenen Kräfte am schnellsten verstärken? Wer hatte zuerst frische Kräfte vor Ort? Das Afrika-Korps verlegte seine Nachschublager nach Osten, in Richtung Front. Eine Luftbrücke versorgte die Truppen nun über Kreta und Derna. Anfang Mai brachten zusätzliche Lufttransportgruppen Verstärkung nach Libyen. Dass der deutsche Nachschub endlich rollte, blieb auch London nicht verborgen: »Ein starker Strom feindlicher Verstärkungen erreicht ständig Afrika. Die Flotte scheint nicht in der Lage, etwas dagegen zu tun«, kritisierte Churchill. Die Briten verstärkten daraufhin ihre Angriffe auf deutsch-italienische Versorgungsschiffe, wodurch ein grundsätzliches Dilemma, in dem die deutsche Kriegsführung in Nordafrika steckte, offensichtlich wurde: Die eigenen Kräfte reichten einfach nicht aus, um alle gestellten Aufgaben zu erfüllen.

»Mangelware Benzin« –
deutsche Jäger werden
auf einem Feldflugplatz
betankt

Versorgten die Transportflugzeuge die Front über eine Luftbrücke,
konnten die Jäger vom Typ Me 110 nicht gleichzeitig die See-Konvois
schützen. Da sich die italienische Flotte aber weigerte, ohne Schutz
auszulaufen, kam der Nachschub immer wieder ins Stocken. Rommels
ständige Bitten um zusätzliche Kräfte stießen in Berlin auf taube
Ohren. Denn an der Heimatfront wurde der Öffentlichkeit ein ganz
anderes Bild vermittelt. In den Kino-Wochenschauen waren Landser
zu sehen, die gut gelaunt und gut versorgt bei einer Rast auf einer
heißen Motorhaube ein Spiegelei brieten. Die Soldaten des Afrika-
Korps hätten ob dieser Bilder nur den Kopf geschüttelt. Zum Eier-
Braten fehlte meist nicht nur das Öl, sondern auch das Ei. Während
die deutsche Propaganda Oasen-Idylle verbreitete, litten die Soldaten
an der Front unter den Strapazen, mangelnder Hygiene und Entbehrungen an allen Ecken und Enden.
Anders die Briten. Am 12. Mai traf in Alexandria ein britischer Konvoi
mit knapp 250 Panzern ein. Mit den neuen Typen »Crusader« und

Nach den schweren Angriffen waren wir vollkommen fertig, nicht mehr ansprechbar. Im Einsatz selber, als die britischen Panzer kamen, war man wie eine Maschine. Da arbeitete man und schoss. Man dachte nicht an die Gefahr, hatte auch keine Angst mehr, bis man eben durch die Treffer gezwungen wurde, zurückzugehen. Aber später sind die Nerven geflogen und es hat Stunden gedauert, bis man wieder das seelische Gleichgewicht gefunden hatte.

Günter Halm,
Panzerjäger, Deutsches
Afrika-Korps

»Mathilda« gingen die Vorbereitungen für eine Gegenoffensive nun in die entscheidende Phase. Das Ziel formulierte General Wavell am 28. Mai: »Vernichtung der Achsentruppen.« Unter dem martialischen Codewort »Operation Battleaxe« griffen in den frühen Morgenstunden des 15. Juni die 4. und die 7. Panzerbrigade der Briten strategisch wichtige Punkte an. Doch nach drei Tagen erbitterter Kämpfe musste das britische Hauptquartier vermelden: »Die vorgeschobenen Einheiten werden wieder auf ihre Ausgangsstellungen zurückgezogen.« Trotz materieller Überlegenheit, trotz Unterstützung durch die Royal Air Force war der Angriff gescheitert. Mit nur 80 Panzern hatte eine deutsche Panzerdivision den 300 Panzern zweier britischer Divisionen Paroli geboten. Dabei profitierten sie von taktischen Fehlern der Briten, die darauf verzichteten, den Angriff bei Sollum mit einem Ausfall der Verteidiger in Tobruk zu koordinieren. Rommel konnte daraufhin mit dem Schwergewicht seiner Kräfte

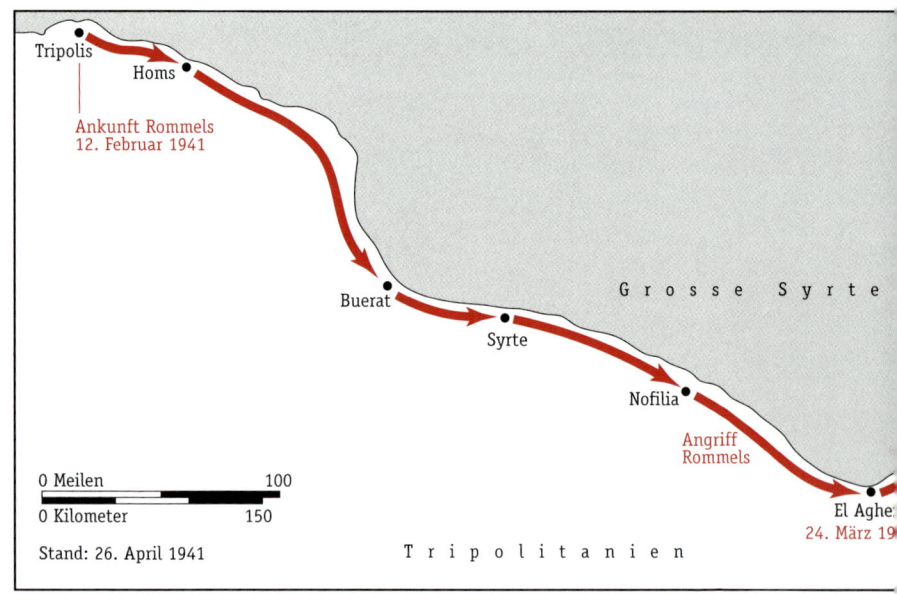

Tripolis
Homs

Ankunft Rommels
12. Februar 1941

Buerat

Syrte

Grosse Syrte

Nofilia

Angriff
Rommels

0 Meilen   100
0 Kilometer   150

Stand: 26. April 1941

El Aghe
24. März 19

T r i p o l i t a n i e n

den britischen Verbänden den Rückzug abschneiden. Durch den konzentrierten Einsatz seiner Panzer kompensierte Rommel die materielle Unterlegenheit des Afrika-Korps.

Die Zahlen sprachen eine deutliche Sprache: Die Briten hatten die Hälfte ihrer Panzer verloren, während die Ausfälle der Deutschen nur bei einem Zehntel lagen. Ein Großteil der britischen Schäden ging auf das Konto der deutschen 8,8-cm-Flak, die sich als äußerst erfolgreiche Waffe im Wüstenkrieg erwiesen hatte. Ohnehin schien das deutsche Kampfgerät dem britischen überlegen. »Unsere Panzerspähwagen sind zu schwach gepanzert. Sie sind den achträdrigen deutschen Wagen nicht gewachsen«, musste General Wavell erkennen. Die nüchterne Analyse indes half ihm wenig, denn die britische Öffentlichkeit suchte nach anderen Erklärungen für das Unerklärliche.

Sie fand sie in der Person des gegnerischen »Feldherrn«. Allein seiner Genialität wurden die Erfolge zugeschrieben. »Wir haben es mit einem äußerst kühnen und geschickten Gegner zu tun, einem großen Feldherrn«, räumte der britische Premier vor dem Unterhaus ein und erhob Rommel damit in den militärischen Adelsstand. Nur ein besonderer General, eine Art »Übermensch«, sei in der Lage, der glorreichen britischen Armee solch schmähliche Niederlagen zuzufügen. Propa-

Rommels erster Vormarsch im Frühjahr 1941

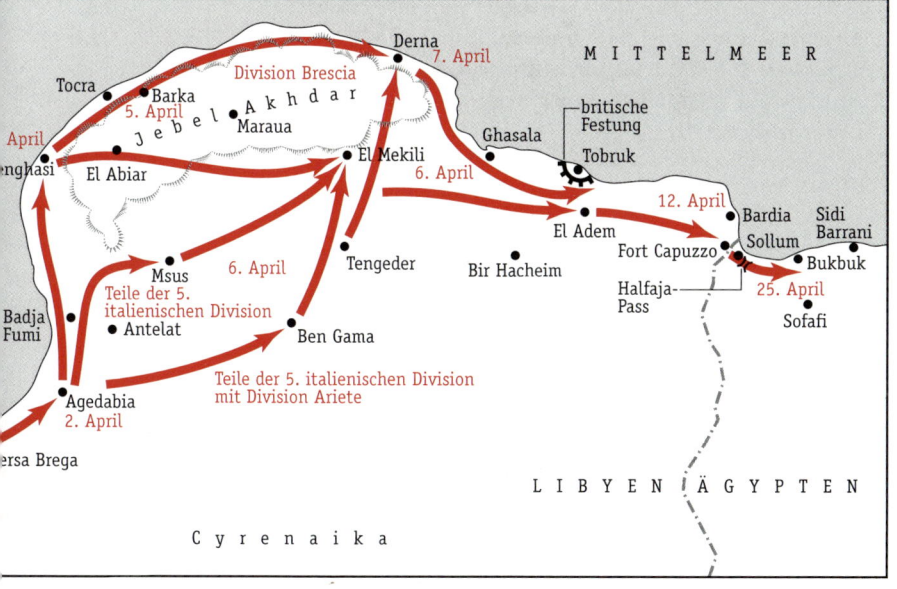

145

gandafachmann Joseph Goebbels notierte zufrieden:»Die Engländer zollen in ihren Zeitungen General Rommel das höchste Lob. Sie fühlen sich nicht wohl in ihrer Haut. In England lobt man den Gegner nur, wenn man unterliegt, weil man damit eine bessere Begründung für die Niederlage hat.«

Das Lob für den Kommandeur des Gegners hatte auch weitreichende Konsequenzen für den eigenen Oberbefehlshaber. General Wavell musste am 21. Juni 1941 sein Kommando abgeben. Das britische Kriegskabinett traute dem erfahrenen Heerführer, der für die Briten die erste siegreiche Schlacht im Zweiten Weltkrieg geführt hatte, keinen weiteren Erfolg zu. Wavell wurde aus der Wüste nach Indien geschickt. Sein Nachfolger ging den umgekehrten Weg. Sir Claude Auchinleck, der Neue, zog aus der Analyse der militärischen Situation vor allem psychologische Schlussfolgerungen:»Es besteht die Gefahr, dass unser Freund Rommel für unsere Truppen, die viel zu viel von ihm reden, zu einer Art Zauberer oder Schreckgespenst wird.« Er wusste, welches Risiko Rommels Ruf barg. Ein Mythos konnte eine gefährliche Waffe sein.

Jeder sagte, dass Rommel unbesiegbar sei. Er hatte weniger Ausrüstung und Panzer als wir, dennoch konnte er uns immer wieder ausmanövrieren. Wir empfanden eine widerwillige Bewunderung für ihn, um so mehr als wir von unserer eigenen Führung nicht so viel hielten. General Auchinleck gab sogar einen offiziellen Befehl an die Offiziere aus, herumzugehen und Mut zu machen, dass wir Rommel und das Afrikakorps besiegen könnten. Aber keiner hat ihnen geglaubt.

Douglas Waller,
8. Britische Armee

Die positiven Nachrichten aus Nordafrika versetzten den»Führer« in »allerbeste Stimmung«. Rommel hatte den ersten Gegenspieler verschlissen! Hitler überhäufte seinen erfolgreichen General mit militärischen Ehren: Am 21. August ernannte er Erwin Rommel zum»General der Panzertruppe« und Oberbefehlshaber der»Panzergruppe Afrika«. Die Kritiker waren wieder einmal zum Schweigen gebracht – doch die große Bewunderung, die Hitler für»seinen« Rommel empfand, sollte schon bald auf eine harte Bewährungsprobe gestellt werden.

Am 18. November 1941 begann die erste Offensive des neuen britischen Oberbefehlshabers. Mit der Operation»Crusader« war er den Deutschen nur um ein paar Tage zuvorgekommen. Rommel hatte eigentlich in der dritten Novemberwoche mit 40 000 Mann den nächsten Angriff auf Tobruk starten wollen. Doch dann machte ihm das Wetter einen Strich durch die Rechnung – tagelang verhinderten schwere Unwetter den Einsatz der deutschen Luftaufklärung. Unentdeckt konnten die britischen Truppen ihren Aufmarsch vollenden. Mit mehr als 100 000 Mann, 800 Panzern und 1000 Flugzeugen

hatte Auchinleck die stärkste Armee aufgestellt, die bislang in der Wüste zum Kampf angetreten war. Das Kräfteverhältnis fiel in allen Bereichen zugunsten der Briten aus. Doch Auchinleck vertraute nicht allein auf numerische Überlegenheit. Vor der offenen Feldschlacht wollte er den »Mythos Rommel« ausschalten. Ein sechzig Mann starkes Geheimkommando hatte sich eine Woche zuvor auf den Weg gemacht, um den Mann zu kidnappen, dem die Briten zutrauten, auch gegen diese Übermacht zu bestehen. Unter Führung von Colonel Laycock erreichten die Männer des »Rommel Raid« in der Nacht zum 16. November das Haus in Beda Littoria, wo sie Rommels Unterkunft vermuteten. Es war leer, ihre Mission ein Fehlschlag. Rommel befand sich noch auf der Rückreise von Rom. Dort hatte er das Oberkommando der italienischen Armee von seinen Angriffsplänen unterrichtet und mit seiner Frau seinen 50. Geburtstag gefeiert. Erst am 18. November traf er wieder in Afrika ein. Der Sturm, der seine Angriffspläne zunichte machte, hatte auch die Rückkehr verhindert und ihn so gerettet.

Es blieb also der Auseinandersetzung auf dem Schlachtfeld vorbehalten, den Krieg in Nordafrika zu entscheiden. Als Auchinlecks Trup-

»Ich bin nicht eifersüchtig« – General Sir Claude Auchinleck

Der Stillstand auf dem afrikanischen Kriegsschauplatz ist Gegenstand eifriger Erörterungen. Die Annahme, dass die ägyptische Front bei Sollum und Tobruk bereits für die Achse verloren sei und General Rommel auf verlorenen Posten stehe, gewinnt immer mehr an Boden.

Geheimer Bericht des Sicherheitsdienstes der SS, 1. September 1941

pen an jenem 18. November nach Libyen vorstießen, trafen sie auf einen Gegner, der mitten in den eigenen Offensivvorbereitungen steckte und nicht zur Verteidigung bereit war. Schnell konnten die Angreifer die deutschen Linien durchbrechen und nach Tobruk vorrücken, wo das geschah, was Rommel stets befürchtet hatte: »Feindlicher Ausbruchsversuch«, meldete das OKW am 28. November. Die vereinigten britischen Kräfte zwangen die deutschen Einheiten, auf ihrem Weg zur ägyptischen Grenze umzukehren. In der britischen Presse kam Euphorie auf. »Rommel eingekesselt!«, »Rommel in wilder Flucht«, lauteten die Schlagzeilen. Die Berichte der Militärs klangen zurückhaltender: »Abriegelung des Gegners konnte verstärkt werden«, hieß es am 24. November, »britische Stellungen bei Sidi Rezegh in vollem Umfang wiederhergestellt«, am 1. Dezember. Am 10. Dezember schließlich meldete auch das Hauptquartier der 8. Armee: »Rommel befindet sich im Rückzug westlich von Tobruk.« Die Situation für das Deutsche Afrika-Korps hatte sich zugespitzt. Stellung um Stellung musste aufgegeben werden. Am 16. Dezember begann der von Rommel angeordnete Rückzug an der gesamten Frontlinie. Weihnachten in der Wüste – das war 1941 kein Fest des Friedens. Am Tag vor Heiligabend mussten die Deutschen Barka räumen, am ersten Weihnachtstag eroberten die Briten Benghasi und Agedabia. Am 31. Dezember 1941 stand Rommels Afrika-Korps wieder dort, wo es seinen Vormarsch im Juni begonnen hatte: an der Agheila-Linie.

Der Sieg der Briten – eine Niederlage der Deutschen? Der Anfang vom Ende des Wüstenabenteuers des Afrika-Korps? Ja, müsste die Antwort lauten, wenn der Erfolg allein an der Zahl eroberter Quadratkilometer gemessen würde. Aber im Wüstenkrieg kam es eben nicht auf Landgewinne an. Die Kontrolle eines 100 Kilometer breiten Wüstenstreifens war (fast) nichts, das Ausschalten der gegnerischen Kräfte hingegen alles. So waren die Briten trotz der Eroberungen nicht zufrieden, denn das eigentliche Ziel hatte Auchinleck mit der Operation »Crusader« nicht erreicht: die Zerschlagung der gegnerischen Kräfte. Zwar hatte die britische Nachrichtenagentur Reuters am 26. Dezember 1941 schon vollmundig gemeldet: »Es gibt nur noch eine Hand voll deutscher Panzer, die versuchen, voller Panik nach Tripolis zu entkommen.« Doch damit war die Presse der eigenen Erfolgseuphorie erlegen. Intern dagegen musste das britische Hauptquartier in einer Mischung aus Anerkennung und Bedauern zugeben: »Es ist General Rommel gelungen, einen geordneten Rückzug zu organisieren.« Schlimmer noch: Da die Kämpfe von beiden Seiten mit großem Einsatz geführt wurden, waren die Verluste an Menschen und

»Kaum Deckung« – Ende 1941 müssen Rommels Truppen den Rückzug antreten

Material entsprechend hoch. Während die Deutschen in der sechs Wochen langen Schlacht mehr als 10 000 Soldaten verloren, waren die Verluste der Briten doppelt so hoch.

Dass Rommels Afrika-Korps keineswegs geschlagen war, belegte auch eine Reihe kleinerer Angriffe, mit denen die Deutschen dem Gegner empfindliche Verluste zufügten. Mal waren es 37 Panzer, die die Briten kurz vor dem Jahreswechsel einbüßten, mal waren es 23 Panzer, die bei einem überraschenden Gegenschlag der Deutschen zerstört wurden. Solche Erfolgsmeldungen trugen dazu bei, dass selbst der Rückzug die Aura des Siegers Rommel nicht beschädigen konnte. Im Gegenteil: Der deutsche Heerführer galt nun als General, der seine Truppen vor der Zerschlagung gerettet hatte. Der Mythos wurde um eine weitere Facette bereichert. Und das geschah nicht zuletzt unter tätiger Mithilfe der britischen Presse. In London folgte dem Rausch eigener Erfolgsmeldungen schnell Ernüchterung. Man begann, die Meldungen der Kommandierenden abzuklopfen. »Misstrauische Gemüter begannen, diese Zahlen zusammenzuzählen. Sie fanden heraus, dass jeder deutsche Panzer mindestens zweimal zerstört worden sein musste«, erin-

»Vorzeitiges Kriegsende« – britische Gardesoldaten haben deutsche Flakkanoniere gefangen genommen

nert sich Kriegsberichterstatter Alan Moorehead. Das Pendel schlug um. Nun fanden sich wieder lobende Worte für den Gegner, der eigene Sieg wurde klein, die Leistung des Gegners groß geschrieben:»Diese Rückzüge muss man einmal gesehen haben. Immer wieder waren sie mit tödlich scharfen Gegenangriffen durchsetzt. Die Behauptung, dass die Deutschen, wenn sie einmal sich zurückziehen, bereits geschlagen seien, ist ein gefährlicher Unsinn«, erfuhren die Leser des *Daily Express*. Sogar die ehrwürdige *Times* widmete Rommel einen Leitartikel, sachlich-nüchtern, aber zwischen den Zeilen doch voller Anerkennung. Und auch jenseits des Atlantik fand Rommel verstärkt Beachtung:»Die Briten bewunderten ihn, weil er sie schlug, und wenn sie ihn schlugen, so wunderten sie sich, einen so fähigen General geschlagen zu haben«, berichteten amerikanische Beobachter.

Es besteht akute Gefahr, dass unser Freund Rommel ein Schreckgespenst für unsere Truppen wird, und zwar nur deshalb, weil wir so viel über ihn reden. Er ist keinesfalls ein Übermensch, so energisch und tüchtig er auch sein mag. Selbst wenn er ein Übermensch sein würde, wäre es doch sehr unerwünscht, wenn ihm unsere Soldaten übernatürliche Kräfte zuschrieben. Ich ersuche Sie, mit allen zur Verfügung stehenden Mitteln die Auffassung aus der Welt zu schaffen, dass Rommel etwas anderes als ein gewöhnlicher deutscher General ist.

General Auchinleck,
britischer Oberbefehlshaber im Mittleren Osten,
an alle Amtschefs und
Gruppenleiter im Oberkommando Mittelost,
30. März 1942

Nach einer Umfrage des amerikanischen Gallup-Instituts war Rommel neben Hitler der bekannteste Deutsche – NS-Chefpropagandist Joseph Goebbels konnte Anfang 1942 zufrieden feststellen:»Rommel ist heute in den USA genauso populär wie in London und Berlin.« Und der»Führer« sprach in einer Neujahrsbotschaft seinem General sein vollstes Vertrauen aus:»Ich weiß, dass ich mich auch im neuen Jahr auf meine Panzergruppe verlassen kann.«

Das neue Jahr begann für die Deutschen mit einer Hiobsbotschaft: Am 2. Januar streckte Generalmajor Schmitt in Bardia mit seinen Truppen die Waffen. Zum ersten Mal im Zweiten Weltkrieg musste ein deutscher General kapitulieren. Auchinleck zeigte sich am 12. Januar in einem Telegramm an Churchill entsprechend optimistisch:»Ich glaube nicht, dass die Masse der feindlichen Divisionen entkommen ist.« Ein weiterer Erfolg schien ihm zwei Wochen später Recht zu geben. Nach acht Wochen Belagerung gaben am 17. Januar 1942 die deutschen Einheiten am Halfaja-Pass auf. Das britische Oberkommando war sich sicher: Rommel würde vorerst keine weiteren Attacken durchführen können.

Doch die Briten irrten erneut. Sie hatten übersehen, dass es einem deutschen Nachschubkonvoi am 5. Januar gelungen war, neue Panzer

»Top Secret« – gefange-
ne Deutsche werden mit
verbundenen Augen
durch die britischen
Linien eskortiert

nach Tripolis zu schaffen. 500 Kilometer weiter östlich erkundete
Rommel bereits die Möglichkeiten eines Gegenangriffs. Am 21. Januar
1942 begann die neue Offensive der »Panzergruppe Afrika«. Die
Geschichte schien sich zu wiederholen. Wie schon sechs Monate zuvor
traf der deutsche Angriff die Verteidiger unvorbereitet. Und wie bei
der vorherigen Offensive konnte Rommel seine Gegner mit Schein-
operationen erneut in die Irre führen. Und wie schon im Juni 1941
gelangen die Vorstöße schnell. Am 22. Januar 1942 eroberten die
Deutschen Agedabia, am 25. Januar Msus, am 29. Januar Benghasi. Am
4. Februar schließlich standen sie vor Derna.

Die Meldung der 8. Armee, in der von der
Räumung Benghasis und Dernas die Rede ist,
beunruhigt mich sehr. Mir scheint, wir befin-
den uns in einer ernsten Krise, mit der ich
keineswegs gerechnet habe. Warum ziehen
sich alle so schleunigst zurück?

Churchill an
General Auchinleck,
25. Januar 1942

»Abermals ist Rommel ein kühner Schachzug
gelungen«, musste General Auchinleck einräumen und ein amerikanischer Rundfunk-
reporter schrieb dem deutschen Kommandeur nun vollends magische Fähigkeiten zu:
»Rommel hat wieder ein Kaninchen aus dem
Hut gezaubert.« Wie schon bei der ersten
erfolgreichen Offensive protestierte die italienische Generalität auch jetzt gegen den »viel

zu schnellen Vormarsch«. Und eine letzte Analogie: Am 5. Februar musste Rommel den Vormarsch einstellen. Erneut reichten die Kräfte nicht aus, um die Festung Tobruk einzunehmen. Das Afrika-Korps zog sich in Stellungen bei El Mekili und Ghasala zurück. Die Briten vermuteten zunächst Übles:»Es ist möglich, dass es sich um eine Kriegslist handelt.« Doch langsam aber sicher trauten sie dem ungewohnten Frieden.»Es ist nichts Wesentliches zu melden«, verlautete aus dem Hauptquartier in Kairo am 6. März.

Unerwartet hat der Feind seine Stoßkraft beibehalten können. **Sein erster Anprall hat jedenfalls unsere vorgeschobenen Kräfte, die, wie Sie wissen, nicht zahlreich waren, vorübergehend in Unordnung gebracht und von der Hauptstraße geworfen. Wieder einmal ist Rommel ein kühner Schachzug gelungen.**

General Auchinleck an
Churchill,
24. Januar 1942

Der Grund: Die Achsenmächte konzentrierten sich in jenem Frühjahr 1942 auf Malta. Dieser britische Luftstützpunkt, der den Nachschub Rommels permanent bedrohte, sollte endlich ausgeschaltet werden – am Ende ein vergebliches Unterfangen. Auf dem nordafrikanischen Kriegsschauplatz indes herrschte fast vier Monate lang eine trügerische Ruhe – bis Rommel mit frischen Kräften und neuen Panzern am 26. Mai 1942 bei Ghasala erneut angriff. In seinem Tagesbefehl sprach er wie so oft von einem »entscheidenden« Schlag. Für das Unternehmen »Theseus« wurden mehr als 100 000 Mann mit rund 10 000 Fahrzeugen aufgeboten. Mit 500 Panzern wollte der »Wüstenfuchs« endlich Tobruk erobern. Die britische Führung war zunächst über die Absichten ihres deutschen Gegners im Unklaren. Kein Wunder: Rommel hatte Flugzeugmotoren auf Lkws montieren lassen, die mit ihren Propellern den Sand der gesamten libyschen Wüste aufzuwirbeln schienen.»Es ist unmöglich, sich ein zuverlässiges Bild vom Kampfverlauf zu machen, da dichter Staub die Truppen einhüllt«, meldete das britische Hauptquartier zwei Tage nach Beginn der deutschen Offensive. Mit dieser Finte wollte Rommel den Eindruck eines Angriffs auf Alexandria vermitteln.

Unterstützt durch eine Fliegerstaffel aus Kreta warf die deutsche Luftwaffe ihre Bomben auf die gegnerischen Befestigungsanlagen, während italienische Divisionen einen Scheinangriff auf die Stellungen der britischen Ghasala-Linie führten. Die deutschen Panzer rückten zur gleichen Zeit mit ihrer geballten Schlagkraft nach Süden Richtung Bir Hacheim vor, um die Front zu umgehen. Noch dieses eine Fort, und der Weg nach Tobruk wäre frei.»Eine Sache von fünfzehn Minuten«, glaubte Rommel. Er sollte sich irren.

Die Verwirrung des Gegners hielt nicht lange an. Am 27. Mai kam der Gegenschlag – erstmals unterstützt von amerikanischen Panzern des

Typs »Grant«. Fast ein Drittel der deutschen Panzer fiel der neuen schweren Waffe zum Opfer. »Unser Plan hat nicht funktioniert. Das Auftreten der amerikanischen Panzer hat große Lücken gerissen«, musste Rommel eingestehen. Eine Zeit lang schien es, als sei die Schlacht zugunsten der Briten entschieden. Doch dann wendete sich das Blatt erneut. Rommel nutzte ein unverhofftes Zögern des Gegners und ergriff die Initiative mit einem konzentrierten Angriff. »Bei einem Vorstoß schneller Panzer setzt Befehlshaber persönlich zum Gegenstoß an, wobei sich die feindlichen Panzer zurückziehen«, vermerkte das Protokoll, das Rommels Stab führte, am 29. Mai. Was sich nun im Raum Bir Hacheim abspielte, erinnerte an die blutigen Auseinandersetzungen des Ersten Weltkriegs. Als »Verdun Libyens« bezeichnete die Nachrichtenagentur Reuters das Ringen um jeden Meter Boden. Mehr als 1200 Kampfstände und Bunker, größere Stützpunkte und kleinere Widerstandsnester, oft nur mit zwei Schützen besetzt, hatten die Verteidiger angelegt. Gut getarnt lagen die Stellungen, mit Maschinengewehren und Panzerabwehrwaffen bestückt, in muffigen Erdlöchern verborgen – kaum geschützt vor der herabbrennenden Wüstensonne, dem heißen Wind und dem heftigen Bombardement der Deutschen.

Seit vier Monaten verteidigte ein zusammengewürfelter Haufen aus Soldaten und Söldnern die Oase Bir Hacheim – einen öden Wüstenflecken, der auf einmal von strategischer Bedeutung war. Franzosen, Spanier, Russen, Polen kämpften hier an der Seite der Briten. Vietnamesen gehörten ebenso dazu wie Kolonialsoldaten aus Kamerun. Und auch deutsche Juden kämpften hier, die das »Großdeutsche Reich« noch verlassen hatten, bevor Hitlers Henker sie aufgreifen konnten. Das Kommando über die rund 4000 »Freifranzosen« führte General Marie-Pierre Koenig, ein Elsässer. Neben den bunt zusammengewürfelten regulären Truppen befehligte Koenig in Bir Hacheim auch Männer der »Légion étrangère«, der Fremdenlegion. Unter ihnen war auch eine Frau: Susan Mary Travers. Die Engländerin hatte sich zu Hause auf öden Gesellschaftspartys gelangweilt. Nun erlebte die Geliebte Koenigs in dem Nest 80 Kilometer südwestlich von Tobruk die Bombenhölle der deutschen Tiefflieger.

Allein 1300 Einsätze flogen die »Ju 88«-Bomber gegen das Wüstenfort. Im Wechsel mit »Stuka«-Angriffen überzog die deutsche Artillerie die

Unser Militärkorrespondent hat Bir Hacheim erreicht und schildert seine Eindrücke: »Ich war überrascht, in diesem Verdun Libyens auch Männer verschiedener Nationen vorzufinden, die sich erst vor wenigen Jahren zu einer Legion zusammengeschlossen haben. Es sind Polen, Russen, Spanier und Franzosen, die neben der regulären Truppe unter General Koenig kämpfen.«

Meldung der Agentur Reuters, 10. Juni 1942

»Kurze Kampfpause« – deutsche Panzer vor Tobruk

»Bis zum letzten
Mann!« Fremden-
legionäre beim Sturm-
angriff auf eine deut-
sche Stellung

Das Plateau ist durch Bombenkrater zerrissen und die Linie vom Horizont bis Bir Hacheim durch Panzerwracks, zerschossene Lkw und zerstörtes Kriegsgerät aller Art gekennzeichnet. Die Luft ist durch den Benzingestank und qualmendes Öl erstickend. Wir haben gezählt, dass alle paar Sekunden mittelschwere und leichte Granaten aus drei Richtungen in die Verteidigungsstellungen von Bir Hacheim einschlagen.

Meldung eines
Korrespondenten der
Agentur Reuters,
10. Juni 1942

Stellungen bei Bir Hacheim mit einem pausenlosen Trommelfeuer. »Wir haben gezählt, dass alle paar Sekunden eine Granate einschlug«, notierten die Kriegsberichterstatter. Fünf Mal forderten die Angreifer die Verteidiger zur Kapitulation auf. Fünf Mal lehnte General Koenig ab. »Lieber bis zum letzten Mann kämpfen, als aufgeben«, ließen die Belagerten den Parlamentär der Belagerer wissen. Doch allem Heldenmut zum Trotz, angesichts der deutschen Überlegenheit war es nur eine Frage der Zeit, bis der Kampf entschieden war. Nach zwei Wochen war schließlich beendet, was Rommel in »fünfzehn Minuten« erledigt glaubte. »Nur selten wurde mir auf dem afrikanischen Kriegsschauplatz ein derartig hartes Gefecht geliefert«, räumte er ein.

Am 11. Juni besetzten die Deutschen das, was von diesem Wüstenfort noch übrig war. In der völlig zerstörten Anlage fanden sie nur noch rund 500 Verteidiger vor, zumeist Schwerverwundete. Denn mehr als 2000 Männern war in der Nacht vom 10. auf den 11. Juni noch ein letzter großer Coup gelungen. Sie konnten den Belagerungsring durchbrechen und sich im Schutz der Dunkelheit absetzen. Am Steuer des Wagens, in dem General Koenig der Gefangennahme entging, saß Susan Mary Travers.

»Trommelfeuer« –
deutsche Geschütze
vor Bir Hacheim

Der heftige Widerstand in Bir Hacheim hatte Hitler dermaßen in Rage gebracht, dass er die sofortige Erschießung der gefangen genommenen Verteidiger anordnete. Er betrachtete die »Freifranzosen« als Freischärler. Tatsächlich war im deutsch-französischen Friedensvertrag festgelegt worden, dass französische Staatsangehörige von 1940 an nicht länger gegen Deutschland Krieg führen durften. »Franzosen, die dies dennoch tun, wird die Behandlung von Freischärlern zuteil«, erklärte Berlin am 14. Juni. Für die Gefangenen an anderen Fronten wäre dies das Todesurteil gewesen. Nicht jedoch in Nordafrika. Hier herrschten andere Regeln. Der Wüstenkrieg war kein ideologischer Vernichtungsfeldzug, sondern ein weitgehend fairer militärischer Kampf. »Es ist ein Soldatenkrieg«, schrieb Alan Moorehead damals. Und in einem »Soldatenkrieg« gab es feste Regeln. Eine dieser Regeln lautete: Gefangene Gegner werden ordentlich behandelt – auch wenn ein Kommandobefehl des deutschen Oberkommandos der Wehrmacht anderes verlangte.

Fünf Mal ist bisher General Koenig vom Kommandeur der italienischen Division »Trento« zur Kapitulation aufgefordert worden. Die Franzosen haben auch heute geantwortet, dass sie lieber bis zum letzten Mann kämpfen, als dass sie die Stellungen aufgeben.

Aus dem Hauptquartier
der 8. Britischen Armee,
9. Juni 1942

Soldaten feindlicher Stoßtrupps, die hinter der Front gefangen genommen wurden, seien keine Kriegsgefangene, sondern »Verbrecher«. Sie seien sofort zu erschießen, lautete die Anweisung aus Berlin. General Westphal, 1. Generalstabsoffizier des Afrika-Korps, berichtete, wie Rommel auf diese Order reagierte: »Wir haben diesen Befehl auf der Stelle verbrannt.« Im Wüstenkrieg galten also weiterhin die alten Regeln. Im Gefolge der deutschen Soldaten landeten keine SS-Kommandos, nirgends gab es in Nordafrika SD-Einsatzgruppen, die hinter der kämpfenden Truppe ihre Säuberungsaktionen durchführten. Massenerschießungen, Massaker, Meuchelmorde – all das, was an der Ostfront die Kämpfe mitbestimmte, gab es auf dem nordafrikanischen Kriegsschauplatz nicht. Rommel führte einen »Krieg ohne Hass«. »Es war ein sehr fairer Krieg, ein Krieg ohne Tadel«, erinnert sich der Zeitzeuge Heinz Blumacher, der auf deutscher Seite kämpfte. Charles Squire, Angehöriger der 8. Britischen Armee, erklärt: »Wir haben wie Gentlemen gekämpft und gehofft, dass die Deutschen dies auch tun.« Generaloberst Hans-Jürgen von Arnim, Kommandeur der 5. Panzerarmee, bestätigte: »Es war im afrikanischen Feldzug üblich, den gefangenen Gegner als Gentleman zu behandeln.« Britische Soldaten, die aus deutscher Gefangenschaft befreit wurden, berichteten von tadelloser Behandlung durch die Deutschen. Die

»Menschliche Geste« – ein deutscher Sanitäter (rechts) versorgt einen britischen Verwundeten

Verwundeten erhielten ausreichend Essen, ja sogar Zigaretten und Bier – schließlich war man Gefangener der Deutschen. Der Kommandeur persönlich ahndete Verstöße gegen geltende Kriegsregeln. Nachdem die deutschen Truppen im November 1941 ein Krankenhaus mit britischen Verwundeten unter ihre Kontrolle gebracht hatten, verweigerten die italienischen Wachen den Kranken die Versorgung mit Wasser. Rommel selbst ordnete daraufhin die korrekte Behandlung der Kriegsgefangenen an und ließ die Verwundeten mit dem lebensnotwendigen Wasser versorgen, berichtete Samuel Arthur Bradshaw, Soldat der 7. »Armoured Division«: »Die Soldaten, die diese Geschichten weitererzählten, vermitteln den Briten die Gewissheit: ›Wir werden von den Deutschen fair behandelt.‹ Und es hat sich tatsächlich gezeigt: Die Deutschen im Afrika-Korps waren gute, ehrenhafte Soldaten.«

Das Land, das Klima in Afrika hat diesen Kampf geprägt. In einer Panzerschlacht, wenn die Hitze zu groß wurde, kam es vor, dass beide Seiten aus dem Panzer ausstiegen – Engländer wie Deutsche. Abends wie es kühler wurde, sind sie dann wieder eingestiegen und haben sich weiter bekämpft.

Günter Halm,
Panzerjäger, Deutsches
Afrika-Korps

Die Einhaltung allgemeiner Regeln schloss allerdings nicht aus, militärische Fehler des Gegners gnadenlos auszunutzen. Rommels nächste Chance kam, als nach der Niederlage bei Bir Hacheim im britischen Oberkommando kurzfristig ein mittleres Chaos ausbrach. Während der deutsche General seinen

Truppen den schnellen weiteren Vormarsch befahl, wussten die britischen Verbände nicht, wohin sie sich wenden sollten. Nach Süden, wie es General Norrie anordnete? Oder doch zurück in die Stützpunkte, wie General Ritchie es angewiesen hatte? Und dann war da auch noch die Order von General Messervy: Konzentration der Kräfte bei Bir El Gubi. Der Befehlswirrwarr hatte für die Briten katastrophale Folgen. Die 15. und 21. Panzerdivision lockten die englischen Panzer in die Falle und die deutsche 8,8-cm-Flak sowie die Panzerabwehrgeschütze fanden reiche Beute. »Die Schlacht ist gewonnen, der Feind in Auflösung. Diesmal ist ziemlich reiner Tisch gemacht worden«, schrieb Rommel am 15. Juni an seine Frau. Und das OKW konnte in seinem Bericht am 18. Juni zufrieden festhalten:»Britische 8. Armee in zwei Teile zersprengt. General Ritchie blieb nur der Rückzug nach Ägypten.«

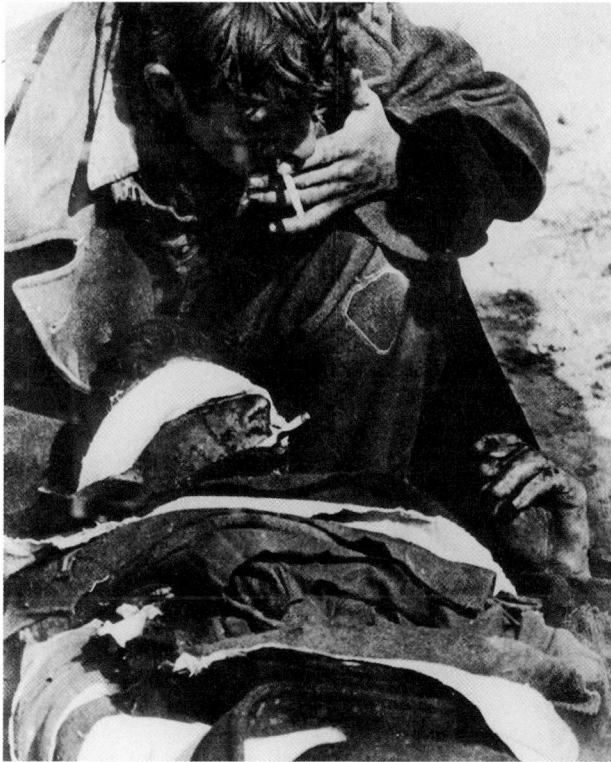

»Elend des Krieges« – ein schwer verbrannter britischer Panzersoldat

*Die Aufgabe Tobruks kommt doch wohl hof-
fentlich nicht in Frage. Solange wir die Festung halten, kann der Gegner nicht ernsthaft
in Ägypten einfallen.*

Churchill an
General Auchinleck,
14. Juni 1942

Nun folgte Rommels taktisches Meisterstück. Während die britischen Aufklärungstrupps sicher waren, dass die deutschen Verbände die Briten verfolgen würden, ließ der »Wüstenfuchs« Rommel seine Verbände in der Nacht des 19. Juni kehrtmachen. Ihr tatsächliches Ziel war Tobruk. »Stukas« eröffneten in den Morgenstunden des 20. Juni den Angriff und bombten eine Gasse durch die Verteidigungslinien, durch die die deutschen Panzer vorstoßen konnten. Erst scheiterte ein verzweifelter Entsatzversuch der Briten, dann ging auch noch die allerletzte Aktion der Verteidiger schief. Der Befehl zur Zerstörung sämtlicher Vorräte konnte nicht mehr ausgeführt werden. Kommandeur General Klopper musste am Morgen des 21. Juni die Festung Tobruk übergeben. Das Oberkommando der Wehrmacht gab bekannt: »Deutsche und italienische Truppen erstürmten unter dem Befehl des Generalobersten Rommel die stark ausgebaute Festung Tobruk. 25 000 Gefangene und unübersehbare Mengen von Waffen, Kriegsmaterial und Vorräten wurden erbeutet.« Rommel selbst schwärmte in einem Brief an seine Frau:»Der Kampf war wundervoll.«

»Mit großer Geste« –
Erwin Rommel im
Berliner Sportpalast

In der Heimat feierte der *Völkische Beobachter* in großen Lettern
»Rommels herrlichen Sieg«. Und andere Zeitungen jubelten euphorisch: »Rommels Faustschlag nimmt England den Atem.«
Es war der bislang größte Triumph des Afrika-Korps. Der zentrale
Eckpfeiler des britischen Verteidigungssystems war gefallen. Rommel
schien die viel zitierte »Türklinke« nach Ägypten in der Hand zu halten. In Kairo kam es zu Freudenkundgebungen der arabischen Bevölkerung. Nicht wenige, unter ihnen der spätere Staatspräsident Sadat,
sahen in Rommel den Befreier vom Joch der britischen Kolonialherrschaft. In Rom träumte Mussolini davon, auf einem Schimmel die
Siegesparade am Nil anzuführen. Da störte es ihn wenig, dass sein italienisches »Mare Nostrum« von Spöttern mittlerweile schon als »deutsches Schwimmbad« bezeichnet wurde. Dem »Wüstenfuchs« brachte
der Triumph in Tobruk nicht nur einen weiteren Popularitätsschub,
sondern auch einen neuen Rang: Hitler gratulierte seinem neuen
Generalfeldmarschall. Es war die fünfte Beförderung innerhalb von
nicht einmal drei Jahren. »Dass ich nun Feldmarschall geworden bin,
ist mir wie ein Traum«, schrieb Rommel seiner Frau. Die NS-Propaganda begann, den Triumph von Tobruk auszuschlachten. Die deutschen Wochenschauen zeigten den Kinobesuchern mit Rommel einen
Heerführer, dem nichts unmöglich scheint. Der Mythos, entstanden
im Frühjahr 1941, war stetig gewachsen. Im Sommer 1942 schließlich
galt Rommel als lebende Legende – bei Freund und Feind.

»Rückzug nach Ägypten« – britische Soldaten auf dem Marsch

»Unser Freund Rommel«
– der Ruf des Deutschen
ist legendär

Und wieder waren die psychologischen Folgen der Schlacht um Tobruk für die Alliierten härter als die militärischen. Für viele Soldaten kam die Niederlage völlig unvorbereitet. »Es war für uns alle ein psychologischer Schlag. Tobruk war all die Monate ein Symbol für unseren Widerstand«, so Samuel Bradshaw. Nun sollte genau das eintreten, was Hitler nach Tobruk mit klammheimlicher Freude im kleinen Kreis prophezeit hatte: »Es ist gefährlich, einen maßgeblichen Mann des Gegners so herauszustellen, wie es Churchill bei Rommel getan hat. Ein Name beginnt auf diese Weise die Bedeutung zu erlangen, die dem Wert mehrerer Divisionen gleichkommt.« Der Name Rommel war zu einer wirkungsvollen Waffe geworden. Douglas Waller, Soldat der Britischen 8. Armee, beschreibt die Folgen: »Unser Oberkommando betonte immer: Er ist nicht unbesiegbar. Aber wir haben ihnen nicht geglaubt.« So nährte sich ein Mythos selbst. Da half es wenig, dass der britische Oberbefehlshaber verordnete,»nicht immer von Rommel zu reden, wenn wir den Feind in Libyen meinen.« Dieses Anliegen ist unter psychologischen Gesichtspunkten von höchster Wichtigkeit.« Nirgends kam die Anerkennung für den Gegner deutlicher zum Ausdruck, als im letzten Satz dieses Befehls: »PS: Ich bin nicht eifersüchtig auf Rommel.« Auchinleck sollte keine Gelegenheit mehr haben, sein Gegenüber zu entzaubern. Nach der Niederlage von Tobruk wurde er abberufen. Rommel hatte den zweiten britischen Ober-

befehlshaber geschafft. Auch General Ritchie, Kommandeur der 8. Armee, musste gehen. London schickte nun einen General aufs Schlachtfeld, der dem gegnerischen Idol militärisch und psychologisch Paroli bieten sollte: Generalleutnant Bernard Law Montgomery. Dieser verfolgte auch ein ganz persönliches Ziel in Afrika:»Ich habe seit Dünkirchen mit den Deutschen abzurechnen.«

Es ist nicht die Führung allein, die solche Siege ermöglicht. Man kann sie nur mit einer Truppe erringen, der man alles aufbürden kann an Last, an Kampf und Not und auch an Sterben. Meinen Soldaten verdanke ich alles.

Rommel nach dem Fall
von Tobruk,
21. Juni 1942

Die Ausgangssituation für die Briten war denkbar schlecht. Die Eroberung Tobruks hatte zunächst das deutsche Nachschubproblem gelöst und dem Afrika-Korps die notwendige Luft für weitere Unternehmungen gegeben. Der ehrgeizige Rommel wollte dem Gegner keine Verschnaufpause lassen.»Alle Einheiten bereiten sich auf den weiteren Vormarsch vor«, lautete sein Funkspruch am 21. Juni, dem Tag des Sieges von Tobruk. Seinem Dolmetscher, Wilfried Armbruster, stellte Rommel die weiteren Pläne vor:»Wenn wir so weitermarschieren, können wir uns bis nach Palästina durchschlagen.« Und dann gab es ja noch den»Großen Plan«: die Eroberung der Ölfelder auf dem Vormarsch in den Kaukasus und die Vereinigung mit dem deutschen Ostheer. Der Sieger von Tobruk blickte im Hochgefühl seines Erfolges bereits nach Asien. Am 21. Juni 1942 schien der Krieg in Nordafrika entschieden.

»Bis nach Palästina!«
Deutsche Panzer in
Ägypten

Keiner schien Rommel gewachsen. Die letzte Hoffnung der britischen Armee lag 1942 auf General Montgomery. Dieser sah die Auseinandersetzung mit dem »Wüstenfuchs« auch als eine persönliche, als einen Kampf Mann gegen Mann. Mit 1100 Panzern setzte er zu einer Gegenoffensive an und trieb Rommels Kräfte, deren Versorgungslage immer schwieriger wurde, zurück. In der Entscheidungsschlacht bei El Alamein zerrann der deutsche Glaube an die eigene Unbesiegbarkeit im Wüstensand. Es war der Wendepunkt des Afrikafeldzugs – und, noch vor Stalingrad, das erste Menetekel für die Kriegswende.

Das Duell

Der neue Oberbefehlshaber, den die Stabsoffiziere der Britischen 8. Armee am 13. August 1942 im Hauptquartier begrüßten, wirkte auf den ersten Blick eher erheiternd als Respekt gebietend. Unter den weiten khakifarbenen Shorts lugten ein Paar weiße Knie hervor, die daran erinnerten, dass ihr Besitzer zum ersten Mal in der Wüste war. Enge Kniestrümpfe sowie ein über das Tropenhemd gezogener taillierter Pullover betonten die kleine, drahtige Gestalt des 54-Jährigen. Am auffälligsten war das schmale, asketische Gesicht mit der Adlernase. Als er schließlich zu reden begann, klang seine hohe, näselnde Stimme nicht eben angenehm. Doch die Bestimmtheit, mit der er sprach, schlug die Zuhörer sofort in Bann: »Ich mag die Atmosphäre hier nicht«, hob er nach einem scharfen Blick in die Runde an: »Es ist eine Atmosphäre des Zweifelns, des Zu-

171

rückblickens, um den nächsten Platz des Rückzugs zu sondieren. Das muss sofort aufhören. An was wir uns erinnern sollten, ist, mit dem Kerl Rommel Schluss zu machen. Ein für alle Mal. Das wird ganz einfach sein. Er ist wirklich eine Plage. Aus diesem Grund werden wir ihm einheizen und ihn fertig machen.« Die Rede schlug ein wie ein Blitz. Die Männer, die ohne Erwartungen gekommen waren, um den »Neuen« zu begrüßen, waren auf einmal wie elektrisiert. »Es war großartig«, erinnert sich ein Augenzeuge. »Wir alle gingen in dieser Nacht mit neuer Hoffnung zu Bett und mit großem Vertrauen in die Zukunft unserer Armee.«

Als Generalleutnant Bernard Law Montgomery am 8. August 1942 zum Oberbefehlshaber der 8. Armee in Nordafrika ernannt wurde, war dies der undankbarste Job, den die Britische Armee zu vergeben hatte. Seine Vorgänger hatte Hitlers Lieblingsgeneral Rommel sprichwörtlich in die »Wüste geschickt«, seit er im Frühjahr 1941 aus Tripolis aufgebrochen war. Was zunächst nur als deutsche Hilfsaktion gedacht war, um das bröckelnde Kolonialreich des verbündeten »Duce« zu stützen, war längst zu einer tödlichen Bedrohung für das britische Empire geworden. Und Rommel schien kurz vor dem endgültigen Triumph zu stehen. In nur 24 Stunden hatten seine Truppen am 21. Juni 1942 die Festung Tobruk überrannt. Nun pochte er bereits an die Tore Ägyptens – der Suezkanal, Nervenstrang des britischen Empire, war unmittelbar bedroht. Ein neuer Geist, eine neue Führung mussten her, um die 8. Armee, deren Offiziere und Mannschaften durch wiederholte Niederlagen zermürbt schienen, wieder zum Sieg zu führen – darüber waren sich die Verantwortlichen, allen voran Churchill, einig. Doch war Montgomery dafür auch der richtige Mann?

Winston Churchill hatte zunächst eine andere Wahl getroffen. Am 7. August 1942 war auf seinen Wunsch hin General William Gott zum neuen Chef der 8. Armee ernannt worden. Der 43-jährige Kommandeur der 7. Britischen Panzerdivision, der sich wegen seiner Strenge den Beinamen »der Bestrafer« erworben hatte, hatte bereits reichlich

Erfahrungen im Afrikafeldzug gesammelt. Ihm traute Churchill den eisernen Willen zu, der 8. Armee neuen Kampfgeist einzuhauchen. Der erste Arbeitstag des neuen Befehlshabers war jedoch auch sein letzter. Sofort nach seiner Ernennung hatte Gott um einen viertägigen Urlaub gebeten, um sich von den Strapazen der vergangenen Wochen zu erholen. Am Nachmittag des 7. August bestieg er ein Transportflugzeug, das ihn von der Front nach Kairo bringen sollte. Bereits kurz nach dem Start wurde die Maschine von zwei deutschen Jägern angegriffen; wenige Sekunden später standen beide Triebwerke in Flammen. Dem Piloten gelang eben noch eine halsbrecherische Notlandung, die sein »wichtigster« Passagier allerdings nicht überlebte: General Gott starb im brennenden Wrack. Als Churchill zwei Stunden später die Nachricht von seinem Tod erhielt, war er ratlos. »Meine ganzen Pläne wurden durcheinander gebracht«, schrieb er in seinen Memoiren. Seine militärischen Berater bestürmten ihn, Montgomery als Nachfolger zu benennen, der Premier aber zögerte. Zwar genoss

»Ein neuer Geist« – britische Soldaten nehmen eine deutsche Panzerbesatzung gefangen

der 54-jährige Generalleutnant einen exzellenten Ruf als Militär, doch er galt zugleich als schwieriger Einzelgänger. Seit der Katastrophe von Dünkirchen hatte er kein Frontkommando mehr geführt. Erst nach langen Sitzungen ließ sich der Premier überzeugen. Widerwillig machte er den Weg frei für das berühmteste Duell des Zweiten Weltkriegs: Rommel gegen Montgomery.

Der Mann, den Montgomery schlagen sollte, war seit der Einnahme von Tobruk nicht untätig geblieben. Unablässig hatten seine Soldaten die britischen Truppen vor sich her getrieben. Beflügelt vom größten Sieg seiner Laufbahn sah Rommel den endgültigen Triumph unmittelbar vor sich. Am 26. Juni erklärte er in einem Gespräch mit deutschen und italienischen Truppenführern zuversichtlich, nach einem Durchbruch an der Grenze könnte die Panzerarmee bereits gegen Ende des Monats in Kairo oder Alexandria sein. Die neuen Nachrichten von der Ostfront ließen seine

Tobruk war ein schwerer Schlag für uns. Als wir mehr oder weniger nach El Alamein zurückgedrängt wurden, fingen wir an zu glauben, dass Rommel nicht nur ein starker, sondern ein nahezu unbesiegbarer Gegner sei. Seine Name ging durch die Reihen und jeder nannte ihn den »Wüstenfuchs«.

Douglas Waller,
8. Britische Armee

Gedanken noch weiter vorauseilen. Die deutschen Truppen hatten den Kaukasus erreicht. Das Fernziel, der große Orientplan, schien Gestalt anzunehmen: Die von ihm geführte Armee würde, nachdem sie die Engländer aus Ägypten vertrieben hatte, in Richtung Norden durch den gesamten Nahen Osten stoßen, sich schließlich mit der aus Russland anrückenden Heeresgruppe vereinen und die ganze dortige Region mit ihren reichen Ölvorkommen in Besitz nehmen. Nie war ihm Hitlers Vision einer deutschen Vorherrschaft über Europa greifbarer erschienen.

Nicht jeder teilte seinen Optimismus. Weder Mussolini noch das italienische oder gar das deutsche Oberkommando wollten von solch weit gesteckten Plänen vorerst etwas wissen. Sie mahnten vielmehr die seit langem vorgesehene Besetzung der Insel Malta an, um die Nach-

Nach dem Fall von Tobruk war Rommel sehr euphorisch. Er dachte, er könnte bis nach Persien durchstoßen.

Wilfried Armbruster,
Rommels Dolmetscher

»Der große Orientplan«
– Rommel in Ägypten

schubwege über das Mittelmeer dauerhaft zu sichern. Massive Luft-angriffe in der ersten Hälfte des Jahres hatten der britischen Garnison auf der Insel schwer zugesetzt. Kaum eines der englischen Jagd-flugzeuge war noch einsatzbereit, eine Hungersnot bedrohte die Bevölkerung. Der Zeitpunkt, die Insel anzu-greifen, schien gekommen zu sein. Selbst Rommels engste Weggefährten waren dieser Ansicht. Als Siegfried Westphal, der bis zu sei-ner Verwundung vor Tobruk der wichtigste Mann in Rommels Stab gewesen war, in einem Lazarett in Niedersachsen von den neuen Plänen des Generaloberst erfuhr, schrie und tobte er. Es dauerte mehrere Stunden, den Schwerverletzten davon abzubringen, sofort an den afrikanischen Kriegsschauplatz zurückzukehren. Wenn Rommel als Meister der Improvisation galt, dann war Westphal sein strategisches Gewissen. Und dieses meldete sich vehement:»Rommels Marsch nach Kairo ist der sichere Untergang des Afrika-Korps«, vertraute der völlig verzwei-felte Westphal seinem Burschen an.»Der ehrgeizige Feldmarschall muss wahnsinnig geworden sein. Einzig Malta, die Mittelmeerinsel, ist der Schlüssel zum Sieg in Nordafrika.«
Der»ehrgeizige Feldmarschall«sah das ganz anders. Die Versorgungs-lage seiner Armee hatte sich durch die in Tobruk erbeuteten Vorräte wesentlich gebessert, und er war der Meinung, sofort handeln zu müs-

Rommel ist überhaupt ein General, der durch seine Erfolge auch die größten Propaganda-siege erficht. Solche Generäle müssten wir mehrere haben.

Joseph Goebbels,
Tagebucheintrag,
27. Juni 1942

»Zu schwache Kräfte« –
Kradfahrer des Deut-
schen Afrika-Korps

sen, denn er fühlte, dass die Zeit gegen ihn arbeitete. Nach wie vor waren die Briten seinen Truppen personell und materiell überlegen. Durch die wachsende Zufuhr aus dem Empire und den USA würden sie ihre Kräfte rascher und umfangreicher verstärken können. Vielleicht war jetzt die letzte Chance, den Feind zu besiegen, bevor dessen Überlegenheit zu drückend wurde. Er drängte vehement nach vorne – und wieder einmal war es Hitler, der seinem Lieblingsgeneral den Rücken stärkte. Der Diktator hatte den Fall Tobruks als »Schicksalsfügung für das deutsche Volk« bejubelt und sandte nun ein Telegramm an Mussolini, der ja noch immer formell der oberste Kriegsherr der Achsentruppen in Nordafrika war. Man müsse, umwarb er den »Duce« in fast lyrischem Ton, die Britische 8. Armee bis »zum letzten Hauch eines einzelnen Mannes« verfolgen. Denn »die Göttin des Schlachtenglücks streicht an dem Feldherrn nur einmal vorbei. Wer sie in einem solchen Augenblick nicht erfasst, wird sie oft niemals mehr einzuholen vermögen.« Mussolini lenkte ein und Rommel rückte vor.

Auch die Schlacht bei Marsa Matruh ist nun glücklich geschlagen, die vordersten Teile stehen 200 Kilometer vor Alexandria. Noch einige Schlachten werden zu schlagen sein, ehe wir das Ziel erreicht haben. Allein das Schwerste ist wohl längst hinter uns.

Erwin Rommel an seine
Frau, 29. Juni 1942

Inzwischen hatte General Auchinleck, der britische Oberbefehlshaber im Mittleren Osten, den Oberbefehl über die 8. Armee übernommen. 100 Kilometer westlich von Alexandria richtete er seine Truppen zur letzten Verteidigungslinie auf. Der Ort war gut gewählt, denn die topographischen Gegebenheiten schlossen eine Umgehung der Flanken aus. Im Norden lag das Mittelmeer und im Süden begrenzte die Kattara-Senke, eine schroff abfallende, über 300 Meter tiefer gelegene Salzwüste, die Bewegungsfreiheit beider Seiten. Zwischen Kattara-Senke und Mittelmeer lag ein etwa 60 Kilometer breiter trostloser Wüstenstreifen, in dem außer gelegentlichen Sanddünen und Steilhängen kaum natürliche Hindernisse für Truppenbewegungen existierten. Hier musste Rommel durch, wenn er seine Truppen nach Alexandria und Kairo führen wollte. Aber wenn er hier durchbrach, das wusste auch Auchinleck, dann würde es kein Halten mehr geben. Der Brite befahl daher allen verfügbaren Kräften, sich an dieser Linie einzugraben und sie bis zum Äußersten zu halten. So sollte es schließlich ein trostloser Ort in der Wüste sein, eine unscheinbare Bahnstation an der Strecke von Alexandria nach Marsa Matruh, die dieser letzten Verteidigungslinie der Briten ihren historischen Namen gab: El Alamein.

»Hitze und Durst« –
deutsche Fallschirm-
jäger vor El Alamein

Am 30. Juni erreichte Rommels Armee die Verteidigungslinie von El Alamein, doch die Kraft des Afrika-Korps war am Ende. Nur noch ein paar Dutzend Panzer waren überhaupt einsatzbereit, Hitze und Durst machten den Soldaten schwer zu schaffen. Manche der Männer waren so erschöpft, dass sie bei Marschpausen am helllichten Tage einschliefen und nur durch den Donner der Kanonen wieder geweckt wurden. Feindliche Bomber und Jagdflugzeuge beherrschten die Luft. Die Bodenorganisationen der deutschen Luftwaffe hatten dem schnellen Vormarsch nach Ägypten nicht folgen können. Doch Rommel ließ sich dadurch nicht beirren und befahl den Angriff noch vor Anbruch des folgenden Tages. Die nun einsetzenden Kämpfe sollten als »Erste Schlacht von El Alamein« in die Chroniken der Militärgeschichte eingehen. Angesichts der geringen Frontbreite und einem Gelände, das für die Verteidigung gut geeignet war, spielte die Infanterie nun eine größere Rolle, aber eben hier verfügte Rommel über zu schwache Kräfte. Auch stieß er auf einen Feind, der ihn erwartete und von starken Luftstreitkräften unterstützt wurde. Der Angriff

Als wir nach El Alamein kamen, erhielten wir den Befehl, die Linie bis zum letzten Schuss zu halten. Wir wussten, wenn diese Linie durchbrochen würde, konnte sie nichts mehr aufhalten.

Douglas Waller,
8. Britische Armee

erstarrte und geriet zur Materialschlacht. Der ganze Juli verging; Gefechte, Vorstöße und Scharmützel waren an der Tagesordnung. Erst Anfang August trat eine Kampfpause ein, nachdem beide Seiten völlig erschöpft waren. Es hatte sich gezeigt, wie wichtig für den materiell stets unterlegenen Rommel der Bewegungskrieg war. Jetzt, wo die Beschaffenheit des Terrains einen Umfassungsangriff verbot, war er zu kräftezehrenden Frontalangriffen gezwungen gewesen. Er brauchte dringend Zeit, um neue, frische Kräfte heranzuführen. Eine spannungsgeladene Ruhe senkte sich über die Front, während sich beide Seiten für den entscheidenden Schlag rüsteten.

Während Rommels Truppen gegen El Alamein stürmten, trafen die Alliierten Maßnahmen, die für den Krieg in Nordafrika ausschlaggebende Bedeutung erlangen sollten.

Bei El Alamein lag vor uns ein australisches Bataillon. Sie brachen in der Nacht mit Geschrei durch. Das war grauenhaft. Ein guter Freund von mir bekam einen Bajonettstich in den Leib. Er weinte und schrie nach seiner Mutter. Er starb auf meinem Schoß. 19 Jahre war er alt, ein Berliner. Unsere Fahrzeuge brannten, es stank nach Benzin und Leichen. Das sind Dinge, die vergisst man nicht.

Günter Halm,
Panzerjäger, Deutsches
Afrika-Korps

Ironischerweise war es Erwin Rommels größter Triumph, der sich gegen ihn wandte. Ohne es zu wissen, hatte er mit der Einnahme von Tobruk am 21. Juni 1942 Entscheidungen provoziert, die den Kriegsverlauf und die Nachkriegsgeschichte nachhaltig bestimmten. Seit dem Kriegseintritt der USA diskutierten die Alliierten über eine »Zweite Front«, die die Rote Armee entlasten sollte. Premierminister Winston Churchill plädierte dafür, zunächst in Nordwestafrika und dann erst in Europa zu landen, während Roosevelt unter dem massiven Drängen Stalins dazu neigte, einer schnellstmöglichen Landung in Frankreich den Vorzug zu geben. Tobruk brachte die Wende. Churchill, der gerade in Washington mit Roosevelt konferierte, als die Nachricht von der Einnahme der Festung eintraf, konnte den US-Präsidenten nun auf seine Strategie festlegen. Das Unternehmen »Torch«, die Landung anglo-amerikanischer Truppen in Nordwestafrika, wurde auf Ende 1942 festgesetzt und die große Invasion in Frankreich verschoben. Vorab schickte der amerikanische Präsident den Briten schon einmal 300 amerikanische »Sherman«-Panzer nach Afrika. 400 weitere sollten noch im selben Jahr folgen. Während Churchill jubilierte, musste sich Stalin zähneknirschend damit abfinden, dass die Sowjetunion auch im Jahr 1942 die Hauptlast des Krieges gegen die Wehrmacht zu tragen haben würde. Für Erwin Rommel aber zeichnete sich, ohne dass er es ahnte, ein Zweifrontenkrieg in Afrika ab.

»Gefürchtete Waffe« –
die deutsche 8,8-Flak
im Einsatz

Mit Roosevelts Zusage im Rücken standen für Churchill die Kämpfe in Afrika nun ganz im Vordergrund. Als er Mitte August 1942 nach Moskau flog, um Stalin zu besänftigen, machte er zuvor Station in Kairo. Er brauchte einen Erfolg in Afrika – koste es, was es wolle. In England war der Fall von Tobruk als großer Schicksalsschlag empfunden worden. Nie zuvor im Krieg war Churchills Stern so tief gesunken wie im Juli 1942, nie war es für sein politisches Überleben, aber auch für das Ansehen seines Landes dringender, einen Sieg zu erringen, mit dem er vor das Parlament, vor Roosevelt, Stalin und die Weltöffentlichkeit treten konnte. Doch wie gewinnen gegen einen Mann, der mittlerweile selbst bei seinen Gegnern den Nimbus der Unbesiegbarkeit besaß? In Kairo, so berichtet sein Vertrauter Sir Ian Jacob, habe Churchill nur dieser Gedanke beherrscht. Wie ein gefangener Tiger im Käfig sei der britische Premier in seinem Zimmer auf und ab gegangen und habe dabei ausgerufen:»Rommel, Rommel, Rommel, Rommel! Zählt denn etwas anderes, als ihn zu schlagen?«

Rommel hat beinahe 680 Kilometer Wüste durchquert und nähert sich jetzt der fruchtbaren Niederung des Nils. Wir stehen in diesem Moment einem katastrophalen Umschwung unserer Aussichten und Hoffnungen im Nahen Osten und im Mittelmeer gegenüber, wie wir ihn seit dem Zusammenbruch Frankreichs nicht mehr erlebt haben.

Winston Churchill vor
dem Unterhaus,
2. Juli 1942

Der Erste, der in dieser Situation seinen Hut nehmen musste, war Auchinleck – eine vielleicht ungerechte, aber nicht unverständliche Entscheidung. Auchinleck war es in erster Linie darauf angekommen, sich nicht schlagen zu lassen. Dies hatte er geschafft. Rommels

Vormarsch war gestoppt, die Fronten erstarrt. Doch während Auchinleck die Niederlage seiner Armee verhinderte, erlitt er selbst eine
persönliche Niederlage: Er verlor das Vertrauen Churchills. Er verstehe
nicht, erklärte dieser einem seiner Berater, wie Auchinleck als
Befehlshaber in Kairo bleiben könne, während in der Wüste die entscheidenden Kämpfe geführt würden. Das
war für ihn nicht der Mann, der den »Wüstenfuchs« Rommel besiegen konnte, und so
ließ er ihn ablösen. Veranlasst habe ihn, rechtfertigte sich Churchill gegenüber dem
Kabinett, »die Notwendigkeit, einen plötzli-
chen, einschneidenden Wechsel im Oberbefehl vorzunehmen und der Armee die Zuversicht einzuflößen, dass ein neuer Anfang
gemacht wird«. Als er nach dem Tode von General Gott notgedrungen
Montgomery zu dessen Nachfolger ernannte, war dies eine Wahl, die
er ohne Begeisterung und Überzeugung traf. Sie sollte sich als einer
der größten Glücksgriffe seiner Regierung herausstellen.

Als Montgomery am 12. August 1942 ägyptischen Boden betrat,
machte er sofort klar, dass er einen ganz anderen Führungsstil als sein
Vorgänger Auchinleck pflegen würde. Nachdem er sich in Kairo Wüs-

*Montgomery war der erste Oberkommandie-
rende, den wir zu sehen bekamen. Während
Rommel bei seinen Leuten im Feld stand,
wohnten unsere Kommandeure in einem Ho-
tel in Kairo. Wir sahen sie nie.*

Douglas Waller,
8. Britische Armee

»Politische Rücken-
deckung« – Churchill
besucht Montgomery

tenkleidung besorgt hatte, ließ er sich am darauf folgenden Morgen sofort an die Front fahren. Nicht aus wohl vorbereiteten Dossiers und Protokollen, sondern vor Ort und im persönlichen Gespräch wollte er sich ein Bild machen, wie es um die 8. Armee tatsächlich stand. Vieles was er sah, gefiel ihm nicht. Zwar hatten die britischen Truppen Rommels erstem Ansturm gegen El Alamein standgehalten, aber die Moral der Offiziere und Mannschaften war auf einem Tiefpunkt. Es würde nicht allein darum gehen, neue Strukturen zu schaffen und Strategien zu verändern, wie etwa die bislang ungenügende Koordinierung von Bodentruppen und Air Force zu verbessern, das sah er deutlich. Vielmehr galt es, die Männer aufzurütteln, ihnen Mut zu machen, ihnen zu zeigen, dass der deutsche »Wüstenfuchs« keineswegs unbesiegbar war. Keine sechs Stunden nach seiner Ankunft an der Front rief er daher die wichtigs-

»Tod in der Wüste« –
Grab einer britischen
Panzerbesatzung

ten Offiziere im Hauptquartier zusammen und las ihnen die Leviten. Seine Rede zeigte Wirkung. Doch das war nur ein erster Schritt. Er musste jetzt auch noch den einfachen Soldaten davon überzeugen, dass er nicht auf verlorenem Posten stand.

Und so nahm Montgomery sich Zeit für die Dinge, an die seine Vorgänger nie gedacht hatten und die er bei seinem Gegner abgeschaut hatte. Wie Rommel, dessen Bild in seinem Befehlswagen hing, tat er alles, um zu seinen Soldaten eine persönliche Beziehung aufzubauen. Demonstrativ zeigte er sich an vorderster Front. Bald erhielt er den Spitznamen »Monty« und galt als einer von ihnen, als »der Soldaten-General«. Wie Rommel war auch er in seinen persönlichen Ansprüchen bescheiden, was ihm bei den Soldaten so manche Sympathien einbrachte. Schließlich tat auch er alles, um sich selbst ins rechte Licht zu setzen. Wie Rommel war er überzeugt davon, dass es gerade in Kriegszeiten von großer Bedeutung ist, für sich selbst Propaganda zu betreiben. Während Rommel sich gerne mit Mütze und Schutzbrille ablichten ließ, trug Montgomery als Markenzeichen das einfache Barett der Panzerfahrer, an das er sein Generalabzeichen heftete. Als er vom britischen König für dieses laxe Outfit gerügt wurde, erwiderte er selbstbewusst: »Man hat mir gesagt, dass diese Abzeichen, wenn sie auf dem Schlachtfeld

Montgomery war großartig. Er stellte sicher, dass jeder einzelne Soldat, egal, als was er diente, das Ziel kannte. Und das hieß nicht nur »vorwärts«, ohne zu wissen, was man eigentlich tat. Jeder Offizier wurde gründlich unterrichtet und hatte sicherzustellen, dass alle seine Männer wussten, um was es bei der Schlacht ging, bevor diese begannen. Es herrschte hier ein ganz anderer Geist als in der übrigen Britischen Armee.

Charles Squire,
8. Britische Armee

Der Nachschub war so gering, dass wir aus den Lkws Benzin abzapften, um es in die Panzer zu füllen. Auch Munition war wenig da, es fehlte an allen Ecken. Aber aus dem Führerhauptquartier kam nur die Nachricht: 20 000 Karabiner sind unterwegs, die genügen, und damit kann man den Krieg gewinnen. Da war was los im Stab. Die haben sich geärgert und geschimpft.

Friedrich Hauber,
Ordonanz in Rommels
Stab, über die Lage bei
El Alamein

gesehen werden, den Stellenwert von zwei Divisionen haben. Zwei Divisionen!«, wiederholte er mit Betonung. George VI gab sich beeindruckt und sprach fortan nie mehr über »Montys Kleiderprobleme«.

Mit einem neuen Image allein war natürlich noch keine Schlacht gewonnen. Die eigentliche Bewährungsprobe als Befehlshaber, der Schlagabtausch mit Rommel, stand Montgomery noch bevor. Auch der deutsche Feldmarschall hatte unterdessen neue Kräfte an die El-Alamein-Front herangeführt. Aber die Lage wurde mit den Wochen immer schwieriger, das Nachschubproblem blieb ungelöst. Praktisch alles, was seine Truppe benötigte, musste auf dem Seeweg über Italien in die nordafrikanischen Häfen Tripolis, Benghasi und Tobruk herangeschafft werden. Doch auf dem Weg dorthin waren die Transportschiffe ständig den Angriffen britischer U-Boote und Flugzeuge ausgesetzt, die ihre Basis auf Malta oder in Ägypten hatten. Die britische Besatzung auf Malta war inzwischen enorm verstärkt worden. Ein weiteres Problem waren die weiten Entfernungen zwischen den Versorgungshäfen und der kämpfenden Front. Von Tripolis, dem mit Abstand bedeutendsten Hafen, waren es bis El Alamein nicht weniger als 2240 Kilometer. Um den Nachschub über die langen, oft sehr schlechten Straßen an die Front heranzuführen, bedurfte es einer großen Zahl an Transportfahrzeugen. Eben die standen nicht zur Verfügung. Die schlimmsten Sorgen aber bereiteten Rommel die geringen Vorräte an Treibstoff und Munition. Sechs Schiffsladungen mit Treibstoff und Munition waren ihm von italienischer Seite versprochen worden, doch bis Ende August war noch keine einzige davon eingetroffen.

Liebste Lu, kein Tag vergeht hier ohne schwerste Krise. Die Italiener sind im Kampf völlig unzuverlässig und holen sich eine Schlappe nach der anderen. Deutsche Stützen müssen überall eingeleitet werden. Es ist zum Heulen! Hoffentlich geht dieser Zustand noch mal vorbei.

Erwin Rommel an seine
Frau, 11. Juli 1942

Ein Wettlauf gegen die Zeit begann. Schon Anfang September, so meldete die deutsche Aufklärung, würde die 8. Britische Armee so stark sein, dass Rommel sie nicht mehr besiegen konnte. Das klang beunruhigend, noch beunruhigender aber war, wie wenig er über geplante gegnerische Aktionen in Erfahrung bringen konnte, hatte er doch seit kurzem seine beiden wichtigsten Infor-

»Riskanter Seeweg« –
der deutsche Nachschub
stockt

mationsquellen verloren. Zunächst waren die Funksprüche des amerikanischen Militärattachés in Kairo, Colonel Fellers, eingestellt worden,
der die englischen Pläne unverschlüsselt nach Hause gefunkt hatte.
Die undichte Stelle war entdeckt und Fellers nach Washington zurück-
beordert worden. Am 29. Juni 1942 hatte die Abteilung »Fremde Heere
West« seine Akte geschlossen. Kurz darauf verlor Rommel seinen
kompletten Abhördienst unter Hauptmann Seebohm, als dieser am
10. Juli in einen feindlichen Vorstoß geriet. Seebohm hatte gelegentlich
direkt neben Rommels Gefechtsstand operiert und ihm die ins
Deutsche übersetzten Funksprüche übermittelt, noch bevor ihr
Empfang von englischer Seite bestätigt wurde. Jetzt war er gefallen,
seine unersetzliche Mannschaft in Gefangenschaft geraten und die
Sammlung von Chiffrierbüchern und feindlichen Kampfbefehlen verloren gegangen. Rommel tappte im Dunkeln. Erleichterung kam erst
wieder auf, als eines Nachts ein Jeep der Indischen Division auf eine

»Wettlauf gegen
die Zeit« – deutsche
Soldaten im Sommer
des Jahres 1942

deutsche Mine fuhr und im Gepäck Generalstabskarten gefunden wurden, die ganz offensichtlich Auskunft gaben über die britischen Verteidigungsstellungen, Minengürtel und Geländeverhältnisse. Diese Karten wurden zum Fundament der Angriffsplanung Rommels – was er nicht ahnte: Sie waren gefälscht. Auch in diesem Punkt hatte Montgomery vom »Wüstenfuchs« gelernt: Jetzt narrte er den Gegner.

Die 8. Armee und ihr Kommandeur hatten in der Wüste begriffen, wie man die neue und mächtige Waffe »Geheimdienst« in den Kampf integriert und wie man sie zu nutzen hatte, um Operationspläne auszuarbeiten.

Ralph Bennet,
Mitarbeiter des
britischen Geheim-
dienstes MI5 in
Bletchley Park

Zur gleichen Zeit wurde die britische Aufklärung immer besser. In Bletchley Park bei London, wo der britische Geheimdienst seine Abhörzentrale verbarg, waren kluge Köpfe des Königreichs in einige deutsche Schlüsselbereiche eingebrochen, unter anderem in den des Heeres. Immer genauer, immer schneller gelang es ihnen, deutsche Funksprüche zu entschlüsseln. Montgomery erkannte sofort den Wert der neuen Quelle. Als erster englischer General richtete er eine eigene Abteilung in seinem Stab ein, deren Aufgabe es war, die duch die Entschlüsselung deutscher Signale erhal-

»Begrenzte Reichweite«
– deutscher Beobach-
tungsposten

tenen Nachrichten auszuwerten. Mehr noch: Er bestimmte, dass sein Nachrichtenoffizier zu jeder Stunde direkten Zugang zu ihm haben sollte – ein enger Informationsaustausch, der sich auszahlte. Am 17. August landete ein entschlüsseltes Funkschreiben auf seinem Schreibtisch, das Rommel zwei Tage zuvor an Hitlers Hauptquartier gerichtet hatte. Hierin informierte der Feldmarschall seinen »Führer«, dass er – regelmäßige Lieferungen an Treibstoff und Kriegsgerät vorausgesetzt – gegen Ende des Monats in einem umfassenden Angriff zum Nil vordringen wolle. Zunächst sollten seine Truppen durch die südliche Flanke des Gegners hindurch so weit wie möglich nach Osten vorstoßen, dann nördlich zum Meer abdrehen, um schließlich die 8. Armee in El Alamein einzukesseln und zu zerschlagen. Montgomery wollte seinen Augen nicht trauen. Er kannte nun den Zeitpunkt und die Strategie von Rommels nächster Offensive. Er würde ihn erwarten. Unterdessen gingen die Vorbereitungen für die deutsche Offensive weiter. Das Krachen von Sprengladungen, das zermürbende Hämmern von Pressluftbohrern und das Schaben der Spitzhacken und Schaufeln hallten durch die Wüste. Zehntausende von Minen wurden gelegt für den Fall, dass die Briten dem deutschen Angriff zuvorkommen sollten. Die lähmende Hitze machte die Arbeiten zur Qual. Auch Rommel selbst war angeschlagen. Bislang hatte ihn seine eiserne Gesundheit nicht im Stich gelassen, als der einzige Offizier über vierzig hatte er in Afrika von Anfang an durchgehalten. Doch ausgerechnet vor der vielleicht entscheidenden Schlacht ging es ihm schlecht. Schon seit Anfang August

> *Der Unterschied zwischen Montgomery und Rommel ist Folgender: Beide waren tüchtige Offiziere, aber Montgomery hat seine Aufgabe als Beamter gelöst und der Rommel als Persönlichkeit.*
>
> Heribert Engel,
> Ordonanz in
> Rommels Stab

fühlte er sich unwohl, aber nun, gegen Mitte des Monats, wurde er richtig krank. Unverzüglich rief sein Stab seinen Leibarzt Prof. Horster ans Krankenbett. Dieser konstatierte einen niedrigen Blutdruck und eine Neigung zu Ohnmachtsanfällen. Horster führte dies auf eine seit längerem bestehende Magen- und Darmstörung zurück, die durch die übermäßige psychische und physische Anstrengung der letzten Wochen sowie die ungünstigen klimatischen Verhältnisse noch verstärkt worden sei. »Eine volle Verwendungsfähigkeit«, so seine am 21. August nach Berlin gefunkte Diagnose, »ist zur Zeit keinesfalls gegeben und erst nach längerem Aufenthalt in der Heimat [...] zu erwarten.« Rommel schlug vor, dass man Guderian als seinen Stellvertreter schicken sollte, doch das OKW lehnte ab. Angeblich kam

Guderian nicht in Frage, weil er nicht tropentauglich sei. In Wirklichkeit war er bei Hitler in Ungnade gefallen. Rommel musste auf seinem Posten bleiben. Am 26. August funkte er dem OKW, dass er nach Ansicht seines Arztes so weit wiederhergestellt sei, um »unter ambulanter ärztlicher Betreuung« seine Armee in die bevorstehende Offensive zu führen. Erst danach wollte er nach Deutschland zurückkehren und eine längere Kur antreten.

Liebste Lu, endlich ist der heutige Tag angebrochen. Wie lange habe ich auf ihn gewartet und gebangt, ob ich alles beisammen bekomme. Vieles ist keineswegs befriedigend gelöst worden und da und dort sind noch große Mängel. Trotzdem habe ich den Schritt gewagt, denn so günstig mit Mondlicht, Kräfteverhältnis usw. wird es hier so bald nicht wieder. Gesundheitlich fühle ich mich ganz auf dem Damm. Es geht ja um so Großes. Gelingt unser Schlag, so ist es vielleicht mit kriegsentscheidend.

Erwin Rommel an seine
Frau, 30. August 1942

Es war nicht nur seine angeschlagene Gesundheit, die ihm in den letzten Tagen vor der entscheidenden Offensive zu schaffen machte. Eine ungewohnte Mutlosigkeit quälte ihn. Sollte er den Angriff überhaupt wagen? Noch immer war der dringend benötigte Treibstoffnachschub nicht angekommen. Blieb es beim jetzigen Vorrat, dann würde sein Angriff nur sehr begrenzt sein können, er würde es schon als großen Erfolg ansehen müssen, die britische Verteidigungsstellung bei El Alamein überhaupt aufzubrechen. Ein weiterer Vorstoß bis an den Nil schien undenkbar, es sei denn, seine Panzer würden gefüllte britische Treibstofflager erbeuten. Auf der anderen Seite würden die Briten bald zu stark sein, um sie noch besiegen zu können. Nur ein rascher Angriff bot die letzte Aussicht auf Sieg. Auch brauchte er für den waghalsigen Nachtangriff, den er plante, unbedingt Vollmond; das hieß, dass das Unternehmen am Ende des Monats erfolgen musste. Er zögerte, immer wieder verschob er die Entscheidung. Erst am 29. August fasste er den endgültigen Beschluss, in der Nacht des folgenden Tages anzugreifen. Und blieb voller Sorge:»Ich habe die schwerste Entscheidung meines Lebens getroffen«, gestand er seinem Begleitarzt Horster.»Entweder es gelingt mir, bis zum Suezkanal und den Armeen in Russland, bis nach Grosny vorzustoßen, oder ...« Er machte eine Handbewegung, die alles bedeuten konnte. Am 30. August, gegen 22.00 Uhr, traten seine Truppen zum entscheidenden Vorstoß in der hügeligen Wüste nördlich der Kattara-Senke an. Zwischen dem Afrika-Korps und der»90. Leichten Division« rückten die italienischen Divisionen»Littorio« und»Ariete« vor. Zunächst galt es, die eigenen Minenfelder zu überwinden. Taschenlampen blitzten auf, Zurufe ertönten, die die Soldaten durch die freigelassenen Gassen führten. Auf einmal waren längst vergessene Töne neben dem

Summen der Motoren und dem Knirschen der Panzerketten auf dem Geröll zu hören. Der Musikzug des 5. Panzerregiments war angetreten und spielte preußische Märsche. Der »Hohenfriedberger« und »Preußens Gloria« mitten in der Wüste – eine Art Rührung stieg bei jenen auf, die ins Gefecht marschierten. Rommel hatte den Abschnitt ausgewählt, weil er ihn schwach verteidigt glaubte, und auf das Moment der Überraschung gesetzt. Stattdessen trafen seine Truppen nun auf dichte Minengürtel und eine massierte feindliche Truppe, die gut vorbereitet war. Bald brauchte niemand mehr das Mondlicht zur Orientierung. Die Hölle war losgebrochen. Brennende Lastwagen, Schützen- und Kampfpanzer erhellten die Szene, dann segelten Leuchtfallschirme herab. Pausenlos flogen britische Bomber ihre Angriffe auf das taghell erleuchtete Kampffeld, auf dem Räumungskommandos fieberhaft arbeiteten, um ihren Truppen eine Schneise durch die feindlichen Minenfelder zu bahnen. Montgomery, das wurde klar, hatte den Angriff erwartet: jetzt und an dieser Stelle.

Als der Sturm auf El Alamein begann, hatte ich den Befehl, um 6.00 Uhr morgens den ganzen Stab zu wecken. Das haben wir gemacht und plötzlich stand der ganze Stab da, nur Rommel nicht. Da schrie mich einer an: Wo ist Generalfeldmarschall Rommel? Ich habe gesagt: »*Da vorne ist er, die Staubwolke am Horizont.*« *Rommel war schon weg, die anderen sind dann hinten nachgerast.*

Willi Utz, Funker,
Deutsches Afrika-Korps

»Totale Luftüberlegenheit« – britische Bomber auf dem Weg zur Front

»Was nun?«
Fallschirmjägergeneral
Ramcke erstattet
Rommel Bericht

Und so reagierte der englische Oberkommandierende auch völlig ungerührt, als ihn sein aufgeregter Adjutant kurz nach Mitternacht mit der Nachricht vom Angriff aus dem Schlaf riss. »Exzellent, exzellent«, murmelte er, bevor er dem verblüfften Adjutanten den Rücken zukehrte und weiterschlief. Die Schlacht von Alam El Halfa hatte begonnen.

Während Montgomery seine Nachtruhe fortsetzte, arbeiteten sich Rommels Truppen unter massiven Verlusten durch das feindliche Minenfeld durch. Zuerst wurde General von Bismarck, der die 21. Panzerdivision führte, von einer Granate tödlich verwundet. Kurz darauf traf eine englische Fliegerbombe den Befehlswagen des Kommandeurs des Afrika-Korps, Generalleutnant Nehring, und verwundete ihn schwer. Sein Erster Stabsoffizier Oberst Bayerlein übernahm vorübergehend den Befehl über das Afrika-Korps. Doch noch einmal schien sich das Kriegsglück auf die Seite Rommels zu neigen. Während er schon über einen Rückzug nachdachte, meldete ihm Bayerlein kurz nach 8.00 Uhr, dass beide Panzerdivisionen die Minenfelder durchbrochen haten. Rommel ließ die Offensive nach Osten fortsetzen, änderte aber seinen Plan. Ursprünglich hatte er vorgesehen, den Gebirgskamm Alam El Halfa links zu umgehen und den Feind im Rücken anzugreifen. Jetzt aber befahl er, um Sprit zu sparen, schon früher nach Norden zu drehen und über den Kamm hinüber überraschend auf den Feind zu stoßen. Was Rommel nicht ahnte – genau diese Taktik hatte Montgomery vorausgesehen und den Kamm in eine tödliche Falle verwandelt. Dort hatte sich die 44. britische Division zur Verteidigung eingerichtet; westlich und südlich wurde sie von Panzerbrigaden flankiert. Genau hier war der Ort, an dem Montgomery den Nimbus von der Unbesiegbarkeit des »Wüstenfuchses« ein für alle Mal zerstören wollte.

Zunächst kamen die deutschen Panzertruppen im Schutz eines Sandsturms zügig voran. Gegen 16.30 Uhr drehten sie nach Norden in

In der zweiten Nacht des Angriffs kamen die englischen Bomber. Wir hatten versucht uns einzugraben, aber alles war steinig, wir konnten keine Splitterlöcher buddeln, sondern wir mussten aus Stein eine Mulde bauen, weil wir einfach nicht in die Erde hineinkamen. Mit einem Mal wurde es dunkel. Dann kamen sie. Es wurde hell um uns und wir lagen mitten in einem abgesteckten Viereck, in das sie Welle auf Welle Bomben schmissen. Unser Kommandant sagte:»Raus«, und der Panzer wackelte und schaukelte wie im Sturm in der Federung. Wir sind alle vier rausgesprungen und haben uns in der Mulde bis zum nächsten Morgen versteckt. Dann war es plötzlich vorbei. Nur die Fahrzeuge brannten. Die, die Munition geladen hatten, brachen mit einem Knall auseinander. Einige hatten Benzin geladen, aus denen kam ein hoher Feuerschein. Und wieder andere brannten still vor sich hin. Kein Flugzeug war mehr zu hören.

Otto Henning, Schütze
im Panzerspähwagen,
über die Schlacht von
Alam El Halfa

193

Richtung Alam El Halfa. Treibsand verzögerte ihren Vormarsch und zu allem Unglück klarte das Wetter auf, als die Panzer kurz vor der Gipfellinie standen. Nun eröffneten die britische Artillerie und die Panzer auf dem Kamm das Feuer, dann, nach Einbruch der Dunkelheit, flogen die Bomber ihre Angriffe. Die ganze Nacht ging das Gemetzel weiter. Als Rommel am darauf folgenden Morgen das Kampffeld erreichte, sah er die Wüste übersät mit den teils ausgebrannten, teils noch brennenden Wracks seiner Panzer. Selbst jene, die noch einsatzfähig waren, hatten nur noch Treibstoff für 50 Kilometer. Man sitze fest, teilte der neue Kommandeur des Afrika-Korps, General von Vaerst, Rommel unumwunden mit. Der musste sich geschlagen geben:»Wegen großen Spritmangels wird von der Fortsetzung des Angriffs abgesehen«, notierte sein Begleiter, Obergefreiter Böttcher, ins Tagebuch.

Während die Deutschen vor Alam El Halfa festsaßen, setzten britische Bomberstaffeln ihre Angriffe fort. Mehr als einmal musste Rommel in Deckung gehen, weil Bomben dicht an seinem Befehlsstand explodierten. In der Nacht verstärkten sich die Luftangriffe noch. Am nächsten Morgen, dem 2. September, gab Rommel entmutigt auf und notierte um 8.25 Uhr enttäuscht in sein Tagebuch:»Entschluss zum Abbruch der Schlacht gefasst.« Die Niederlage von Alam El Halfa war besiegelt, der Traum von der Einnahme Kairos und Alexandrias geplatzt. Im nahen und doch so unerreichbaren Alexandria triumphierte sein Gegner Montgomery vor ausländischen Gästen:»Ägypten ist gerettet. Jetzt kann man sich ausrechnen, wann ich Rommel endgültig vernichten werde.«

Liebste Lu, sehr, sehr schwere Tage liegen hinter mir. Der Angriff der Armee musste aus Gründen der Versorgung und der Überlegenheit der feindlichen Luftwaffe eingestellt werden, obwohl sonst der Erfolg auf unserer Seite war. Nun ist daran nichts zu ändern.

Erwin Rommel
an seine Frau,
4. September 1942

Bis heute wird heftig darüber spekuliert, ob Rommel bei Alam El Halfa seine letzte große Chance zum Sieg verpasst hat. Insbesondere Feldmarschall Kesselring, der als Oberkommandierender Süd Rommels unmittelbarer Vorgesetzter war und sich während der Schlacht vor Ort aufhielt, hat Rommel mangelndes Durchhaltevermögen unterstellt. Kesselring konnte nicht verstehen, warum der Treibstoff, den die Panzer des Deutschen Afrika-Korps in den folgenden Tagen verbrauchten, um sich in ihre Ausgangsposition zurückzukämpfen, nicht zur Fortführung des Angriffs verwendet worden war, zumal gute Aussicht bestanden hätte, beim weiteren Vorstoß britische Treibstofflager zu erbeuten. Rommel hat sich gegen diese

Vorwürfe heftig gewehrt: Er wies auf die furchtbaren Bombenteppiche hin, die einen beweglichen Einsatz der Panzertruppen fast unmöglich gemachten hätten, und erinnerte an den eklatanten Mangel an Nachschub. Kurz zuvor war ein weiterer italienischer Tanker mit 8000 Tonnen Treibstoff vor Tobruk versenkt worden – allerdings hatte Rommel den Angriff schon abgebrochen, als er am 2. September davon erfuhr. Gleichwohl blieb Kesselring innerlich überzeugt, dass dies nur Ausreden seien, mit denen der erschöpfte Rommel seine mangelnde Kampfbereitschaft verberge. »Ich hatte seinerzeit die Überzeugung«, schrieb er später, »dass dieser Kampf für den ›alten‹ Rommel kein Problem gewesen wäre, der eine bereits vollzogene Umfassung des Gegners nie abgestoppt hätte.« Aber: »Dieser eisenharte Wille zum Durchhalten fehlte.«

Es wird nie eindeutig geklärt werden können, ob Rommel mit dem Abbruch der Offensive eine Chance verpasst oder ein vorzeitiges Fiasko vermieden hat. Zweifellos aber hatte er

»Vergeblicher Einsatz« – Sturmangriff deutscher Infanteristen

Derjenige, der selbst mit modernen Mitteln gegen einen in der Luft völlig überlegenen Gegner ankämpfen muss, kämpft wie ein Buschneger gegen moderne europäische Truppen mit denselben Chancen und unter den gleichen Bedingungen.

Erwin Rommel,
Aufzeichnungen über
die Schlacht von
Alam El Halfa

195

»Dringende Erholung« – am 22. September 1942 fliegt Rommel nach Deutschland

»Vorentscheidung« –
deutsche Gefangene
bei Alam El Halfa

mit Montgomery einen Gegner gefunden, der ihm gewachsen war. Er
selbst sah dies damals freilich nicht so. »Wenn ich Montgomery wäre,
wären wir nicht mehr hier«, äußerte er unmittelbar nach der Schlacht
gegenüber Angehörigen seines Stabes. In seinen Augen war er von der
materiellen Übermacht des Gegners und nicht durch die Tatkraft und
Geschicklichkeit des britischen Feldmarschalls geschlagen worden. Vor
allem konnte Rommel nicht verstehen, dass Montgomery den Sieg
nicht zu einer Gegenoffensive nutzte, sondern es zuließ, dass sich die
zurückgeschlagenen Truppen Rommels wieder in ihre alten, teils sogar
verbesserten Ausgangsstellungen eingruben. Noch unterschätzte er
seinen neuen Gegner. Dieser hatte ihn in eine wohl vorbereitete Falle
laufen lassen und sich dabei keinen ernsthaften Fehler erlaubt. Statt
den Gegner anzugreifen und Rommel damit die Chance zu geben,
seine einzigartige Stärke, die taktische Flexibilität im Bewegungskrieg,
voll einzusetzen, hatte Montgomery auf sture Verteidigung gesetzt und
seine materielle Überlegenheit auf günstigem Terrain kaltblütig ausge-
spielt. Seine Stärken lagen eben auf einem ganz anderen Gebiet als die
Rommels. War dieser ein Meister der Improvisation und des Bewe-
gungskriegs, so war Montgomery ein genialer Organisator, der seine

Operationen sorgfältig und von langer Hand plante, große Risiken aber scheute. Wenn er konnte, vermied er die Schlacht, deren Ausgang ihm unsicher schien. Wenn er gewonnen hatte, baute er seine Stellungen aus und ging nie wieder zurück. Die erste Runde war eindeutig an ihn gegangen.

Auf britischer Seite waren die psychologischen Folgen dieses taktischen Sieges ungeheuer. Auch die Offiziere und Soldaten, die dem neuen Kommandeur bislang skeptisch gegenübergestanden hatten, schwenkten nun in sein Lager über. Die Zweifler verstummten. Ein neuer Elan und eine neue Siegeszuversicht beflügelten die 8. Armee und verbanden sich mit dem Namen Montgomery. »In Alam El Halfa haben wir das erste Mal erlebt, dass ein deutscher Panzer abdrehte«, beschreibt Montgomerys Nachrichtenoffizier Edgar Williams diesen Stimmungswechsel. »Dieser kleine Mann hatte uns vorausgesagt, dass dies passieren würde, und das hat auch genau nach Plan geklappt. Als Resultat dieser Schlacht wurde unser Glaube in Montgomery als General gestärkt. Für die nächste große Schlacht von El Alamein, die ja ein Frontalangriff sein musste, waren die nötige Moral und der Glaube an diesen einzigartigen Kommandeur gefestigt.« Mit dieser Zustimmung im Rücken

Als Rommels Attacke bei El Alamein fehlschlug, begann unser Selbstvertrauen zurückzukehren. Sie waren müde und hatten lange Nachschubwege. Überhaupt ihre langen Nachschubwege waren unser großer Vorteil, umso mehr, als wir ja die Luft beherrschten. Das gab uns größeres Vertrauen.

Douglas Waller,
8. Britische Armee

»Nach der Schlacht« – die Verluste auf beiden Seiten sind hoch

»Hitlers Lieblings-
general« – Rommel
erhält in Berlin die
Urkunde zur Ernennung
zum Feldmarschall

konnte Montgomery sich und den Truppen erst einmal eine Ruhepause gönnen. Die Zeit, das wusste er, arbeitete für ihn. Mit aller
Sorgfalt konnte er die Kampfkraft seiner Armee durch Drill und
Training weiter steigern, während seine materielle Überlegenheit
durch Lieferungen aus dem Empire und vor allem aus den USA stetig
anwuchs. Den Zeitpunkt der nächsten Schlacht würde er, Montgomery, bestimmen und diesmal wollte er den Gegner nicht nur
zurückschlagen, sondern besiegen.

Die Ruhepause kam auch den Truppen der Achsenmächte entgegen.
Nicht nur die Soldaten waren kampfmüde, auch ihr Oberkomman-
dierender brauchte dringend Erholung. Am 22. September übergab
Rommel das Kommando an seinen Urlaubsvertreter, Panzergeneral
Georg Stumme, dann flog er nach Berlin.

Paradoxerweise erreichte die Rommel-Propaganda jetzt erst ihren
Höhepunkt. Für die deutsche Öffentlichkeit war Rommel auf dem
Gipfel seines Erfolgs, tatsächlich lag dieser bereits hinter ihm. Als der
erschöpfte Feldmarschall nach den vergeblichen Durchbruchsver-
suchen an der El-Alamein-Front zum Urlaub in die Heimat kam,
berief Goebbels eigens für ihn eine internationale Pressekonferenz ein.
Er sollte Siegerlaune verbreiten, die den Deutschen angesichts der
stagnierenden Lage an der Ostfront etwas vergangen war, und zugleich

ausländischen Gerüchten entgegentreten, die ihn als schwer erkrankt meldeten. Die Inszenierung, die am 3. Oktober vormittags im Propagandaministerium stattfand, war ein voller Erfolg. Während die Kameras surrten und alle Augen gebannt auf Rommel gerichtet waren, verkündete dieser siegesgewiss, die Hand symbolisch auf der Türklinke: »Heute stehen wir 100 Kilometer vor Alexandria und Kairo und haben das Tor Ägyptens in der Hand –, und zwar mit der Absicht, auch hier zu handeln. Wir sind dort nicht hingegangen, um uns über kurz oder lang wieder zurückwerfen zu lassen: Man kann sich auch hier darauf verlassen: Was wir haben, halten wir fest.« Ein »Händedruck der Siegesgewissheit« lautete die Schlagzeile auf der Titelseite der *Hamburger Illustrierten* vom 10. Oktober 1942. Der »Führer« reichte seinem hoch dekorierten Feldmarschall die Hand. Die Wochenschau zeigte den deutschen Kinobesuchern im dritten Kriegsjahr einen strahlenden Helden: Rommel in sauberer und adretter Uniform. Rommel, der Triumphator über die Briten, Rommel als genialer Feldherr, der mit großer Geste die siegreichen Divisionen befehligte. Auf historische Wahrheit legten die Bilder keinen Wert. Vor Goebbels' Kamera dirigierte Rommel Einheiten, die gar nicht existierten. Der Ehrentitel »Geisterdivision«, den seine 7. Panzerdivision im Frankreichfeldzug vom Gegner verliehen bekommen hatte, erlangte hier eine neue Bedeutung. Mit der Realität in Afrika hatte dies alles nichts mehr zu tun. Aber die Heimat brauchte Helden, die kriegsmüden Deutschen benötigten im dritten Kriegsjahr Siegertypen. Und Rommel war für diese Rolle nicht nur prädestiniert, sondern er spielte sie auch nach wie vor nur allzu gerne. Anschließend reiste er ins Sanatorium in Simmering bei Wien. Hier wollte er mit seiner Familie Ruhe und Erholung finden. Viel Zeit sollte ihm Montgomery nicht lassen.

Es war der Abend des 23. Oktober 1942: Die meisten Soldaten des Afrika-Korps schliefen schon in ihren Unterständen und Erdlöchern, als um Punkt 21.40 Uhr ein unheimliches Grollen die Ruhe beendete. Auf den 60 Kilometern zwischen Küste und Kattara-Senke eröffneten über 1500 schwere britische Geschütze das Trommelfeuer. Aus der Luft warfen Welle um Welle die Bomber der Royal Air Force ihre todbringende Fracht auf die deutschen Stellungen. Es war eines der massivsten Flächenbombardements

Als ich am 22. Oktober nach einer Verwundung bei Alam El Halfa aus Kairo zu meiner Batterie zurückkehrte, beeindruckte mich, wie sehr die Stimmung sich seit Alam El Halfa gehoben hatte. Die Truppe, wie die ganze Armee, hielt es für selbstverständlich, dass wir siegen würden. Die 8. Armee glaubte wieder an sich selbst.

Ronald Lewin,
8. Britische Armee

»Endlich in der Offensive« – britischer Angriff bei El Alamein

Die Schlacht, die demnächst beginnt, wird einmal als Entscheidungsschlacht in die Geschichte eingehen. Sie wird der Wendepunkt des Krieges sein. Die Augen der ganzen Welt werden auf uns gerichtet sein und gespannt beobachten, wem der Sieg sich zuwenden wird. Wir können ihnen jetzt schon die Antwort geben. »Uns wird er sich zuwenden!«

Persönliche Botschaft
Montgomerys an die
8. Armee,
22. Oktober 1942

seit dem Ersten Weltkrieg. Nach einer Viertelstunde herrschte wieder trügerische Ruhe. Doch ehe der Schleier aus Wüstenstaub und dem Rauch der Detonationen sich wieder gelegt hatte, rückten die britischen Truppen vor. Die Entscheidungsschlacht um El Alamein hatte begonnen. Fast 200 000 Mann, über 1000 Panzer und 750 Flugzeuge standen auf britischer Seite bereit, doppelt so viele, wie den Deutschen und Italienern zur Verfügung standen. Die britischen Truppen waren frisch und hoch motiviert, der Nachschub funktionierte reibungslos, die Technik war auf dem Höchststand. Ihr Gegner hingegen war zermürbt. In den deutschen Stellungen vor El Alamein gab es bereits vereinzelt Fälle von Skorbut. Über 70 Prozent der Soldaten hatten Ruhr. Darüber hinaus fehlte es nach wie vor an Munition, Benzin und Ersatzteilen. Und zu allem Überfluss fehlte ihnen der Mann, der sie bis hierhin geführt hatte – Erwin Rommel. Er war noch immer auf Genesungsurlaub im Sanatorium bei Wien.

Sofort machte er sich auf den Weg. Am 25. Oktober, zwei Tage nach Beginn der Offensive, traf er gegen Abend im Stabsquartier der Panzerarmee ein. Per Funk meldete er sich bei der Truppe zurück: »Ich

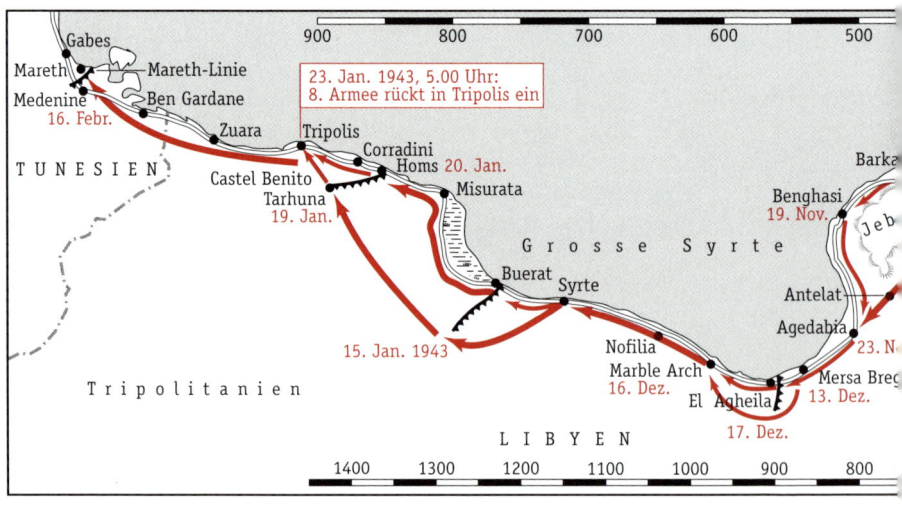

habe wieder den Befehl über die Armee übernommen. Rommel.« Sein Name brachte noch einmal Zuversicht in die wankenden Reihen seiner Soldaten, doch die erdrückende Übermacht des Gegners konnte er nicht wettmachen. Immer wieder gingen seine Truppen zu Gegenangriffen vor, wurden zurückgeschlagen, während der Feind neue Kräfte in den Kampf werfen konnte. Immer dünner wurden die deutsch-italienischen Linien, es schien nur mehr eine Frage der Zeit, bis der Feind sie durchbrechen würde. Rückzug oder Durchhalten, was sollte er tun? Rommel stand vor dem schwersten Entschluss des ganzen Wüstenfeldzugs. War er einfach zu spät gekommen? »Mein Vater war der Auffassung«, erinnert sich Manfred Rommel, »dass selbst wenn er am ersten Tag der Schlacht da gewesen wäre, angesichts des Kräfteverhältnisses die Alamein-Schlacht für die deutsche Seite nicht zu gewinnen war.«

Am Morgen des 3. November stürzte ein erregter Keitel in den Führerbunker und bestand darauf, Hitler sofort zu sprechen. Als er schließlich vorgelassen wurde, übergab er dem Kriegsherrn sofort das Fernschreiben von Rommels mitternächtlichem Bericht. Der Offizier vom Dienst, so Keitel, habe den Bericht wie üblich abgelegt und die entscheidenden Schlusssätze übersehen. Sie lauteten: »Die Armee bereitet sich darauf vor, ab 3. November vor überlegenem Feinddruck schrittweise kämpfend zurückzugehen. Hierzu werden die Infanteriedivisionen bereits in der Nacht vom 2. auf 3. November zurückgenom-

Der Vormarsch der 8. britischen Armee nach der Schlacht von El Alamein

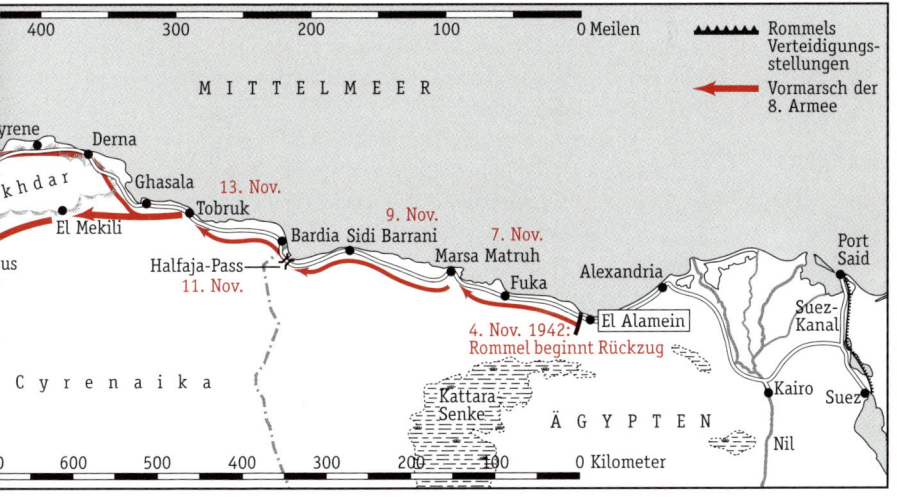

205

men.« Hitler stutzte. War es das, wonach es klang? Kurz darauf hielt er die routinemäßige Morgenmeldung Rommels in den Händen, die neuen Aufschluss geben sollte. Das Absetzen der Infanterie, berichtete Rommel darin, gehe »planmäßig« vonstatten.

Ich bitte, Feldmarschall Rommel mitzuteilen, dass der »Duce« es für erforderlich hält, um jeden Preis die derzeitige Front zu halten. Zur Überführung des Nachschubs werden alle nur möglichen Maßnahmen sowohl für Luft- und Seeweg getroffen.

Der Chef des italienischen Oberkommandos Cavallero an Rommels Stab, 3. November 1942

Jetzt konnte es keinen Zweifel mehr geben: Das Afrika-Korps war auf dem Rückzug. Hitler bekam einen seiner gefürchteten Tobsuchtsanfälle. Seine Wut richtete sich nicht auf Rommel, sondern auf den stellvertretenden Chef des Wehrmachtsführungsstabs, General Walter Warlimont:»In dieser kritischen Stunde«, rief er theatralisch,»hat sich Rommel an mich und die Heimat gewandt. Man musste ihm den Rücken stärken. Wenn ich geweckt worden wäre, ich hätte ihm die Verantwortung abgenommen und ihm den Befehl zum Aushalten gegeben. Aber in diesem Wehrmachtsführungsstab ist man zu faul, um der Front zu helfen. Da schläft dieser Herr Warlimont, während sich Rommel an mich wendet.« Auf der Stelle diktierte Hitler einen Funkspruch an Rommel:»Mit mir verfolgt das deutsche Volk in gläubigem Vertrauen auf Ihre Führerpersönlichkeit und die Tapferkeit der Ihnen unterstellten deutschen und italienischen Truppen den heldenhaften Abwehrkampf in Ägypten. In der Lage, in der Sie sich befinden, kann es keinen anderen Gedanken geben als auszuharren, keinen Schritt zu weichen und jede Waffe und jeden Kämpfer, die noch freigemacht werden können, in die Schlacht zu werfen. [...] Ihrer Truppe können Sie keinen anderen Weg zeigen als den zum Siege oder zum Tode. Gez. Adolf Hitler.«

Es war einer der typischen Durchhaltebefehle Hitlers, wie es sie in den folgenden Jahren noch vielfach geben sollte. Starrsinnig und ohne Rücksicht auf das militärisch Notwendige und Unvermeidliche stellte Hitler die kämpfende Truppe vor unlösbare Aufgaben. Rommel war entsetzt. Er wusste,

Der »Führer« ist wahnsinnig!

Erwin Rommel,
3. November 1942

dass dieser Befehl den sinnlosen Tod zehntausender Menschen bedeuten konnte. Dennoch, widerstrebend zwar, aber gehorsam, ließ er den begonnenen Rückzug stoppen. Der Gedanke aber an seine Soldaten ließ ihm keine Ruhe. Gegen Abend schickte er seinen Ordonanzoffizier Oberleutnant Berndt ins Führerhauptquartier. Berndt, der im zivilen Leben Ministerialdirektor im Propagandaministerium war und

über beste Kontakte in die Führungsspitze verfügte, würde die Lage im persönlichen Gespräch überzeugender darstellen können als er mit seinen Funksprüchen. In jener Nacht fand Rommel keinen Schlaf. Stundenlang ging er vor dem Gefechtsstand auf und ab, allein und einsam wie nie. Als ein Offizier seines Stabes ihm schließlich Gesellschaft leistete, brach seine Gewissensnot aus ihm heraus: »Wenn wir hier durchhalten wollen, besteht die Armee keine drei Tage mehr. Aber darf ich als Oberbefehlshaber – oder nur als Soldat – überhaupt einen Befehl nicht befolgen?« Er blieb sich die Antwort schuldig.

Wertvolle Stunden verrannen. Es waren Stunden, in denen hunderte seiner Soldaten elend starben. Schließlich hielt Rommel es nicht mehr aus. Er entschloss sich zum Handeln – gegen den Führerbefehl. Am 4. November um 15.30 Uhr befahl er den Rückzug der Panzerarmee und meldete dies dem OKW. Er hatte das Leben seiner Soldaten über den Gehorsam gestellt und rettete so das Gros des Afrika-Korps. Wie würde Hitler wohl reagieren? Erst am folgenden Tag traf sein Funkspruch ein, in dem er Rommels Entscheidung notgedrungen billigte. Eine Bestrafung für den unbotmäßigen Feldherrn blieb aus; Rommel hatte gesiegt. Hitlers Verhältnis zu seinem Paradegeneral aber sollte nie mehr so sein wie zuvor.

Nach El Alamein ist die Stimmung umgeschla-
gen. Wir haben uns gedacht: Himmel noch
mal, in Russland werden zig Divisionen geop-
fert, wenn Hitler uns nur eine Panzerdivision
hergeschickt hätte, wären wir bestimmt bis
nach Kairo gekommen. Es hat natürlich auch
an anderen Mängeln gelegen, dass wir nicht
bis nach Kairo konnten.

Wilfried Armbruster,
Dolmetscher Rommels

Während sich Rommel zum Ungehorsam durchrang, war für Montgomery die Stunde des Triumphes gekommen. Der Durchbruch an der El-Alamein-Front machte ihn schlagartig berühmt. Die Wende in Nordafrika – er hatte sie geschafft. Aus dem Schreibtischgeneral, den bis zum Sommer 1942 nur ein paar Insider kannten, war mittlerweile ein populärer Volksheld geworden. Die Lobeshymnen waren zahlreich, doch mitten im Siegestaumel wurde in London auch wieder Kritik am neuen Helden laut. Am 4. November hatte Monty den gerade gefangen genommenen Kommandeur des Afrika-Korps, General von Thoma, in seinem Zelt empfangen. »Wir besprachen die Schlacht vom September, als Rommel mich angriff, und wir diskutierten die aktuelle Schlacht. Ein netter Typ, dieser von Thoma«, notierte er in sein Tagebuch. »Tea Time« in der Wüste, der Krieg als fairer Wettstreit zwischen Gentlemen, das war nicht im Sinne der alliierten Kriegs-

»Ein netter Typ« –
Montgomery empfängt
General von Thoma

»Richtungweisender
Sieg« – deutsche
Gefangene nach
der Schlacht

propaganda. »Verbrüderung mit dem Feind«, lautete der harsche
Vorwurf aus London. Montgomery kümmerte es nicht.
In jenen Tagen folgten seine Truppen den zurückweichenden Kolonnen des Gegners. Zermürbend war dieser Rückzug für das Deutsche
Afrika-Korps und er forderte von Rommel
noch mehr Willensstärke als jeder Angriff.
Hunderte von Kilometern lenkte er seine Soldaten durch den ausgedörrten Küstenstrich
nach Westen, durch glühende Hitze am Tag,
durch heftige Regenfälle und eisige Kälte in
der Nacht. Er zog vorbei an den Stätten seiner
Siege. Am 12. November räumte er Tobruk,
eine Woche später Benghasi. Der zuweilen fast
100 Kilometer lange Zug aus Panzern, Geschützen und Mannschaftswagen war die
ganze Wegstrecke gnadenlosen Luftangriffen

*Rommel verlor bei El Alamein, nicht weil das
Afrika-Korps nicht tapfer genug gekämpft
hätte – im Gegenteil, sie kämpften mit Verbissenheit bis zum Ende, wie unsere Verluste
zeigen, aber wir waren ihm materiell einfach
haushoch überlegen. Man kann eben eine
Dampfwalze nicht mit einem Volkswagen
aufhalten.*

Douglas Waller,
8. Britische Armee

ausgesetzt. Immer wieder stoppte die Kolonne wegen Spritmangel,
immer wieder wurden die halb verhungerten und halb verdursteten
Soldaten in Nachhutgefechte verwickelt. Doch Rommel hielt durch –
und es gelang ihm, seine Armee vor der Vernichtung zu bewahren. Es
sollte sein letzter großer Erfolg in Afrika sein; ein Erfolg, der auch darauf beruhte, dass sich Montgomery und seine Truppe bei der Ver-

209

folgung vorsichtig verhielten. Zu vorsichtig? Dieser Vorwurf wurde häufig gegen ihn erhoben, Rommel aber nahm seinen Gegner in Schutz:»Man sagt zwar dem Feldmarschall nach, er sei übervorsichtig gewesen und habe nichts riskiert. Aber Montgomery hatte es in der El-Alamein-Schlacht und bei der anschließenden Verfolgung nicht nötig, etwas aufs Spiel zu setzen und sich der Gefahr eines, wenn auch nur vorübergehenden, Rückschlags auszusetzen.«

Rommel ging es zu jenem Zeitpunkt nur noch um einen geordneten Rückzug. Ein zweiter Schlag nach der verlorenen Schlacht von El Alamein hatte ihm jegliche Hoffnung genommen, die Lage in Afrika noch einmal zu seinen Gunsten wenden zu können. Am 8. November des

Jahres 1942 begann die Operation »Torch«, die Churchill im Juni bei Roosevelt durchgesetzt hatte. Unter dem Oberbefehl General Eisenhowers gingen 100 000 amerikanische und britische Soldaten an der marokkanischen und algerischen Küste an Land und eröffneten eine zweite Front. Der Krieg in Afrika, daran hatte Rommel nun keinen Zweifel mehr, war für die Achsenmächte verloren. Nun saß er, zwischen Montgomery und Eisenhower, in der Falle. Am 26. November entschloss sich der Feldmarschall zu einer verzweifelten Rettungsaktion. Er wollte persönlich bei Hitler vorsprechen, wollte ihm deutlich machen, dass es angesichts der miserablen Nachschubverhältnisse, der alliierten Luftüberlegenheit und der tödlichen Klammer durch die Armeen Montgomerys und Eisenhowers nur eine Chance gab: Rückzug aus Afrika, wertvolles Material sichern, kampffähige Einheiten für die Schlacht um Europa retten. Unangemeldet erschien Rommel bei Hitler in Rastenburg: »Die Lage in Afrika erfordert es, dass ich Ihnen Vortrag halte und Ihnen meine Gedanken über die weitere Entwicklung der Lage darlege.«

Rommel nahm kein Blatt vor den Mund. Und er erlebte einen Diktator, der seine Beherrschung verlor: Hitler putzte seinen Lieblingsgeneral vor allen Anwesenden herunter und brüllte ihn an:»Es gibt kein Zurück. Es muss gehalten werden. Afrika aufgeben? Das ist unmöglich.« Dann wies er dem völlig konsternierten Feldmarschall die Tür. Was dann folgte, mutet zwar grotesk an, doch Rommel war nicht der erste und schon gar nicht der letzte verantwortliche Offizier, den Hitler so herablassend behandelte. Manfred Rommel gibt wieder, was ihm sein Vater später schilderte:»Hitler eilte meinem Vater nach und rief ihn zurück. Dann fragte er meinen Vater: ›Wie viele Gewehre haben Sie?‹, und mein Vater antwortete: ›Wir haben sie nicht gezählt.‹« Dies habe Hitler so geärgert, dass er Rommel mit den schlimmsten Vorwürfen überhäuft habe. Schließlich sei seinem Vater der Kragen geplatzt:»Mein Führer, am besten, Sie gehen selbst nach Afrika und zeigen, wie man sich mit

Diese Rückzüge muss man einmal gesehen haben. Immer wieder waren sie mit plötzlich scharfen Gegenangriffen durchsetzt und fliegende Tankkolonnen störten unseren Vormarsch. Die Behauptung, dass die Deutschen, wenn sie sich einmal zurückzögen, bereits geschlagen seien, ist ein gefährlicher Unsinn.

Kriegsberichterstatter
Alan Moorehead,
Daily Express, über
Rommels Rückzug,
Januar 1943

Das Erstaunliche an Rommels Führung beim Rückzug war, dass so viele deutsche Soldaten gesund zurückgekommen sind. Das kann man fast als eine Heldentat bezeichnen. Er hat seine Kameraden zurückgebracht, koste es, was es wolle.

Willi Utz, Funker,
Deutsches Afrika-Korps

Eine Aufklärungsabteilung ist eigentlich nie Nachhut, sondern immer Vorhut, aber hier rückte der Feind nur noch nach. Uns allen war klar: Wir können keinen Geländegewinn mehr erzielen, nur vielleicht taktisch mal eine Höhe nehmen, aber wir werden weiter zurückgehen, wir werden zurückgedrängt. Und das ist eine ziemlich deprimierende Erkenntnis. Man geht zurück und am nächsten Tag wieder zurück und man weiß, irgendwann ist kein Platz mehr, dann muss man ins Meer springen oder sich ergeben.

Hans Peter Quaatz,
Aufklärungsabteilung,
Deutsches Afrika-Korps

Gewehren gegen die britischen Panzer zur Wehr setzt.« Man mag Erwin Rommel die Bewunderung, die er für Hitler entwickelt hatte, vorwerfen. Dass er in solch einer Situation mit seiner Meinung nicht hinter dem Berg hielt, sei eigens erwähnt, denn sein Verhalten war keineswegs selbstverständlich. Generäle der Wehrmacht widersprachen ihrem »Führer« nicht.

Ab diesem Zeitpunkt, so sehen es manche Biographen, habe sich Rommels Haltung gegenüber Hitler allmählich gewandelt. Die Unbeherrschtheit und die Uneinsichtigkeit – sie passten nicht zu einem verantwortungsvollen Staatsmann, den Rommel an der Spitze Deutschlands sehen wollte. »Sie sehen nicht die Gefahr, und sie wollen sie auch nicht sehen«, berichtete er resigniert seiner Frau.

Aber Rommel war Soldat. Prinzipien wie Befehl und Gehorsam gehörten zu seinem Wesen. Also gehorchte er. Schritt für Schritt mussten sich seine Truppen vor dem überlegenen Gegner nach Tunesien zurückziehen, gleichzeitig tat er alles, um die schrumpfende letzte Bastion der Achsenmächte in Afrika so lange wie möglich zu halten. Hitler sprach Rommel Mitte Januar noch einmal sein »ganz besonderes Vertrauen« aus. Mit der Ernennung zum Oberbefehlshaber der »Heeresgruppe Afrika« wertete er ihn Ende Februar 1943 erneut auf, bevor er ihn aus Tunesien abberief. Am 8. März bestieg Erwin Rommel in Sfax das Flugzeug, um über Rom ins ukrainische »Führerhauptquartier« Winniza zu fliegen. Er sollte nie mehr nach Afrika zurückkehren.

Es gibt keinen Zweifel, dass Rommel große Erwartungen an Hitler stellte und sich dann in diesen Erwartungen schmählich getäuscht sah. Genauso steht es für mich außer Zweifel, dass Hitler große Erwartungen in Rommel setzte und sich ebenfalls in diesen Erwartungen nachher getäuscht sah.

Meinhard Glanz,
General a. D.

Über die Gründe für die Niederlage ist viel spekuliert worden: War Rommel durch seine Krankheit so geschwächt, dass er nicht in der Lage war, den Kampf weiterzuführen? War die Abberufung die Strafe für den Misserfolg oder eine späte Reaktion auf Rommels Widerspruch? Wollte Hitler seinem »Lieblingsgeneral« die Schmach der Kapitulation ersparen? Oder fürchtete der »Führer«,

nach Paulus, der wenige Wochen zuvor in Stalingrad kapituliert hatte und in sowjetische Gefangenschaft geraten war, einen weiteren Feldmarschall an den Gegner zu verlieren? Auch wenn Rommel die Lage in Nordafrika nicht so rosig sah wie es Hitler verlangt hatte, auch wenn der »Wüstenfuchs« die drohende Niederlage nicht abzuwenden vermochte – der Diktator hatte Rommel seine Gunst noch nicht entzogen. Die Verleihung der Brillanten zum Ritterkreuz mit Eichenlaub und Schwertern wurde mit zwei Monaten Verzögerung bekannt gegeben, der Name des Siegers von Tobruk aus dem bitteren Ende der Kämpfe herausgehalten. Sein legendärer Ruf sollte nicht mit Niederlagen befleckt werden, die Aura des Siegers sollte erhalten bleiben. Denn der Mythos des großen Idols schien an der Heimatfront immer noch von zu hohem Propagandawert.

So war es denn auch nicht Rommel, sondern ein anderer, der die traurige Nachricht vom Ende des deutschen Afrika-Korps aus dem letzten Brückenkopf der Achsenmächte in Tunesien funkte. Am 12. Mai 1943 sandte General Hans Cramer, der letzte Kommandeur des Afrika-Korps, folgende markigen Wörter durch den Äther: »Muni-

> *Wir müssen Tunesien unter allen Umständen halten. Es ist Europas letzte Bastion. Wenn sie fällt, wird sich das Gleichgewicht der Kräfte in der Welt merklich zu unseren Ungunsten verändern.*
>
> Benito Mussolini zu
> Rommel, 9. März 1943

»Heia Safari!« General
Hans Cramer führt das
Deutsche Afrika-Korps
in die Gefangenschaft

tion verschossen, Waffen und Kriegsgerät zerstört. Das D.A.K. hat sich befehlsgemäß bis zur Kampfunfähigkeit geschlagen. Das Deutsche Afrika-Korps muss wiedererstehen. Heia Safari.«

Mitte Mai 1943 schwiegen die Waffen in Nordafrika. Drei Jahre Wüstenkrieg endeten mit einem umfassenden Sieg der alliierten Mächte, in deren Hand nun die gesamte südliche Küste des Mittelmeers war. Neben der Kapitulation der 6. Armee in Stalingrad und den schweren Verlusten der U-Boot-Waffe im Atlantikkrieg war dies die dritte große Niederlage der Deutschen und ihrer Verbündeten im Jahr 1943. Es wurde immer deutlicher, dass die Achsenmächte den Krieg nicht mehr gewinnen konnten.

Aber eine absolute Diktatur kennt keine Niederlagen. Noch den Untergang des Afrika-Korps verkaufte Goebbels den Deutschen als Sieg –

und der Hauptdarsteller in diesem Stück hieß einmal mehr Erwin Rommel. »27 Monate Kampf in Afrika«, so lautete der Titel eines Rundfunkvortrags, in dem offiziell Bilanz gezogen wurde. Noch einmal beschwor sein ehemaliger Ordonanzoffizier Berndt, der jetzt wieder auf seinen Posten im Propagandaministerium zurückgekehrt war, den ganzen Mythos des Wüstenkriegs unter Rommel: Vom listigen »Wüstenfuchs« war die Rede, der den Gegner mit »Rommelpanzern«, auf Volkswagenchassis aufgestellten Pappattrappen, narrte, um im nächsten Augenblick unverhofft aus dem Nichts hervorzubrechen und mit wenigen Mann eine ganze Division zu zerschlagen. Der, gestützt auf seine Genialität und den Kampfgeist seiner ihm völlig ergebenen Soldaten, einem übermächtigen Feind 27 Monate lang trotzig die Stirn geboten habe.

Unterdessen traten 130 000 Deutsche und 180 000 Italiener ihren schweren Marsch in die Gefangenschaft an. Als sie das Tor des Sammellagers nahe Tunis passierten, empfingen sie die Klänge eines Wiener Walzers. Ein Musikkorps des Afrika-Korps, das schon Wochen zu-

Donnerstag, 13. Mai 1943. Das Oberkommando der Wehrmacht gibt bekannt: Der Endkampf der deutschen und italienischen Afrikaverbände hat heute sein ehrenvolles Ende gefunden. Die letzten in der Umgebung von Tunis fechtenden Widerstandsgruppen, seit Tagen ohne Wasser und Munition, mussten nach Verschuss ihrer gesamten Munition den Kampf einstellen.

OKW-Bericht vom
13. Mai 1943

»Alliierte Lufthoheit« – den britischen Bombern haben die Deutschen nur wenig entgegenzusetzen

215

»Ohne Wasser und Munition« – deutsche Soldaten kurz vor der Kapitulation

vor mitsamt den Instrumenten in die Hände des Gegners gefallen war, begrüßte die gefangenen Kameraden.

Über 18 000 deutsche Soldaten sind in Afrika gefallen. Ihre Gräber liegen zerstreut zwischen El Alamein und der tunesischen Hafenstadt Biserta. Weitere 3400 gelten als vermisst, sie fanden ein namenloses Grab im Sand der Wüste. Die Italiener zählten fast 14 000 Tote und über 8000 Vermisste, während die Engländer über 35 000 Tote zu beklagen hatten. Rechnet man noch die Verluste der Amerikaner hinzu, die bei den Kämpfen rund 16 500 Männer verloren, sowie die gefallenen Franzosen, so sind es über 100 000 Tote, die der dreijährige Krieg in der Wüste gefordert hat. Eine gewaltige Zahl – und doch vergleichsweise niedrig, denkt man an die vielen Toten, die der mörderische Kampf im Osten Europas zur gleichen Zeit forderte.

Ich möchte nochmals feststellen, dass mein Mann nicht an den Vorbereitungen oder den Ausführungen des 20. Juli beteiligt war, da er es als Soldat ablehnte, diesen Weg zu beschreiten. Er war während seiner Laufbahn immer Soldat und nie Politiker.

Lucie Rommel,
September 1945

Das Klischee von »Heia Safari«, dem Palmen umsäumten Wüstenabenteuer, überlebte die Kapitulation und sogar die Ungnade Rommels. Eineinhalb Jahre später wurde der Feldmarschall wegen angeblicher Mitwisserschaft am Attentat gegen Hitler angeklagt und vor die Wahl gestellt, als Verräter hingerichtet zu werden oder Selbstmord zu begehen. Um seine Familie vor der Sippenhaft zu bewahren, nahm er die ihm angebotene Zyankalikapsel und ließ es zu, dass die Mörder seinen Mythos durch ein Staatsbegräbnis weiter missbrauchten.

Hitler selbst nahm daran nicht teil. »Nehmen Sie zu dem schweren Verluste, den Sie durch den Tod erlitten haben, mein aufrichtiges Beileid entgegen«, telegrafierte er stattdessen heuchlerisch an Rommels Witwe: »Der Name

Rommels Widerstand gegen die Hitler-Tyrannei, der ihn das Leben kostete, betrachte ich als zusätzliches Ruhmesblatt.

Winston Churchill

des Generalfeldmarschalls wird für immer mit den heldenhaften Kämpfen in Afrika verbunden sein.« In diesem Punkt sollte er Recht behalten.

Ironischerweise haben der erzwungene Selbstmord Rommels am 14. Oktober 1944 und seine – heute weit gehend widerlegte – Nähe zum Widerstand des 20. Juli erheblich dazu beigetragen, den »Mythos Rommel« über die Niederlage des »Dritten Reiches« hinaus zu retten. Die Verbrechen der Nazizeit wurden Rommel nicht angelastet, das Andenken des »Wüstenfuchses« blieb fleckenlos. Bereitwillig hielten britische Historiker nach dem Krieg am Bild des ebenso genialen wie ritterlichen Heerführers fest, das schon die englische Kriegspropaganda gezeichnet hatte, und bereicherten es um die Legende vom

»Gut behandelt« – ein Brite versorgt den verwundeten Feind

»Das Gesicht des
Krieges« – die Kämpfe
in der Wüste forderten
über 100 000 Tote

Widerstandskämpfer. Nicht immer geschah dies ohne bewusste Hintergedanken. Unübersehbar hatten die Briten im Laufe des Krieges gegenüber Amerikanern und Sowjets an politischem und militärischem Gewicht verloren. Um den eigenen Anteil am Sieg über Deutschland herauszustreichen, stellten sie daher gerne den Krieg in Nordafrika in den Vordergrund. Die britische Öffentlichkeit feierte die dort eingesetzten Heerführer, allen voran Montgomery, den der König zum »Viscount of Alamein« erhob. Und es passte gut hierzu, wenn der Kampf gegen einen ritterlichen und genialen Feind errungen wurde. Denn wenn Rommel und seine Truppen groß und tapfer waren – wie groß und tapfer mussten dann erst diejenigen sein, die sie besiegt hatten?

Obwohl wir Feinde waren, besteht heute ein starkes Band der Freundschaft zwischen den Veteranen der 8. Britischen Armee und den Männern des ehemaligen Afrika-Korps. Bei den Kämpfen um die Normandie und später hat sich ein solches Band nicht entwickelt. Es besteht nur zwischen den Truppen, die in der Wüste waren.

Douglas Waller,
8. Britische Armee

Es waren somit vor allem die siegreichen Engländer, die den Deutschen nach dem Krieg die Erinnerung an ein Stück unbelasteten deutschen Soldatentums anboten – und diese griffen die Vorlage nur allzu gerne auf. Denn in Afrika unter Rommel hatte es einen Krieg gegeben, dessen man sich nicht schämen musste, einen Krieg ohne den millionenfachen Mord in den Vernichtungs- und Gefangenenlagern hinter der Front. Schon früh konnten sich daher die Afrikakämpfer wieder gemeinsam in der Öffentlichkeit zeigen und gerieten nicht in den Verruf, unverbesserliche Nazis zu sein. Bereits 1950 erschien die erste Neuauflage ihrer alten Feldzeitschrift *Die Oase* als Zeitschrift des »Verbandes Deutsches Afrika-Korps e.V.« und des »Rommel Sozialwerks e.V.«. Seitdem trafen und treffen sich viele ehemalige Angehörige des Afrika-Korps, die »Afrikaner«, wie sie sich nennen, in Deutschland und Österreich. Alljährlicher Höhepunkt ist der 14. Oktober, Rommels Todestag, an dem sie sich zu einer gemeinsamen Gedenkfeier am Grab des Feldmarschalls im oberschwäbischen Herrlingen zusammenfinden. Alte Erinnerungen werden beschworen und Fahrten an die Gräber der gefallenen Kameraden geplant, bevor sie gemeinsam das alte Lied der kaiserlichen Schutztruppe in Deutsch-Ostafrika anstimmen, das die Hymne von den Panzern, die gegen Ägypten rauschen, ersetzt hat.

Wie sie gedenken auch die Veteranen aus allen Teilen des einstigen britischen Empire ihrer gemeinsamen Zeit als »Desert Rats«. Im Unterschied zu Rommel konnte Montgomery die Stätten des Kampfes noch einmal wiedersehen. 1967, nach 25 Jahren, kehrte er in die Wüste nach

El Alamein zurück. Doch der 80-Jährige kam nicht als Triumphator an den Ort seines größten Sieges, vielmehr quälten ihn bohrende Gewissensnöte, als er an den unzähligen Grabsteinen »seiner« Männer vorüberschritt. »Wenn ich ihnen bald ins Auge sehe«, fragte er kurz vor seinem Tod, »was werden sie dann sagen? Wie soll ich erklären, dass ich all die Männer in El Alamein getötet habe?« Nur schwer lässt sich ausmalen, was Rommel, hätte er noch gelebt, ihm hierauf geantwortet hätte. Dass der Beruf des Soldaten und des Feldherrn immer vom Sterben auf dem Schlachtfeld begleitet wird? Oder dass ihm, Montgomery, so schrecklich die Verantwortung eines jeden militärischen Führers im Krieg auch wäre, doch die bittere Tragik seines eigenen, Rommels, Schicksals erspart geblieben sei: mit voller Hingabe und den besten Intentionen einem Regime gedient zu haben, das ungeheuerliche Verbrechen begangen hatte.

»Sieger und Besiegte« – 130 000 Deutsche gehen in Gefangenschaft

»Metropole im Bombenhagel« – die St. Paul's Cathedral ragt aus den Trümmern der Londoner City empor

Die bis dahin größte Luftoffensive der Geschichte begann am »Adlertag«. Unter diesem Codenamen starteten am 13. August des Jahres 1940 deutsche Kampfflugzeuge zum Angriff gegen England. Doch britische Jäger warfen sich der Luftarmada erfolgreich entgegen – die Royal Air Force verfügte über das modernste Luftverteidigungssystem der Welt. Auch der »Blitz«, wie die deutschen Angriffe auf London genannt wurden, zwang England nicht in die Knie. Die Invasion der britischen Inseln blieb ein Wunschtraum Hitlers.

Die Schlacht um England

Der Samstagsausflug war ganz und gar nach dem Geschmack des Reichsmarschalls. Um die Mittagszeit stoppte seine Kolonne in Calais-Marck auf dem Flugplatz der ersten Gruppe des Lehrgeschwaders 2. Dort wartete ein vorzügliches Mittagessen auf Hermann Göring und seine Entourage – der Oberbefehlshaber der deutschen Luftwaffe schätzte solche Aufmerksamkeiten außerordentlich. Auch andere Details registrierte er mit sichtlicher Zufriedenheit: Die jungen Piloten des Geschwaders waren hoch motiviert, gut ausgebildet und sahen dem Einsatz dieses Tages zuversichtlich entgegen. Göring, im offenen schwarzen Ledermantel, auf der Brust die Orden, die er sich als Jagdflieger im Ersten Weltkrieg verdient hatte, plauderte jovial mit den Flugzeugführern und schwärmte von den Zeiten, als er Luftkämpfe im offenen Doppeldecker ausgefochten hatte. Inzwischen war Göring Herr über eine Luftwaffe, die als

Das ist das große Signal nun. Der Führer gibt Befehl. Parole »Loge«. Das heißt massivster Angriff. Nun werden wir sehen, wie lange das die Nerven des englischen Volkes aushalten.

Joseph Goebbels,
Tagebucheintrag,
8. September 1940

Ich nutze die Gelegenheit, um heute einige Worte zur Lage zu sagen, da es sich um einen historischen Augenblick handelt. Nach all den herausfordernden Angriffen der Engländer in den letzten Nächten auf Berlin hat der »Führer« sich entschlossen, einen gewaltigen Vergeltungsschlag gegen die Hauptstadt des britischen Reiches zu befehlen. Ich habe persönlich die Leitung des Angriffs übernommen und habe in diesen Stunden über mir das Brausen der sieggewohnten deutschen Geschwader gehört, die dem Feinde zum ersten Mal nun am hellen Tag mitten ins Herz hineinstießen. Begleitet von zahlreichen Jagd- und Zerstörergeschwadern wurde der Feind – wie zu erwarten war – geworfen, das Ziel erreicht. Und ich bin überzeugt, dass die Erfolge dem Angriffsdrang und Angriffsgeist entsprechend gewesen sein werden.

Reichsmarschall
Hermann Göring
in einer Radioansprache
vom Cap Gris Nez,
7. September 1940

die größte und modernste der Welt galt. An jenem 7. September 1940 sollte die deutsche Luftwaffe zum ganz großen Schlag ausholen – eine Zurschaustellung militärischer Macht, die sich der Reichsmarschall auf keinen Fall entgehen lassen wollte.

Am frühen Nachmittag drängte er zum Aufbruch. Und so machte sich seine Kolonne, bestehend aus drei Mercedes-Limousinen und einer Motorradeskorte, auf den Weg. Das Ziel war Cap Gris Nez, eine Landspitze, die 20 Kilometer westlich von Calais in den Ärmelkanal ragt. Hier schien die britische Insel fast zum Greifen nah: Die weißen Klippen von Dover sind nur 36 Kilometer entfernt und bei klarem Wetter deutlich sichtbar. Als Görings Kolonne gegen 14.00 Uhr am Cap eintraf, hatten flinke Ordonanzen schon weiße Tücher über die im Freien aufgestellten Tische gebreitet – ein Büffet stand bereit, der Champagner war kalt gestellt, die Weinflaschen bereits entkorkt. Göring und seine Begleiter, der Kommandeur der Luftflotte 2, Generalfeldmarschall Albert Kesselring, und der Oberbefehlshaber des II. Fliegerkorps, Gene-

»Parole Loge« – Göring und sein Stab an der Kanalküste

ral Bruno Loerzer, sowie zahlreiche andere Stabsoffiziere schlenderten
gemütlich auf die Klippen zu. Sie waren gespannt, geradezu in eupho-
rischer Stimmung: Operation »Loge«, der erste Großangriff auf London, stand unmittelbar bevor. Endlich vernahm die Besuchergruppe
ein Dröhnen aus Richtung Süden, und wenige Minuten später waren
die ersten deutschen Bomberformationen am Himmel zu sehen.
Staffel um Staffel flog über die Offiziere hinweg. Es war in jenen
Minuten, als Göring ausrief: »Wenn wir diesen Krieg verlieren, dann
gnade uns Gott!«

Um 15.40 Uhr englischer Sommerzeit verzeichnete die Küstenradar-
station im britischen Foreness unzählige flirrende Punkte auf ihren
Bildschirmen. Auch in den Stationen in Dover und Rye wurden kurz
darauf ähnlich ungewöhnliche Bilder beobachtet. Die Radarbeobach-
terinnen der Women's Auxiliary Air Force (WAAF) – weibliche Hilfs-
kräfte der Royal Air Force (RAF) – gaben sofort Meldung an das
Hauptquartier der britischen Luftverteidigung in Bentley Priory. Dort,
in der ehemaligen Mädchenschule am nördlichen Rand Londons,
hatte der Chef der britischen Luftverteidigung, Luftmarschall Sir
Hugh Dowding, sein Hauptquartier eingerichtet. Im Luftlagezentrum
Bentley Priory setzte sofort hektische Betriebsamkeit ein. Am großen
Lagetisch ließ sich der Kurs der anfliegenden Maschinen nachzeichnen

225

– der Feind griff an, und er griff in großer Zahl an. Nun waren die Jäger der Royal Air Force am Zug. Fast 300 deutsche Bomber, geschützt von etwa 600 einmotorigen Jagdflugzeugen, überquerten um 16.15 Uhr die britische Küste. Die Luftraumbeobachter der Royal Air Force meldeten, dass die Formation sich in zwei Bombergruppen teilte. Um 16.30 Uhr waren 23 britische Jägerstaffeln in der Luft. Die »Hurricane«-Jäger griffen die Bomber an, während die wendigen »Spitfires« sich den Maschinen, die Begleitschutz flogen, entgegenwarfen. Am Himmel über der Grafschaft Kent entbrannte eine erbitterte Luftschlacht, die sich bald auf den Luftraum über London ausdehnte. Den Angreifern bot sich ein dramatisches Bild. »Wir flogen an diesem Tag wohl den allerobersten Begleitschutz, das heißt in etwa 10 000 Metern. In dieser Höhe schwebten einige Sperrballone, die sich unten losgerissen hatten, einer davon brannte. Etwas tiefer schwebten weiße Fallschirme. Es wimmelte von deutschen Bombern, von englischen Jägern, von deutschen Jägern, die umeinander kreisten, dazwischen überall weiße Kondensstreifen«, erinnert sich der damals 21-jährige deutsche Jagdflieger Ulrich Steinhilper. Am Boden sah er das Aufblitzen von Bombeneinschlägen: »Wir konnten sehen, dass die Dockanlagen und vor allem die Benzintanks lichterloh brannten, und wir sahen von oben auch den aufsteigenden schwarzen Rauch.« Am Boden erlebte der Londoner Feuerwehroffizier Cyril Demarne an jenem Samstagnachmittag kurz vor 17.00 Uhr den Angriff auf die Londoner Binnenhäfen: »Sie bombardierten die Speicherhäuser in den Docklands und die Schiffe, die an den Kais lagen. In dem Areal lagerte Holz aus dem Baltikum, das brannte wie Zunder. Es gab dort Mühlen und Mehlsilos, Tabakspeicher, Hallen mit gefrorenem Fleisch, Weinlager, Schnaps – alles Mögliche. Die Bomben setzten alles in Flammen, und das Zeug verbrannte mit einem unvorstellbaren Gestank.« Dem ersten Angriff folgten weitere – bis zum folgenden Morgen kreisten deutsche Bomber über London. »Sie

Am 7. September fielen auch hier einige Bomben. Ich spielte in unserer Wohnung mit Freunden Karten. Meine Familie war einige 100 Meter entfernt im Haus von Verwandten zu Besuch. Wir hörten Explosionen und das Splittern von Glas. Ich rannte die Straße hinunter zu meiner Familie. Die Fassade des Hauses war eingedrückt. Im Keller war eine Küche, dort kletterte ich hinein, weil ich die Stimme meiner Frau und meiner Schwiegermutter erkannte – sie schrien. Ich rief: »Alles ist gut, es ist vorbei!« Dann brachten wir sie in unsere Wohnung. »Jetzt geht's hier richtig los«, dachte ich mir und setzte noch am selben Abend meine Frau und meine einjährige Tochter in einen Zug nach Glasgow. Als der Zug gerade abfuhr, so um 10.00 Uhr abends, begann der zweite Bombenangriff. Ich stand unter einem Torbogen am King's Cross Bahnhof und blieb die ganze Nacht dort, weil ich mich da einigermaßen sicher fühlte.

Frank Whipple,
damals Polizist in
London-Stepney

»Luftschlag gegen London« – »Heinkel 111«-Bomber nähern sich der britischen Insel

warfen ihre Bomben auf die Brände, die noch loderten«, erinnert sich Demarne: »Als ich am Morgen die Ruinen der Fabriken, die immer noch brannten, sah, die Krater in den Straßen, die Gaslecks, die geborstenen Wasserleitungen, aus denen Wasser schoss, dachte ich nur: ›Mein Gott, ich glaube nicht, dass wir das lange durchhalten!‹«

London hatte den ersten Großangriff der deutschen Luftwaffe erlebt. Die Millionenmetropole, in der Hitlers entschlossenster Widersacher, Winston Churchill, das Sagen hatte, war lange verschont worden. In den Monaten zuvor hatte Hitler den Luftkrieg gegen die britischen

Inseln zwar immer weiter verschärft, doch bislang hatte er sich gescheut, den Befehl zum direkten Angriff auf die britische Hauptstadt zu geben. Bis zu jenem 7. September – von nun an eskalierte der Krieg zwischen Deutschland und dem Britischen Empire unaufhaltsam.

In seinem programmatischen Pamphlet »Mein Kampf« hatte Hitler 1923 dargelegt, dass er an einem Krieg mit England eigentlich nicht interessiert sei. Er sah die Briten als natürliche Verbündete der Deutschen, respektierte sie als »rassisch gleichwertiges« und »germanisches« Volk, das seine Qualitäten durch den Aufbau des Empire eindrucksvoll unter Beweis gestellt habe.

> *Unsere Vorbereitungen sind alle getroffen. Aber der »Führer« will noch nicht so recht an England heran. Das merkt man in allem, was er tut. ... Der Entschluss, das Signal zum Großangriff auf England zu geben, fällt schwer. General Bodenschatz legt mir noch einmal die Vorbereitungen der Luftwaffe dar. Diese sind grandios. Die Engländer werden nichts zu lachen haben. Aber der »Führer« brütet noch darüber.*
>
> Joseph Goebbels,
> Tagebucheintrag vom
> 26. Juli 1940

Doch mit dem Überfall auf Polen am 1. September 1939 hatte Hitler den Bogen überspannt. Die Briten erklärten dem »Dritten Reich« den Krieg und kamen so ihrer Bündnisverpflichtung gegenüber Polen nach. In Frankreich wurde darüber hinaus ein britisches Expeditionskorps stationiert. Der rasante Vormarsch der Wehrmacht im Mai 1940 aber brachte die französischen und britischen Streitkräfte an den Rand einer totalen Niederlage. Bei Dünkirchen, am Ärmelkanal, hatten deutsche Einheiten die Reste des britischen Expeditionskorps eingekesselt. Sie warteten nun auf die Order, dem Gegner den Todesstoß zu versetzen. Doch Hitler befahl seinen Panzerspitzen, die eingekesselten Alliierten nicht im direkten Angriff aufzureiben. Vielmehr sollte Görings Luftwaffe Briten und Franzosen im Kessel mürbe machen. Das schlechte Flugwetter behinderte allerdings die Angriffe der Luftwaffe, die eingeschlossenen alliierten Soldaten konnten sich absetzen – in einer dramatischen Rettungsaktion holten hunderte von Schiffen insgesamt 364 628 Soldaten auf die Insel zurück.

In der Stunde der Niederlage demonstrierte der inzwischen zum Premierminister ernannte Winston Churchill Entschlossenheit. Am 4. Juni hielt er eine Rede vor dem Unterhaus, in der er von einem »kolossalen militärischen Desaster« sprach. Es war sein trotziger Widerstandswille, der sprichwörtlich wurde: »Wir werden an den Küsten kämpfen, ... wir werden auf den Feldern und Straßen kämpfen, wir werden auf den Hügeln kämpfen; wir werden uns niemals ergeben; und selbst wenn – was ich keinen Augenblick glaube – diese Insel

»Angriff auf die Binnenhäfen« – ein deutscher Bomber über dem Londoner Themsebogen

oder ein großer Teil von ihr unterjocht und ausgehungert werden sollte, dann würde unser überseeisches Reich, bewaffnet und beschützt
von der britischen Flotte, den Kampf fortsetzen, bis die Neue Welt zur
gottgewollten Stunde mit ihrer Macht und Kraft zur Hilfe und
Befreiung der Alten Welt auftritt.«

*Die Schlacht, die General Weygand die
Schlacht um Frankreich genannt hat, ist vorüber. Ich erwarte, dass nun die Schlacht um
England beginnen wird. Von ihrem Ausgang
hängt das Schicksal der christlichen Zivili-
sation ab. Von ihr hängt unser eigenes britisches Leben und der Fortbestand der staatli-
chen Einrichtungen unseres Weltreiches ab ...
Hitler weiß sehr wohl, dass er uns auf dieser
Insel niederwerfen muss oder den Krieg verlieren wird. ... Lassen Sie uns nun unsere
Pflichten schultern. Wir wollen uns so schlagen, dass – wenn denn das britische Empire
und das Commonwealth tausend Jahre
Bestand haben sollten – die Menschen immer
noch sagen werden:»This was their finest
hour! Dies war ihre größte Stunde!«*

Premierminister
Winston Churchill
vor dem Unterhaus,
17. Juni 1940

Die »Neue Welt«, Amerika, war Churchills
große Hoffnung. Er setzte auf einen direkten
Kriegseintritt der Amerikaner, zumindest
aber auf Waffen- und Materiallieferungen aus
den USA. Seine geheime Ansprache vor dem
Unterhaus am 20. Juni fasste Churchill selbst
mit folgenden Stichworten zusammen:»Haltung der Vereinigten Staaten: Nichts wird sie
so sehr bewegen wie ein Kampf in England.
Der heldenhafte Kampf Englands ist die beste
Chance, sie zum Kriegseintritt zu bewegen.
Alles hängt davon ab, dass wir hart und entschlossen bleiben und durchhalten, bis dort
die Wahlen vorüber sind.« Churchill wusste:
Präsident Franklin D. Roosevelt stand auf seiner Seite, musste aber behutsam agieren, da
im November 1940 Neuwahlen anstanden.
Viele Amerikaner wollten keine Einmischung
in den europäischen Krieg. Am 10. Juni 1940
allerdings stellte Roosevelt bei einer Uni-
versitätsveranstaltung in Charlottesville die

offizielle Neutralität seines Landes erstmals öffentlich in Frage. Nicht ohne Pathos verkündete er: »Als Nation ... sind wir unerschütterlich davon überzeugt, dass ein Land- und Seesieg für die Götter der Gewalt und des Hasses alle demokratischen Institutionen der westlichen Welt gefährden würde und dass daher unser ganzes Mitgefühl jenen Nationen gelten muss, die ihr Lebensblut im Kampf gegen diese Mächte opfern.«

Viele Briten spürten in jenem Sommer, dass Churchill die richtige Losung ausgab: weiterkämpfen und auf Amerika hoffen. Doch innerhalb der politischen Klasse Großbritanniens gab es durchaus einflussreiche Stimmen, die sich für eine friedliche Lösung mit den als schier unbesiegbar geltenden Deutschen aussprachen – darunter zahlreiche Vertreter der konservativen Partei, wie etwa Außenminister Lord Halifax. Warum sollte man Hitler nicht beim Wort nehmen – hatte er doch Entgegenkommen signalisiert? Hitlers vorrangiges Ziel war die britische Anerkennung der deutschen Vorherrschaft über Kontinentaleuropa. Hatte er nicht versprochen, Großbritanniens Empire unangetastet zu lassen? Im Sommer 1940 hatte es, unter der Vermittlung

»Niemals ergeben!« Premier Winston Churchill (Mitte) besucht mit seiner Tochter Mary eine Luftabwehrbatterie

231

schwedischer Diplomaten, geheime Sondierungsgespräche gegeben. Dabei hatte auch ein enger Mitarbeiter von Halifax der deutschen Seite gegenüber Verhandlungsbereitschaft signalisiert. Churchill aber konnte seine Widersacher innerhalb des Kabinetts und der Konservativen Partei kaltstellen. Rückendeckung gaben ihm die Labour-Minister seiner großen Koalition, denn die britische Linke war, genau wie er, gegen jeden Kompromiss mit »Nazis« oder »Faschisten«.

Churchill war ein fantastischer Führer. Er hielt großartige Reden und er einte uns alle. Er war das Rückgrat Englands. Er ließ jeden spüren, dass eine Niederlage keine realistische Möglichkeit war.

Diana Barnato-Walker,
London, damals
21 Jahre alt

Dem Diktator in Berlin war die Stimmenvielfalt auf der britischen Insel höchst willkommen. Um Großbritannien aus dem weiteren Kriegsgeschehen herauszuhalten, galt es nun, gezielt dort die öffentliche Meinung zu polarisieren, Regierte gegen Regierende aufzubringen und die Meinungsverschiedenheiten innerhalb der Regierung zu verschärfen. Es ging Hitler nicht um den Frieden in Europa, sondern um Ruhe im Westen – er brauchte freie Hand für »seinen Krieg« im Osten: den Eroberungsfeldzug gegen die Sowjetunion. Das deutsche Volk wusste im Hochsommer 1940 hingegen noch nicht, wie konkret diese Pläne bereits waren. Denn offiziell sprach der »Führer« nach den atemberaubenden militärischen Erfolgen der vergangenen Monate erstmals von Frieden. Ein großzügiges Angebot wolle er »dem Engländer« machen, so seine Ankündigung. Für den 19. Juli wurde der Reichstag zu einer Sondersitzung in die Kroll-Oper einberufen. Die Rede, die Hitler an jenem Freitagnach-

»Endgültige Niederringung« – ein Sturzkampfbomber (Stuka) wird beladen

mittag hielt, geriet zum stundenlangen Selbstlob – der »Führer« zog
die Bilanz seiner erfolgreichen Feldzüge. Gekrönt wurde die Sieges-
feier durch ein besonderes Schauspiel: Zwölf Wehrmachtsgeneräle
wurden an diesem Tag zu Generalfeldmarschällen ernannt – so viele
Soldaten dieses Ranges hatte es in der deutschen Militärgeschichte
noch nie gegeben. Und einen »Reichsmar-
schall« hatte es ebenfalls noch nicht gegeben: *Jetzt fehlt nur noch die Kapitulation Eng-*
Für den Oberbefehlshaber der Luftwaffe, *lands, der ganze Sieg, der volle Frieden. ...*
Hermann Göring, hatte man eigens diesen *In London Krise. In Berlin schon Siegesjubel.*
Ehrenrang geschaffen. So ausgezeichnet und *Wer kann noch am Ausgang dieses giganti-*
mit einem Marschallsstab versehen, platzte *schen Ringens zweifeln!*
der eitle Luftwaffenführer vor Stolz und Joseph Goebbels,
Tatendrang. Ob er allerdings ein Betätigungs- Tagebucheintrag vom
feld finden würde, war noch dahingestellt: 19. Juli 1940
Denn am Schluss seiner Rede kam Hitler zu
dem lautstark angekündigten »großzügigen« Friedensangebot: »In
dieser Stunde fühle ich mich verpflichtet, vor meinem Gewissen noch
einmal einen Appell an die Vernunft auch in England zu richten. Ich
glaube dies tun zu können, weil ich ja nicht als Besiegter um etwas

»Drohkulisse« – die
Invasionsflotte besteht
zum größten Teil aus
Rheinkähnen

bitte, sondern als Sieger nur für die Vernunft spreche. Ich sehe keinen Grund, der zur Fortführung diese Kampfes zwingen könnte. ... Ich bedauere die Opfer, die er fordern wird. ... Herr Churchill mag nun diese meine Erklärung wieder abtun mit dem Geschrei, dass dies nur die Ausgeburt meiner Angst sei und meines Zweifels am Endsieg. Ich habe dann eben jedenfalls mein Gewissen erleichtert gegenüber den kommenden Dingen!«

War dies ein Verhandlungsangebot? Die Worte klangen eher wie eine letzte Warnung. Was immer Hitler mit dieser »Initiative« bewirken wollte – in Großbritannien stieß sie auf taube Ohren. Eine Stunde nach Abschluss seiner Rede meldete die BBC bereits die kategorische Ablehnung seines »Friedensangebots«.

Ich werde auf seine Rede nicht antworten, da ich mit diesem Mann nicht verkehre.

Churchill zur Hitlerrede
vom 19. Juli 1940

Mit dieser klaren Abfuhr hatte Hitler offenbar nicht gerechnet. Er war – vielleicht zum ersten Mal in diesem Krieg – ratlos. Eine Strategie für einen längeren Kampf gegen die See- und Kolonialmacht Großbritannien hatte er nicht.

Was blieb, war psychologische Kriegsführung: Wenn er Großbritannien seinem Willen unterwerfen wollte, musste dort die öffentliche Stimmung beeinflusst werden. Es galt, eine glaubwürdige Drohkulisse aufzubauen – eine bevorstehende deutsche »Invasion« sollte zum Schreckgespenst auf der Insel werden. Für diesen Bluff hatte Hitler bereits am 16. Juli Regieanweisungen gegeben. In seiner »Weisung Nr. 16« für die »Operation Seelöwe« hieß es: »Da England, trotz seiner militärisch aussichtslosen Lage, noch kein Anzeichen von

Verhandlungsbereitschaft zu erkennen gibt, habe ich mich entschlossen, eine Landungsoperation gegen England vorzubereiten und, wenn nötig, durchzuführen.« Hitler wusste, dass seine Marineexperten dagegen größte Bedenken hatten. Die deutsche Marine war den britischen Seestreitkräften hoffnungslos unterlegen. Der Oberbefehlshaber der Marine, Großadmiral Raeder, hatte schon am 11. Juli gegenüber Hitler vorsorglich geäußert, dass eine Landung nur das »letzte Mittel« sein könne. Heer und Marine setzten vielmehr darauf, dass die Luftwaffe die Briten in die Knie zwingen könnte. So hatte der Chef des Wehrmachtsführungsstabs, General Alfred Jodl, bereits am 30. Juni in einer Denkschrift für das Vorgehen gegen England konstatiert: Eine Landung käme nur in Frage, um »einem wehrwirtschaftlich gelähmten und zur Luft kaum mehr aktionsfähigen England den Todesstoß zu geben, falls er noch erforderlich sein sollte«.

Der S.D.-Bericht meldet: ... Der Krieg gegen England wird wie eine Erlösung wirken. Die Nation brennt darauf. Churchill wird sich wundern. Und England kommt erst zur Vernunft, wenn es Prügel bezieht.

Joseph Goebbels,
Tagebucheintrag vom
24. Juli 1940

Dennoch wurde am Kanal und an der Nordsee eine »Landungsflotte« zusammengezogen. Da es keine regulären »Landungsschiffe« gab, wurden 1720 »Prähme«, die als Binnenschiffe Lasten auf dem Rhein transportierten, in den Häfen zwischen Boulogne und Rotterdam gesammelt und umgerüstet. Der Bug der »Prähme« wurde aufgeschnitten, um Türen einzubauen, improvisierte Landungsrampen sollten die Anlandung von Fahrzeugen aus diesen Schiffen ermöglichen. Viele von ihnen waren nicht einmal

»Größte Bedenken« –
Soldaten auf einem
umgebauten Fluss-
schiff

motorisiert – sie sollten von etwa 500 Schleppern gezogen werden, darüber hinaus standen rund 1100 Motorboote, vorwiegend Fischkutter und etwa 150 Transportdampfer bereit. 50 000 Mann Personal von Marine und Luftwaffe wurden zur Bemannung zusammengezogen. Da es keine Erfahrungen mit derartigen Landungsunternehmen gab, schlugen die Planer unter anderem in Julius Caesars »De Bello Gallico« nach – der Römer hatte schließlich im Jahre 55 vor Christus die britische Insel erobert. Aber auch dies half nicht wirklich weiter, ein überzeugendes Konzept für eine Landung in England zu erarbeiten.

Die Briten allerdings fühlten sich bereits bedroht: Stacheldraht säumte die Strände, Panzergräben durchzogen Äcker und Weiden. Zehntausende Kinder aus den Städten Südost-Englands wurden in sichere Regionen nach Wales, Nordengland oder sogar nach Kanada, Australien und Südafrika verschickt. Gleichzeitig lernten Pensionäre und Lehrlinge in der »Home Guard« an Holzgewehren, wie man sich deutschen Fallschirmjägern entgegenzuwerfen hatte. An skurrilen Maßnahmen und Improvisationen mangelte es nicht, denn die britischen Landstreitkräfte waren nach Dünkirchen geschwächt und nur bedingt abwehrbereit. Britanniens Hoffnungen ruhten auf seiner mächtigen Flotte, der »Home Fleet«, und der Luftverteidigung. Konnten sie die Insel schützen?

Wie wenig ernsthaft Hitler die »Operation Seelöwe« in Erwägung zog, hielt Halder am 21. Juli in einem Gedächtnisprotokoll nach einer Besprechung mit dem »Führer« fest: »Übersetzen nach England erscheint dem ›Führer‹ ein großes Risiko. Übersetzen daher erst, wenn kein anderer Weg offen ist, um mit England zum Schluss zu kommen ...« Der Kriegsherr Hitler konnte sich zumindest einen anderen Weg vorstellen: Deutsche Flug-

Wir wurden von unseren Eltern am 23. Juni 1940 zur Schule nach Hythe bei Folkestone gebracht. Dort bekamen wir ein Namensschild angehängt. In Bussen ging es dann zum Bahnhof, wo schon ein Zug bereitstand. In jeden Waggon kam eine Schulklasse von dreißig, vierzig Kindern. Ich kann mich erinnern, dass meine Mutter auf dem Bahnsteig stand und winkte – das war das Letzte, was ich für ein Jahr von ihr sah. Wir fuhren nach Wales. 350 Meilen – ein Riesenabenteuer für uns, so lange hatten wir noch nie im Zug gesessen. Wir zogen die Fenster herunter, um zu schauen, wo es hinging. Mein Freund und ich hingen ständig aus dem Fenster. Der Dampf der Lokomotiven war voller Ruß und Dreck, und als wir nach sechs Stunden in Wales ankamen, waren unsere Gesichter schwarz. In einem kleinen Dorf in Cardiganshire versammelten wir uns in der Schule. Dann konnten sich die Leute aus dem Dorf aussuchen, wen sie mit nach Hause nehmen wollten. Alle wurden mitgenommen, nur mein Freund Desmond und ich blieben stehen, bis 11.00 Uhr abends. So schmutzig, wie wir aussahen, wollte uns niemand. Erst ganz am Schluss überredete man eine Familie, uns aufzunehmen. Für diese Bauernfamilie blieben wir Fremde, Eindringlinge. Wir gehörten nicht zur Familie, aber wir mussten mit durchgefüttert werden.

Roy Humphreys,
Folkestone, damals
zehn Jahre alt

zeuge sollten die Briten an den Verhandlungstisch bomben. Nun war Hermann Görings große Stunde gekommen: Die Luftwaffe sollte die Entscheidung erzwingen. Sie hatte sich im Spanischen Bürgerkrieg einen zweifelhaften Ruf erworben. Die Bombardierung der spanischen Stadt Guernica war eigentlich ein missglückter, weil unpräziser Kampfeinsatz in Frontnähe gewesen. Doch die internationale Presse sprach von Luftterror. Kein Wunder, dass die Weltöffentlichkeit aufhorchte und Angst vor einem künftigen Luftkrieg hatte. Für sie waren die Bomber Schreckenswaffen, die Städte in Schutt und Asche legen und Millionen von Opfern verursachen würden.

»Die Gegner der Luftwaffe« – moderne »Spitfire«-Jagdflugzeuge

Luftwaffenstrategen wie der italienische General Douhet oder der britische Luftmarschall Trenchard hatten bereits in den zwanziger Jahren geäußert, dass Bomber kriegsentscheidende, strategische Waffen seien. Bombenangriffe auf gegnerische Städte würden die Rüstungswirtschaft lahmlegen und die Moral der Bevölkerung brechen können. Ebendies war auch die vorherrschende Meinung bei der Royal Air Force. Die deutschen Luftkriegsplaner aber sahen die Luftwaffe als Unterstützungswaffe für Bodentruppen. In der Rolle einer »fliegenden Artillerie« sollte sie feindliche Stellungen, Versorgungslinien und Verkehrsknotenpunkte im Rücken der Front angreifen, deutsche Städte gegen Bomber schützen oder auf dem Schlachtfeld die eigenen

Bodentruppen gegen feindliche Fliegerangriffe abschirmen. Dieses Konzept spiegelte sich in der deutschen Luftrüstung: Nicht viermotorige Fernbomber wurden gebaut, sondern zweimotorige Mittelstreckenbomber und präzise treffende Sturzkampfbomber wie die legendäre Ju 87 »Stuka«. 1939 in Polen und 1940 beim Angriff gegen Frankreich hatten sich diese taktischen Einsatzkonzepte der Luftwaffe bewährt und den Respekt des Gegners eingebracht. Göring war stolz auf seine »unbesiegbare Luftwaffe« und konnte es kaum erwarten, sie nun im Kampf gegen die störrische Insel »kriegsentscheidend« einzusetzen.

Es gibt keine Macht der Welt, die die Menschen vor Bombern schützen kann ...

Premierminister Stanley Baldwin vor dem britischen Unterhaus, 1932

Auf Flugfeldern in Nordfrankreich, Belgien, Holland und in Dänemark standen rund 1000 Bomber, über 300 »Stukas«, fast 1200 Jäger sowie fast 250 Küsten- und Aufklärungsflugzeuge bereit. Dies war nicht gerade viel, und die Deutschen begannen dementsprechend zurückhaltend: Erst einmal sollte die Luftwaffe über dem Kanal gegen die britische Schifffahrt aktiv werden. Dafür schien sie durchaus geeignet und gerüstet. »Kanalkampf« war die Losung der Stunde, und deutsche Bomber stürzten sich auf Schiffe und Konvois der Briten. Das diente einerseits der angestrebten Blockade gegen England, andererseits aber auch der Erkundung der britischen Luftverteidigung – man wollte Erfahrungen für weitergehende Operationen gewinnen. Neben den Attacken auf Konvois flogen die Deutschen auch Aufklärungsmissionen über ganz Großbritannien und Störangriffe gegen britische Hafenanlagen. Die

»Kampf um die Luftherrschaft« – eine »Me 110« über den Klippen von Dover

»Kurs auf England« –
in der Kanzel eines
deutschen Bombers

Briten schickten ihnen Tag für Tag Jagdflugzeuge entgegen – auch sie
wollten Erfahrungen im Kampf gewinnen.

Die Royal Air Force ging selbstbewusst in diese Schlacht. Schließlich
verfügte sie 1940 über das modernste Luftverteidigungssystem der
Welt. Im Zeichen der Appeasement-Politik
gegenüber Hitler hatte Großbritannien seit
1937 auf defensive Rüstungsmaßnahmen
gesetzt. Im völligen Widerspruch zur traditio-
nellen Doktrin der Royal Air Force hatte Sir
Thomas Inskip, Minister für Rüstungsko-
ordination, den Bau von Bombern vernach-
lässigt und moderne Jagdflugzeuge bestellt.
»Es ist nicht die Aufgabe unserer Luftwaffe,
den Deutschen einen frühen K.o. zu verpas-
sen; wir müssen verhindern, dass die Deutschen uns k.o. schlagen«, argumentierte
Inskip. So verfügte die RAF 1940 über nahezu
ebenso viele Jagdflugzeuge wie die Luftwaffe.

*In der Presse konnten wir lesen, dass Eng-
land total bedroht war. Es war die letzte
Festung in Europa und überall hieß es, weil
es die Luftwaffe gebe, sei England keine
Insel mehr. Der Ton war sehr optimistisch. In
unserer Einheit glaubte jeder, dass die Invasion erfolgreich sein würde. Wir empfanden die Musik und das Lied »Bomben auf
Engeland« oder »Wir fliegen gegen England«
als absolut zeitgemäß und zutreffend.*

Ulrich Steinhilper,
ehemaliger Jagdflieger

Darüber hinaus konnte die britische Luftrüstungsindustrie jeden
Monat doppelt so viele Flugzeuge bauen wie ihre deutschen Kon-
kurrenten.

Von außerordentlichem Vorteil stellten sich auch die Konzepte von
Luftmarschall Sir Hugh Dowding heraus, der 1936 das Kommando
über die britische Jagdwaffe das »Fighter Command« übernommen
hatte. Dowding schuf ein effektives Frühwarnsystem für seine Jagdflugzeuge: An den Küsten der Insel entstanden 52 Radarstationen, die

»Effektives Frühwarn-
system« – britisches
Luftlagezentrum

genaue Informationen über Entfernung, Anflugrichtung und die ungefähre Zahl feindlicher Flugzeuge geben konnten. Der Radar funktionierte nur, solange sich die Flugzeuge über der See befanden, nach Überfliegen der Küste übernahmen Luftraumbeobachter die Meldungen über die Bewegungen des Gegners.

Die Informationen der Radarstationen und Beobachterposten liefen in vier Regionalzentralen zusammen. Von hier gingen Informationen an die Kommandeure der Sektoren. Diese leiteten dann über Funk den Jägereinsatz in ihrer Region gemäß den aktualisierten Anweisungen ihrer Zentrale. So konnten sie die Jäger zielgenau und zur rechten Zeit in Richtung Feind dirigieren. In Bentley Priory, Dowdings Hauptquartier, wurde die aktuelle Gefechtslage auf einem großen Lagetisch grafisch dargestellt, ebenso in den Gefechtsständen der Gruppen und Sektoren. Damit hatten Verantwortliche auf allen Ebenen identische Informationen über die Gesamtlage. Obwohl die Deutschen den Funkverkehr abhörten, blieb ihnen das System weit gehend unbekannt. Sie wunderten sich allerdings darüber, dass im Juli 1940 bei Angriffen auf die Schifffahrt im Kanal britische Jäger immer zur rechten Zeit am rechten Ort waren.

Am 1. August ließ Hitler den Luftkrieg verschärfen. Um Voraussetzungen für die »endgültige Niederringung Englands« zu schaffen, solle die Luftwaffe »in erster Linie gegen die fliegenden Einheiten, ihre Bodenorganisationen und Nachschubeinrichtungen, ferner gegen die Luftrüstungsindustrie einschließlich der Industrie zur Herstellung von Flakgerät« vorgehen, lautete seine Weisung. Das Ziel war hoch gesteckt: Es ging um die Luftherrschaft über Südengland. Doch vorläufig waren den Deutschen die Hände gebunden – das Wetter war miserabel, die Sicht auf die Ziele am Boden schlecht. Erst eine Woche später kam die Chance loszuschlagen.

Der 12. August 1940 begann viel versprechend. Der Dunst der frühen Morgenstunden löste sich im strahlenden Sonnenschein rasch auf. Um 8.40 Uhr entdeckten britische Radarstationen Flugbewegungen

Der Großangriff gegen England ist für sofort geplant. Mit Luftwaffe und Ferngeschützen. Eine erste Kostprobe für London. Wir prüfen dabei, wie stark Englands Luftflotte noch ist oder sich fühlt. Ihre Jagdwaffe soll noch ziemlich intakt sein. Sind die Verluste, die wir erleiden, normal, dann geht die Aktion weiter. Wenn nicht, werden neue Wege versucht. Invasion nicht geplant. Aber wir werden in der Propaganda versteckt davon sprechen, um die Gegenseite zu verwirren. Die deutsche Propaganda hat bei der Aktion die schwere Aufgabe, nicht zu viel und nicht zu wenig zu sagen. Es darf noch nicht von der Großoffensive gesprochen werden, solange noch nicht feststeht, ob sie auch tatsächlich durchgehalten werden kann. Ein delikates Problem, zumal das Volk sich natürlich gar nicht davon abhalten lassen wird, zu glauben, dass nun tabula rasa gemacht wird.

Joseph Goebbels,
Tagebucheintrag vom
7. August 1940

über dem Kanal. Auf den Radarbildschirmen erschienen die 16 Maschinen der »Erprobungsgruppe 210«, kommandiert von Hauptmann
Walter Rubensdörffer. Die zweimotorigen »Me 110«-Jagdbomber trugen jeweils eine 500-Kilogramm-Bombe unter dem Rumpf. Im
Tiefflug rasten sie auf die weißen Klippen der englischen Südostküste
zu. Kurz vor der Küste brach die Formation auf, und jeweils vier
Maschinen nahmen Kurs auf ihre Ziele: die Radarstationen von Dover,
Pevensey, Dunkirk und Rye. Die Deutschen ahnten, dass die »Funk-
masten«, die dort standen, von Bedeutung waren – sie mussten vor-
sichtshalber ausgeschaltet werden. Und so gingen Rubensdörffers
Staffeln in den Steigflug und versuchten, Angriffshöhe zu gewinnen.
Dann näherten sie sich ihren Zielen im flachen Sturzflug. Ihre
Bomben lagen genau im Ziel: Unter der Wucht der Explosionen zer-
barsten Hütten und gemauerte Bunker, Strom- und Telefonleitungen
wurden zerrissen, etliche RAF-Helferinnen kamen ums Leben. Den
Gittermasten der Radartürme aber konnten die Druckwellen der
Bomben nicht viel anhaben – sie blieben stehen. Trotz der Volltreffer
waren schon nach wenigen Stunden die Leitungen repariert und die
Stationen sendeten wieder.

Um die Mittagszeit schlug die deutsche Luftwaffe erneut zu. Einhun-
dert »Ju 88«-Bomber, die von »Me 110«-Zerstörern und »Me 109«-Jä-
gern geschützt wurden, nahmen Kurs auf die Südküste Englands.
Eines ihrer Ziele, die Radarstation von Ventnor, wurde total zerstört.
Die Bomber griffen zudem die Marinehäfen von Portsmouth und

Portland sowie Industrieanlagen in Portsmouth und Southampton an. In Portsmouth starben durch Fehlwürfe hundert Zivilisten. Kurze Zeit später, um 13.25 Uhr, war Rubensdörffers treffsichere Spezialgruppe wieder im Einsatz. Sie attackierte den Flugplatz Manston, außerdem die Luftwaffenbasen in Hawkings und Lympne. All diese Schläge machten den Briten klar: Der Luftkrieg gegen die Insel war in eine neue Phase getreten. Die deutsche Luftwaffe aber betrachtete dies nur als Vorgeplänkel. Der folgende Tag sollte ihr großer Tag werden.

Unter dem Codenamen »Adler« wollte die Luftwaffe am 13. August den ersten vernichtenden Schlag führen. Doch die deutschen Meteorologen hatten eine falsche Wettervorhersage geliefert. Statt Sonnenschein gab es am nächsten Morgen Regen, niedrige Wolken lagen über Nordfrankreich und Südengland. Um 5.10 Uhr starteten in Nordfrankreich die ersten deutschen Bomberstaffeln. Als alle Maschinen in der Luft waren, kam der Befehl, wegen schlechten Wetters umzukehren. Der Kommandeur des Kampfgeschwaders 2 jedoch erhielt in seiner Maschine diese Nachricht nicht. Seine 74 Bomber flogen durch die Wolkenbänke weiter, während die schützenden Begleitjäger umkehrten. Das Wackeln ihrer Flügel wurde fehlinterpretiert. Die »modernste Luftwaffe der Welt« hatte keine Funktechnik, die es erlaubte, zwischen Bombern und Jägern zu kommunizieren. Die Jäger nutzten Funkgeräte, während die Bomber mit Morsesignalen arbeiteten. Und so griffen die »Dornier 17«-Bomber zahlreiche Flugplätze in Südengland an. Bei der Zielauswahl jedoch hatte die deutsche Aufklärung

»Code-Name Adler!« Bomberbesatzungen eilen zu den Maschinen

versagt. Keines der Ziele war wirklich wichtig für die britische Luft-verteidigung und Jagdwaffe. Die Luftwaffe bombardierte mit großem Einsatz und unter eigenen Verlusten zweitrangige, unwichtige Flug-plätze – ein Fehler, der sich in den folgenden Wochen wiederholen sollte.

Um 13.00 Uhr entschied sich die deutsche Führung, den abgebrochenen Großangriff wieder aufzunehmen. Am Nachmittag waren etwa 190 Bomber und Sturzkampfbomber sowie 130 Begleitjäger im Anflug auf die briti-schen Inseln. Wieder traf es Southampton und Portland. Die»Ju 87«-Sturzkampfbom-ber, die legendären und gefürchteten»Stu-kas«, fanden ihr Ziel, eine Flugzeugfabrik in Rochester, nicht. Aber sie bombardierten den Flugplatz Detling. Dort starben 69 Ange-hörige der Royal Air Force, die Benzinlager explodierten ebenso wie voll beladene Bomber auf dem Flugfeld. Doch auch der Großflugplatz Detling war vergleichsweise unbedeutend für die britische Luftvertei-digung. Der»Adlertag« endete am späten Abend mit Angriffen auf Rüstungsfabriken in Belfast, Aberdeen, Liverpool und Swansea. Insgesamt hatte die Luftwaffe 34 Flugzeuge verloren.

Als Jagdflieger habe ich nie daran gedacht, dass in der anderen Maschine ein Mensch sitzt. Ich habe nur auf Maschinen geschos-sen. Anders sah es beim Tiefangriff aus. Als ich bei solch einem Tiefangriff auf meine MG-Knöpfe drückte, sah ich meine Leuchtspur auf dem Beton unten wegspritzen, dabei er-wischte ich einen Mann, der einen Tank-schlauch hielt und zwischen einem Tankwa-gen und einer»Spitfire« stand. Ich sah, wie er umfiel. Ich hielt auf den Tankwagen, dann auf die»Spitfire« und sah Feuer. Hinterher wurde mir bewusst, dass ich an diesem Tage einen Menschen erschossen hatte.

Ulrich Steinhilper,
ehemaliger Jagdflieger

Schon dieser erste Tag machte eines deutlich: Die deutsche Feind-aufklärung hatte erhebliche Schwächen. Rivalitäten zwischen verschie-denen Aufklärungsabteilungen behinderten die Arbeit. Zudem stütz-ten sich viele Annahmen auf veraltetes Kartenmaterial, das darüber hinaus noch falsch interpretiert wurde. So glaubte man, es gebe nur eine begrenzte Anzahl an brauchbaren Jägerflugplätzen in Groß-britannien, und versäumte herauszufinden, welche Basen für die Jagd-waffe von Bedeutung waren. Bedenklich war auch der Zweckopti-mismus einiger Abteilungen. Um Görings hoch gesteckte Erwar-tungen nicht zu enttäuschen, wurden Berichte kurzerhand geschönt. So war das Oberkommando der Luftwaffe 1940 so vermessen anzu-nehmen, dass der Kampf gegen die Briten ein Spaziergang werden würde. Deutsche Experten schätzten, dass die britische Industrie nur 180 bis 300 Jäger im Monat produzieren könne. In Wirklichkeit waren es etwa 450. Die britische Kommandostruktur hielt man für unflexi-bel, die Funkmesstechnik, wie sie von den Briten genutzt wurde,

wurde nicht wirklich verstanden, obwohl man selbst erfolgreich mit Radar experimentierte. Insgesamt wurde die Kampfkraft des Gegners unter-, seine Verluste hingegen überschätzt. Diese Selbstüberschätzung hatte sich vor allem auch Luftwaffenchef Göring zu Eigen gemacht. Sie trübte sein Urteilsvermögen über die Leistungsfähigkeit der Luftwaffe.

Auch ganz praktische Probleme taten sich auf. So lagen die Meteorologen mit ihren Vorhersagen völlig falsch: Das Wetter im August 1940 war miserabel. Immer wieder mussten Angriffe verschoben werden, die Deutschen konnten nicht so agieren, wie es ihnen vorschwebte. Dennoch waren täglich Bomber über England unterwegs – und täglich griffen britische Jäger sie an. Ihre Zahl schien einfach nicht geringer zu werden. Deshalb verstärkte Göring am 19. August ein weiteres Mal die Angriffe gegen die britische Luftrüstungsindustrie, »solange die feindliche Abwehr noch so stark ist«. In der Nacht vom 24. auf den 25. August wurden Ziele in Birmingham angegriffen, in

»Schlechte Aussichten für die Engländer« – »Me 110«-Zerstörer über London

Ich bin wie alle sehr müde von diesem blöden Luftalarm. Die Engländer haben Flugblätter über Berlin abgeworfen. Gar nicht so ungeschickt abgefasst. Ich lasse die Berliner Presse darauf los.

Joseph Goebbels,
Tagebucheintrag vom
27. August 1940

Liverpool starben 470 Menschen, auch Sheffield und Hull wurden getroffen. Doch am folgenschwersten war ein anderer Einsatz: Von hundert Flugzeugen, die Ziele am Stadtrand von London angreifen sollten, verloren einige die Orientierung und warfen Bomben auf die Londoner City ab. Zeitzeugen zufolge soll der erzürnte Göring die Versetzung der betroffenen Besatzungen zur Infanterie gefordert haben, eine Untersuchung wurde eingeleitet.

Die Briten reagierten schnell auf diesen Vorfall. Als Vergeltung ordnete Churchills Kriegskabinett umgehend Angriffe auf Berlin an. In der Nacht vom 25. auf den 26. August flogen 81 Bomber die Reichshauptstadt an, doch nur ein Viertel der Maschinen erreichte ihr Ziel.

»London ist getroffen«
– erste Fehlabwürfe lassen den Bombenkrieg eskalieren

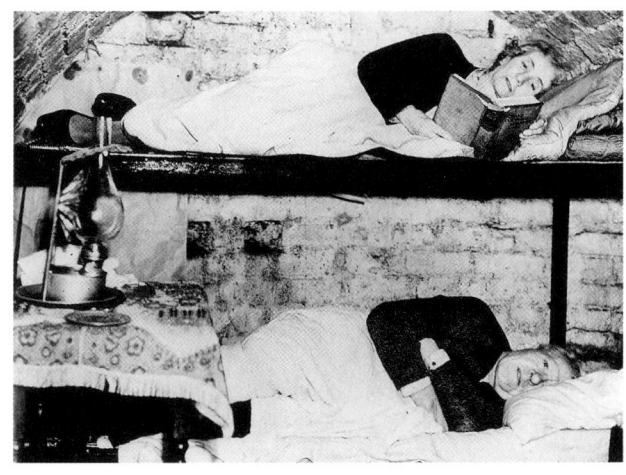

Die Schäden, die ihre wenigen Bomben anrichteten, waren äußerst gering, Menschen wurden nicht getroffen. In Berlin gab es einen prominenten Chronisten der ersten Bombenangriffe – Reichspropagandaminister Josef Goebbels schrieb am 27. August in sein Tagebuch: »Gestern: Der vierstündige Luftalarm hat ganz Berlin in Aufruhr gebracht. Kolossale Wut gegen die Engländer. ... Aber nun ist Berlin auch mitten im Kriegsgeschehen. Das ist gut so.« Goebbels lag richtig mit seiner Prognose: Berlin war nun mitten im Geschehen, denn die Regierung in London beschloss, die deutsche Hauptstadt von nun an regelmäßig anzugreifen. Und so musste Goebbels am 29. August einen weiteren nächtlichen Fliegeralarm vermerken. »Zwölf Engländer über Berlin. Werfen Brand- und Sprengbomben ab. Zehn Tote und eine Reihe von Verletzten. ... Alarm dauert bis 4.00 Uhr nachts.« Und am 30. August notierte er: »Der Führer will in der Zeit, da Berlin bombardiert wird, auch selbst hier sein. Er ist richtig geladen. Schlechte Aussichten für die Engländer.«

Hitler wollte seinem Kontrahenten in nichts nachstehen: Er wollte »Vergeltung« für die »Vergeltung«. Weder Hitler noch Churchill schienen willens, aus diesem Teufelskreis aus-

Einer meiner Kameraden sagte: »Ich habe ein Baby schreien gehört.« Wir wurden für eine Minute ganz still – da hörte ich es auch. Die Rettungsteams hatten weiter unten in der Straße zu tun, so wühlte ich mich durch den Schutt zweier Häuser. Wie lange ich grub, weiß ich nicht mehr. Die Mutter des Kindes war tot. Aber sie lag wie ein schützender Bogen über dem Baby. Ich war sehr erleichtert, als ich sah, dass das Baby lebte. Es war ein sechs Monate altes Kind namens Jean Amos. Als ich mit ihm herauskam, brach ich zusammen und weinte.

Jack Hewitt, Zivilsanitäter in Dover, 1940

249

»Es traf die kleinen Leute« – Kinder im Londoner East End zwischen Trümmerbergen

zubrechen, sahen doch beide das »Recht« auf ihrer Seite. Zwar gab es keine völkerrechtlichen Bestimmungen über den Luftkrieg, doch einzelne »Repressalien« nach außergewöhnlich schweren Provokationen galten allgemein als akzeptabel. Verbale Zurückhaltung war nie Hitlers Stärke gewesen. Seine öffentliche Vergeltungsankündigung klang äußerst schrill. Bei einer Kundgebung zur Eröffnung des Kriegswinterhilfswerks im Berliner Sportpalast am 4. September drohte er den Briten: »Wenn sie erklären, sie werden unsere Städte in großem Ausmaß angreifen, werden wir ihre Städte ausradieren.« Tags darauf befahl er, am Nachmittag des 7. September Ziele in London anzugreifen. Von »ausradieren« war in den Befehlen und militärischen Planungen nicht die Rede, doch den Opfern am Boden waren solche Feinheiten gleich. Sie hatten von Hitlers Ankündigung gehört und mussten an jenem verhängnisvollen 7. September 1940 miterleben, wie bei den Angriffen auf die Londoner Docks durch Fehlabwürfe auf nahe gelegene Wohngebiete 448 Menschen starben und 1337 schwer verletzt wurden. Die Militärgeschichtsforschung ist sich heute über die Bewertung der Aktion vom 7. September 1940 weit gehend einig: Die Angriffe auf

London stellten »noch keinen allgemeinen Zielwechsel in der deutschen Luftkriegsführung gegen England im Sinne eines reinen Terrorluftkriegs dar«. Die Terrorwirkung gegen die Bevölkerung wurde vorerst lediglich als Nebenziel beziehungsweise als erwünschte Begleiterscheinung angesehen«, konstatiert etwa der renommierte Freiburger Luftkriegshistoriker Klaus A. Maier. Doch so nüchtern konnte 1940 kaum jemand urteilen. Der Großangriff auf London, ebenso wie die folgenden Attacken, bot der politischen Führung in London und der internationalen Presse reichlich Argumente, die deutsche Luftwaffe als Instrument des Terrors darzustellen. Dies wurde auch von deutscher Seite wahrgenommen. Wie zynisch man hier auf die Vorwürfe reagierte, macht ein internes Papier des deutschen Auswärtigen Amtes deutlich: Am 20. September erklärte das Gremium des »England-Ausschusses«, »dass irgendwelche propagandistische Bedenken gegen Terrorangriffe auf die englische Zivilbevölkerung nicht mehr bestehen« würden – die britische und amerikanische Presse würden ohnehin jeden Angriff als Terror darstellen.

Auch die britische Führung war spätestens seit dem 7. September willens, die Eskalation voranzutreiben. Schon seit Juni 1940 griff die RAF nachts rüstungsrelevante Ziele – das heißt auch Städte – im Ruhrgebiet an. Aber erst die Angriffe der deutschen Luftwaffe gegen Ziele in London und anderen britischen Großstädten brachten die Briten im Herbst des Jahres 1940 dazu, im Bombenkrieg gegen Deutschland keinerlei Zurückhaltung mehr an den Tag zu legen. Mehr noch: Der Bombenkrieg wurde ein zentraler Faktor in der britischen Kriegsführung. Den Preis für diese Eskalation sollten hunderttausende Deutsche mit dem Leben bezahlen.

Doch im Jahr 1940 war es die Bevölkerung Großbritanniens, die spürte, was Luftkrieg gegen Städte bedeutete. Ab dem 7. September 1940 war vom »Groß-kampf gegen London« die Rede. Der Führungsstab der Luftwaffe setz-

Die Bevölkerung war zutiefst geschockt. Wir hatten in der dritten Bombennacht jede Menge Fehlabwürfe, die in die kleinen Straßen einschlugen. Hunderte von Menschen waren ausgebombt, obdachlos. Die Überlebenden sollten sich in »Rest Centres« sammeln – Kirchen, Schulen. Viele wollten dort aber nicht hin, denn da befanden sie sich immer noch im Visier der Bomber. Deshalb zogen die Arbeiterfamilien, alles arme Leute, mit ihren Habseligkeiten in den Wald bei Effing am östlichen Stadtrand von London und campierten dort im Freien.

Cyril Demarne, damals
Feuerwehroffizier in
London

Meine größte Furcht war, lebendig begraben zu werden. Ich hatte Albträume. Aber ich sagte mir damals: »Wenn auf der Bombe dein Name steht, kannst du sowieso nichts machen. Das ist Schicksal, also mach' dir keine Sorgen.«

Cecilia Brayshaw,
Londonerin, damals
vierzehn Jahre alt

253

te in einem Papier große Hoffnungen auf den »Terror durch Lahmlegung der Versorgungsbetriebe«. Ziel war »die Vernichtung der Hafenanlagen, der Versorgungs- und Kraftquellen der Stadt«. Man ging davon aus, dass die Lebensverhältnisse in London katastrophal waren und erwartete den baldigen Ausbruch von Seuchen. Auch Hitler hoffte auf »Nebeneffekte«. Generalstabschef Halder hielt am 14. September die Spekulationen des »Führers« schriftlich fest: »Auch wenn Lufterfolge erst in zehn bis zwölf Tagen eintreten, können auf englischer Seite noch hysterische Massenerscheinungen auftreten.« Halder merkte aber ebenfalls an, dass Hitler die systematische Bombardierung von Wohngebieten noch ablehne – es gebe lohnendere Ziele: »Terrorangriffe gegen reine Wohnviertel sollen als letztes mögliches Druckmittel vorbehalten bleiben und daher jetzt noch nicht zur Anwendung kommen.«

Alle Piloten hatten mehr Angst vor Feuer als vor irgendetwas anderem. Wenn ein Pilot Flammen sah, musste er so schnell wie möglich aussteigen. Wenn man schnell flog, war es schwer, die Kanzel zu öffnen. Wenn wir glaubten, dass es zu Feindberührung kommen könnte, öffneten wir unsere Kanzeln in 8000 Meter Höhe. Da war es eiskalt. Aber das war besser, als in einer Maschine eingeschlossen zu sein, die Feuer gefangen hatte.

Bam Bamberger,
ehemaliger
»Spitfire«-Pilot

Für die Führung der Luftwaffe war London aus einem ganz anderen Grund ein willkommenes Ziel. Hermann Göring glaubte, dass Bombenangriffe auf die Hauptstadt die britischen Jäger zu verstärktem Einsatz animieren würden – dann würde man sie reihenweise abschießen können. »Für den Gegner besteht die unbedingte Notwendigkeit, bei Angriffen gegen London sich zum Kampf zu stellen«, verkündete der Reichsmarschall. Er erwarte, dass bei weiteren starken Verlusten der Gegner in vier bis fünf Tagen »jagdmäßig erledigt sei«. Doch der 15. September 1940, der bis heute in Großbritannien als »Battle of Britain Day« begangen wird, sollte das genaue Gegenteil beweisen. Die Briten waren weit davon entfernt, sich geschlagen zu geben oder sich reihenweise abschießen zu lassen. Sie hatten genügend Jagdflugzeuge und Piloten, um den Deutschen hohe Verluste beizubringen. Am späten Vormittag jenes Sonntags im September bewegten sich etwa 200 deutsche Bomber und Jäger auf London zu. Hans Zonderlind, damals Bordschütze eines »Do-17«-Bombers, konnte seine Überraschung nicht verbergen: »Wir

Ein Feuerwehrwagen mit acht Mann Besatzung hatte in der Cable Street – direkt neben unserer Polizeistation – einen Volltreffer abbekommen. Drei von uns mussten dorthin. Das war das Schlimmste, was ich je gesehen habe. Wir liefen durch zerfetzte Körper. Wir sammelten die Leichenteile ein und legten sie in einem gegenüberliegenden Café ab – zur späteren Identifizierung.

Frank Whipple,
damals Polizist in
London-Stepney

sahen ›Hurricane‹-Jäger von allen Seiten auf uns zukommen. Es schien, als ob die gesamte RAF dort oben versammelt war. Wir hatten noch nie so viele britische Jagdflugzeuge auf einmal gesehen.« Die Abwehr der Briten konnte die Bomber nicht wirklich daran hindern, ihre tödliche Fracht abzuladen. Trotz heftiger Attacken drehten die Bomber nämlich nicht ab, sondern flogen stur weiter und setzten auf die Sicherheit des Pulks. Die Angriffe auf Verbände über London führten aber dazu, dass ihre Abwürfe weit verstreut lagen. Wieder litten die Arbeiterviertel im südöstlichen London – in Stepney, Hackney, West Ham, East Ham, Stratford – am schwersten. Am Nachmittag des 15. September griffen erneut 170 deutsche Bomber an. Um 14.15 Uhr überquerten sie die Küste der Grafschaft Kent. Auf dem gesamten Weg nach London attackierten die britischen »Hurricane«-Jäger die Eindringlinge, und auch über London tobten an diesem Nachmittag spektakuläre Luftkämpfe. Die Luftwaffe hatte außergewöhnlich hohe Verluste: 58 deutsche Flugzeuge gingen verloren. Am Abend dieses 15. September dämmerte Göring und seinen Generälen, dass die Lufthoheit über den britischen Inseln so nicht zu erreichen war. Nach

»Alarmstart« – britische Jägerpiloten haben einen Einsatzbefehl bekommen

vier Wochen Luftoffensive zeigte sich, dass die eigenen Verluste zu hoch waren und dass man längst nicht so viele britische Jäger abgeschossen hatte, wie man es in überaus optimistischen Prognosen angekündigt hatte.

Körperlich anstrengend war die Fliegerei nicht, psychisch schon eher. Ich hielt ständig Ausschau, verdrehte ständig den Kopf, konzentrierte mich – das war ermüdend. Es hing natürlich davon ab, ob ich in einen Kampf verwickelt wurde oder nicht. Ich kam nicht bei jedem Flug in Kampfsituationen, ich hatte nicht immer Feindberührung.

Gerald Stapleton,
ehemaliger
»Spitfire«-Pilot

Die jungen Piloten der Royal Air Force zeigten täglich, dass sie dem gefürchteten Gegner etwas entgegenzusetzen hatten. Wer kämpfte auf britischer Seite in dieser Schlacht? Männer wie Bob Doe etwa, seit 1939 in der Luftwaffe und seit März 1940 zum Jagdpiloten umgeschult. Erst ein einziges Mal hatte er seine Maschinengewehre zur Übung über der See abfeuern können. Als er am 15. August den Befehl zum ersten Kampfeinsatz bekam und auf seine »Spitfire« zurannte, war ihm schlecht vor Angst: »Ich fühlte mich gegenüber den Profis der Luftwaffe wie ein verdammter Amateur!« Oder etwa »Bam« Bamberger – der damals 20-Jährige hatte 25 Flugstunden auf der »Spitfire« hinter sich, die MGs seiner Maschine hatte

»Stundenlange Bereitschaft« – RAF-Piloten auf dem Flugfeld

er noch nie abgefeuert.»Ich hatte keinen Schimmer, wie ein Luft-kampf aussehen würde«, erinnert sich Bam Bamberger. Seine Staffel flog in starren Dreierformationen dem Gegner entgegen. Plötzlich der Befehl:»Break!« Seine Formation kurvte auseinander – deutsche Jäger griffen an!»Ich sah Leuchtspurgeschosse, die an mir vorbeiflogen, sah die gelb angestrichenen Nasen der ›Me 109‹ – sehr bedrohlich wirkte das. Jeder ging in eine scharfe Kurve, um seine Haut zu retten. Und plötzlich war der Himmel wieder leer, man war wieder ganz allein.« In der Tat gab es kaum klassische Luftkämpfe, bei denen die Piloten um ihre Gegner kurvten, um sie auszumanövrieren. Typisch hingegen wa-ren zufällige Begegnungen. Sah man eine feindliche Maschine und war in günstiger Position, feuerte man kurz, denn länger als zwei Se-kunden blieb der Gegner nicht im Visier. Ohnehin hatten die briti-schen Maschinen nur Munition für insgesamt fünfzehn Sekunden Dauerfeuer. Wer nicht in günstiger Schussposition war, versuchte zu entkommen. Sehr oft landeten die Jagdpiloten auf ihren Heimatbasen, ohne überhaupt ihre Maschinengewehre abgefeuert zu haben. Zu-dem hatten die britischen Jagdflieger oft stun-denlang Bereitschaftsdienst. Von früh bis spät saßen sie auf den Flugplätzen neben ihren

Die Jagdfliegerei war ein Kampf, der dem Gegner und mir die Chance gab, zu gewinnen – oder zu verlieren. Es ging da nicht unbe-dingt um den Tod, denn man konnte auch aussteigen oder eine Notlandung zu machen.

Julius Meimberg,
ehemaliger Jagdflieger

Maschinen und warteten ungeduldig auf den Befehl zum Alarmstart. Bam Bamberger:»Das Warten war am schlimmsten, viel schlimmer als in der Luft zu sein. Man wollte, dass das Telefon klingelte, denn dann war man endlich mit seinem Einsatz beschäftigt.« Das gravie-rendste Problem der Royal Air Force im Spätsommer 1940 beschreibt Gerald Stapleton, der schon seit 1938 als Jägerpilot diente:»Es gab nie einen Mangel an Piloten – es gab einen Mangel an ausgebildeten Piloten. Es wurden genügend Flieger durch das Ausbildungssystem geschleust, aber wegen unserer hohen Verluste kamen sie zu schnell zum Einsatz.«

Bei den deutschen Jägerpiloten stellte sich die Situation nicht viel anders dar. Auch sie waren sehr jung, auch sie waren begeistert vom Fliegen, auch sie befolgten ihre Befehle guten Gewissens. Ulrich Stein-hilper empfand wie viele seiner Zeitgenossen die Friedensordnung von Versailles, die seit 1919 Europa geprägt hatte, als schmachvoll für Deutschland. Hass gegen die Briten hegte er nicht, dennoch sah er im Jahre 1940 die Stunde gekommen, Europa neu zu ordnen – und zwar unter deutscher Führung:»Es wurden ja unsererseits vor der ›Battle of

Britain‹ mehrmals Angebote gemacht, England solle sich einfügen. Als diese Angebote abgelehnt wurden, war ich dafür zu kämpfen, so lange, bis sie nachgeben würden. Wir mussten sie eben zwingen«, beschreibt er seine damalige Sichtweise. Und zum militärischen Kräfteverhältnis sagt er:»Wir fühlten uns absolut überlegen und ich glaubte, dass England genauso besiegt würde wie zuvor Polen und Frankreich.« Die meisten deutschen Piloten hatten zwar Flugerfahrung und zumeist auch eine Schießausbildung absolviert. Doch sie merkten bald, dass sie beim Einsatz gegen Großbritannien an ihre Grenzen stießen. Die Führung befahl, dass die meisten Jagdflugzeuge zum Begleitschutz der Bomber eingesetzt werden sollten – von »freier Jagd«, für die man ausgebildet war, war nur selten die Rede. Bei diesen Begleiteinsätzen zeigte sich zudem, dass die »Me 109«-Jäger nicht genügend Benzin zuladen konnten. Nach dem Flug über den Kanal reichte der Sprit für maximal zehn Flugminuten über der Insel. Wer es dann noch zurück nach Frankreich schaffen wollte, musste abdrehen. Ulrich Steinhilper:»Ich hatte über England nie Angst

Kaum hatten wir die Bomber verlassen, merkten wir, dass wir starken Gegenwind hatten. Wir flogen so tief wie möglich, aber ein Pilot nach dem anderen meldete per Funk:»Bei mir brennt die Lampe«, das hieß, er hat noch für etwa zehn Minuten Sprit. Dann, ebenfalls nacheinander die Meldung:»Motor steht!« Wir konnten nur sagen:»Bei dem hohen Wellengang nicht ins Wasser gehen, hochziehen und abspringen!« Das passierte dann unterwegs 21 Mal. Das heißt, wir haben aus Spritmangel an diesem Tag 21»Me 109« verloren. 19 Flugzeugführer sind ertrunken und nur zwei wurden von Seenot-Flugzeugen gerettet.

Ulrich Steinhilper,
ehemaliger Jagdflieger

vor ›Spitfires‹ oder ›Hurricanes‹, aber ich hatte immer große Sorge, ob mein Benzin reichen würde.« Auf dem Rückflug nach Frankreich wegen Spritmangels zu Wasser notlanden zu müssen, war für viele Piloten eine Schreckensvorstellung, die allzu oft zur Wirklichkeit wurde. Zahlreiche deutsche Flieger starben nicht in Luftkämpfen oder bei Abstürzen, sondern durch Ertrinken oder Unterkühlung – auch im Spätsommer beträgt die Überlebensdauer im kalten Wasser des Ärmelkanals maximal vier Stunden. Die Verluste an Männern und Maschinen waren erheblich, denn die eingesetzten deutschen Seenotrettungs-Flugzeuge fanden nur wenige der im Wasser treibenden Piloten. Außerdem waren die Rettungsflieger leichte Beute für britische Flugzeuge, die sie systematisch angriffen, um die Rettung und den Wiedereinsatz deutscher Piloten zu verhindern. Rudolf Miese, damals Jagdflieger:»Wir hatten natürlich einen großen Nachteil: Selbst bei einem kleinen Motorschaden fiel man entweder in den Bach oder kam in englische Gefangenschaft. Der Vorteil der Engländer war: Wenn sie runterkamen und nicht verwundet waren, dann hielt der

nächste Pkw an. Sie ließen sich sofort zu ihrem Flugplatz zurückfahren und waren wieder einsatzfähig.«

Mitte September endete die erste Phase der »Luftschlacht um England« mit einem klaren Punktsieg der Briten. Die Luftherrschaft über der britischen Insel würde die Luftwaffe nicht erringen können, das hatte die Royal Air Force demonstriert. Auch die Tagesangriffe der deutschen Bomber hatten sich als verlustreiche Aktionen erwiesen. Die ungebrochene Gegenwehr der Royal Air Force bewegte die Luftwaffe dazu, Bombenangriffe größeren Stils fortan nur noch bei Nacht zu fliegen. Diese Wendung allerdings machte den Erfolg der Briten zu einem bitteren Sieg. Nachts war Dowdings Verteidigungs- system unwirksam. Der Radar »sah« zwar alle Anflüge, die Jagd- flugzeuge aber waren in der Nacht blind. Bis zur Entwicklung von erfolgreichen Nachtjagdflugzeugen musste die Air Force hilflos mit ansehen, wie sich deutsche Bomber fast ungehindert Nacht für Nacht

»Ende eines England- flugs« – ein deutscher Pilot wird gefangen genommen

über Großbritannien bewegten. Scheinwerfer und Flakfeuer machten diese Flüge für die Luftwaffe zwar »ungemütlich«, so ein Beteiligter, doch Abschüsse erzielte die Luftabwehr kaum.

Für die Bewohner Londons begann nun eine schreckliche Prüfung: 57 Nächte hintereinander griffen die Deutschen an. Mitte September begann das, was die Briten bis heute als den »Blitz« bezeichnen. Bei Dunkelheit war die Zielgenauigkeit der Bomber noch geringer, und so wurden Nacht für Nacht Zivilisten getötet. Der Feuerwehroffizier Cyril Demarne berichtet über den Londoner Stadtteil West Ham:»Die Royal Docks waren 1850 angelegt worden; die Industrieanlagen standen auf engstem Raum. Die Häuser der Arbeiter hatte man direkt daneben gebaut, damit sie schnell zur Arbeit kamen. Bei den kleinen Häusern in den eng bebauten Straßen der Docklands reichte schon die Explosion einer fehlabgeworfenen leichten Bombe, um die halbe Straße zu zerstören.« In Vierteln wie diesem waren die meisten Opfer zu beklagen. Cyril Demarne über seine ersten Eindrücke an den Orten der Zerstörung:»Man sah den Überlebenden, die Familienmitglieder verloren hatten, den schrecklichen Schmerz an. Sie

Was mir am stärksten in Erinnerung blieb, war diese Müdigkeit, diese ständige Müdigkeit und der Wunsch, in ein sauberes, frisch bezogenes Bett zu kriechen und sich auszuschlafen. Es gab nichts, auf das man sich freuen konnte. Man lebte nicht, man existierte nur.

Phyllis Damonte,
London, damals
19 Jahre alt

»London brennt« –
Angriffe auf die Metropole fordern insgesamt
20 000 Opfer

hockten im Schutt ihrer Häuser, sie gruben die verstümmelten Leichen ihrer Angehörigen aus, sie drückten diese Körper an sich und schrien – schrecklich!«

Die Masse der Londoner Arbeiterschaft bemühte sich, den »Blitz« stoisch zu ertragen. Der Polizist Frank Whipple tat im Londoner East End Dienst und beschreibt den besonderen Menschenschlag: »Die meisten wussten, gerade nach der Weltwirtschaftskrise, was Armut ist. Sie konnten gewisse Entbehrungen ertragen, das machte sie stark. Als die Bombardierung zur Normalität wurde, akzeptierte man das einfach als etwas Unvermeidliches – und machte das Beste daraus.« Einen starken Gemeinschaftsgeist gab es ohnehin, denn im East End war man politisch gut organisiert. Mit Sitzblockaden in Luxushotels in der City, die meist gute Luftschutzräume boten, erzwangen die Demonstranten unter Führung eines kommunistischen Stadtverordneten, dass die Londoner Stadtregierung die U-Bahn-Stationen im Stadtzentrum öffnete, um sie den Bewohnern des East End als Luftschutzräume zur Verfügung zu stellen. Frank Whipple: »Von da an gab es jeden Abend einen Exodus aus dem East End zu den sicheren U-Bahn-Stationen.«

Allabendlich zog es auch Grace Maynard zur U-Bahn-Station Stratford. Zwei ihrer zehn Geschwister trug sie auf dem Arm, die anderen liefen nebenher. Die Kinder hatten die Sandwichpakete in der Hand, ihre Mutter schleppte das Bettzeug. »Man glaubt nicht, wie viele Leute sich da einfanden. Manchmal musste man zehn Minuten, eine Viertelstunde laufen, bevor man ein Plätzchen fand, an dem man sein Bettzeug ablegen konnte. Wir gingen bis in den Tunnel hinein, die Station war uns nicht sicher genug.«

Was ich am meisten hasste, waren die Morgen nach den Angriffen. Wenn ich aufstand, gab es keine Elektrizität, kein Gas. Es gab genug Holz, um Wasser zu kochen, aber kein Wasser. Also ging ich mit dem Topf auf die Straße, um Wasser zu besorgen. Wenn ich keines fand, ging ich schmutzig und ohne etwas getrunken zu haben zur Arbeit.
Grace Maynard, London,
damals 19 Jahre alt

Die Kinder spielten mit ihren Freunden, bis sie müde waren, erzählt die damals 19-Jährige: »Wenn sie schlafen konnten, wurde es ruhig. Irgendwann früh morgens stand irgendjemand auf, und plötzlich wurden alle wach.« Der Gemeinschaftsgeist der Leute aus dem East End sei großartig gewesen, es wurde gesungen und gelacht, erinnert sie sich. »Die Leute hatten keine Angst – da unten nicht. Es war besser als alleine in seinem Haus zu sitzen.« Ein Vergnügen war dieses Leben jedoch nicht. Die hygienischen Verhältnisse waren katastrophal und es stank bestialisch, so Grace Maynard: »Es gab keine Toiletten, die Leute brachten ihre eigenen Nachttöpfe mit.« Der Alltag der jungen Frau

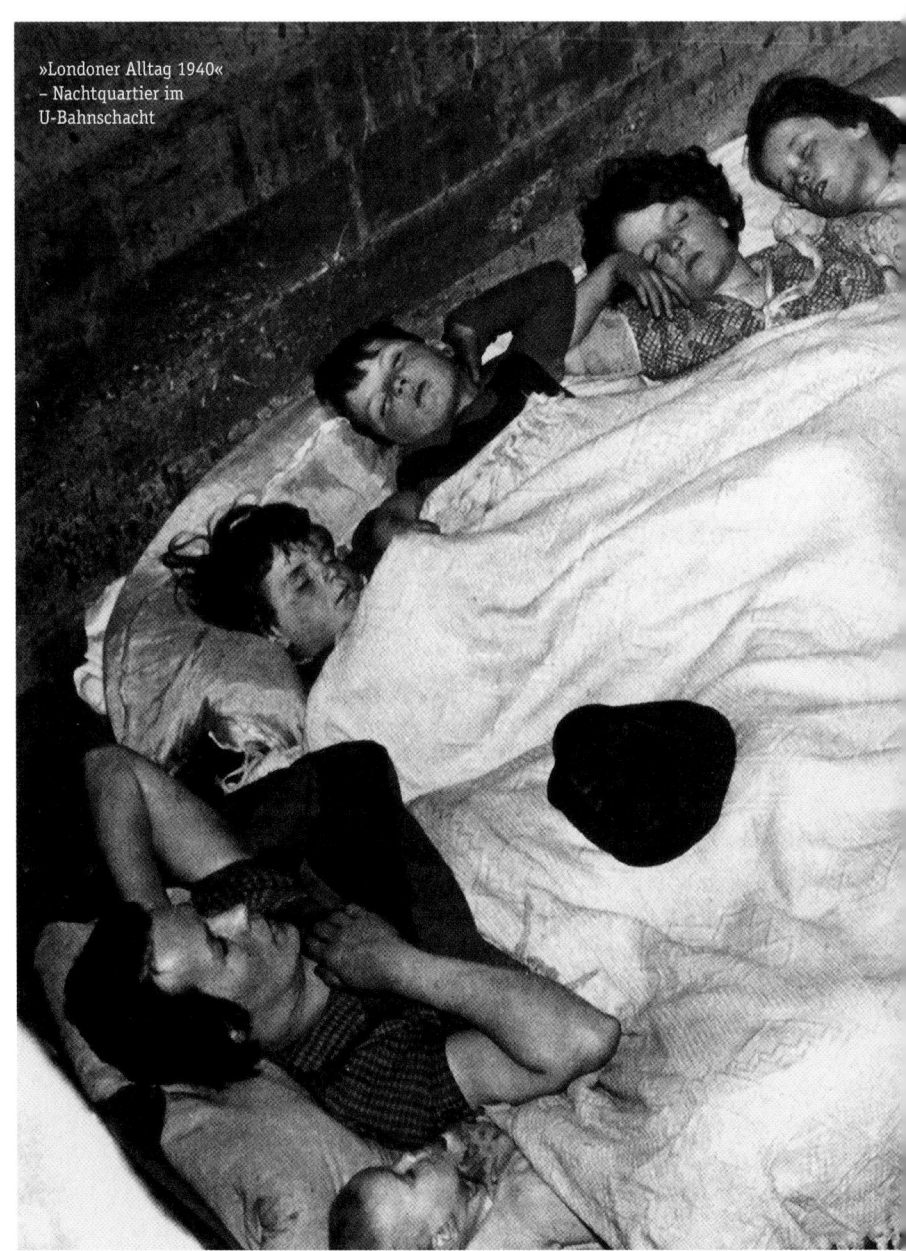

»Londoner Alltag 1940«
– Nachtquartier im
U-Bahnschacht

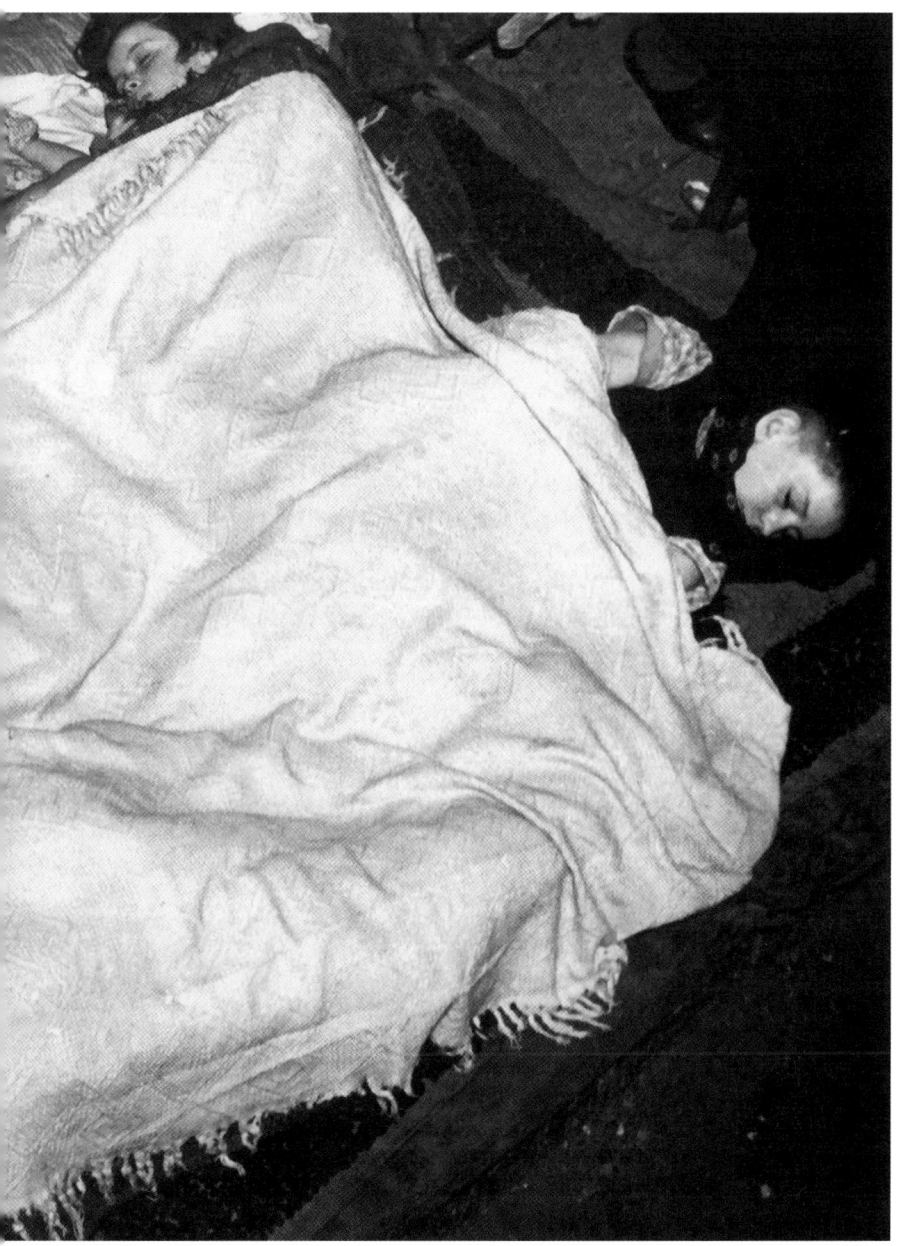

war kräftezehrend:»Am nächsten Morgen schleppten wir alles zurück. Meine Mutter hängte das Bettzeug im Garten auf eine Leine, um sicherzugehen, dass keine Flöhe drin blieben. Ich ging zur Arbeit, und meine Mutter machte bis fünf Uhr ihre Hausarbeit. Am Abend gingen wir wieder zur U-Bahn-Station. Und das ging wochenlang so.«

Ab Oktober waren wieder zusätzlich deutsche Jagdbomber Tag für Tag über London im Einsatz. Die»Me 109«-Jäger trugen jeweils eine Bombe und sollten eine ständige Bedrohung darstellen, um»London im Luftschutzkeller zu halten«, wie es hieß. Diese Nadelstiche aber ließen die Millionenstadt fast völlig ungerührt. Dafür zerrte der Dauereinsatz an den Nerven der deutschen Jagdpiloten, die inzwischen seit vier Monaten im Einsatz waren und mehrmals am Tag Richtung Großbritannien flogen.»Das Wort ›Kanalkrankheit‹ war zwischen mir und anderen Flugzeugführern in aller Munde«, erinnert sich der ehemalige Pilot Ulrich Steinhilper. Bei einigen seiner Kameraden häuften sich Stresssymptome, besonders Magenprobleme und chronischer Durchfall waren an der Tagesordnung.»Manche der höheren Offiziere ließen sich auch den Blinddarm herausschneiden und brauchten drei Wochen Erholungszeit. Für uns als Flugzeugführer, die an der Front aktiv weiterflogen, war klar: ›Kanalkrankheit gleich Feigheit.‹«

Die Luftwaffe hatte sich Anfang Oktober weit entfernt von ihrem ursprünglichen Ziel – der Erringung der Lufthoheit als Vorbereitung für eine eventuelle Invasion. Die war ohnehin schon längst von Hitler abgeblasen worden. Bereits Anfang September hatte er das sowieso nur halbherzig geplante»Unternehmen Seelöwe«»bis auf weiteres« verschoben. Ihm war klar geworden, dass die Luftwaffe die Briten weder»invasionsreif» noch»an den Verhandlungstisch bomben« würde. Für Hitler gab es einen Schuldigen: Hermann Göring. Das »Versagen« der Luftwaffe gegen die Royal Air Force machte ihm bewusst, dass die Parolen seines Paladins von der»unbesiegbaren Luftwaffe« Produkte dessen hochfliegender Phantasie gewesen waren. Er sollte Göring nie wieder sein volles Vertrauen schenken. Der beleidigte Reichsmarschall verlor im Herbst 1940 zunehmend das Interesse an der Luftschlacht und zog sich häufig zur Jagd in die Rominter Heide zurück.

Die Angriffe wurden fortgesetzt – mit neuen Schwerpunkten. Die »Feindnachrichtenabteilung« hatte schon am 20. September die »Angriffsschwerpunkte der nächsten Zeit« genannt: Bei Angriffen auf Industriestädte wie etwa Coventry würde»die Wirkung auf die

»Keine Angst da unten« –
Londonerinnen im Luft-
schutzraum

Rüstungsindustrie noch dadurch besonders gesteigert, weil die unmittelbar in Werksnähe wohnende Arbeiterschaft stark in Mitleidenschaft gezogen wird. Infolge der leichten Bauweise von Fabrik- und Wohngebäuden unter enger Zusammendrängung des bebauten Raumes ist hier eine besonders starke Wirkung bei Brandbombeneinsatz zu erwarten.«

Nacht für Nacht waren deutsche Bomber im Einsatz. Einzeln, nicht im Formationsflug, machten sich die Maschinen auf den Weg nach England. Die Bomber eines Verbands starteten in kurzen Abständen hintereinander und suchten sich ihre Routen selbstständig, um dann in England ihre vorgegebenen Ziele ausfindig zu machen. So waren zwar hunderte von Flugzeugen in der Luft, doch die Angriffe auf britische Städte splitterten sich in zahllose Wellen auf. Stundenlang dauerten die Luftalarme, stundenlang fielen Bomben. Markiert und beleuchtet wurden die Ziele durch Pfadfinder, die Leuchtbomben an Fallschirmen abwarfen.

»Symbolträchtiger Ort« – die zerstörte Kathedrale von Coventry

Reg Buggins hatte sich an die fremden Flugzeuge, die im Herbst 1940 fast jede Nacht seine Heimatstadt Coventry überflogen, gewöhnt. Mit seinen Freunden beobachtete er abends die Flugzeuge am Himmel, die

von zahlreichen Scheinwerfern angestrahlt wurden. »Der fliegt nach Sheffield, der nach Birmingham – so spekulierten wir dann«, erinnert sich der damals 13-Jährige. Coventry war ein Zentrum der Metall verarbeitenden Industrie, 20 000 Menschen arbeiteten in den rüstungswichtigen Betrieben, die auch Teile für die »Spitfire« und andere Flugzeugtypen herstellten. Ab und zu hatte es bereits vereinzelte Bombenabwürfe gegeben, unter anderem war im Oktober 1940 Reg Buggins' Schule zerstört worden. Doch große Angst vor einem Angriff hatte man in Coventry nicht. »Der Abend des 14. November verlief zunächst ganz normal – bis mein Vater nach Hause kam. ›Das ist ein Großangriff‹, rief er und warf sein Fahrrad in den Schuppen. Wir schalteten alle Lichter aus und rannten zum Luftschutzraum in den Garten. Unzählige Brandbomben gingen nieder. Die Fabrik, in der mein Vater arbeitete, lag etwa 100 Meter Luftlinie entfernt. Eine Viertelstunde später brannte die Hälfte des Gebäudes lichterloh.« Die ganze Nacht über waren Bomber über Coventry im Einsatz, Reg Buggins verbrachte mit seiner Familie Stunden des Schreckens in dem improvisierten Gartenbunker. Am darauffolgenden Morgen war er fassungslos: »Als ich die Trümmer sah,

An einem der Tage nach dem Angriff machte unser Lehrer die übliche Anwesenheitskontrolle. Er rief die Namen auf: Brown, Buggins .... dann kam er beim Namen Smith an. Keine Antwort. Er schaute auf, alle waren ganz still, schauten auf den leeren Platz. Dann hob einer die Hand und sagte: »Sir! Volltreffer, die ganze Familie ist tot.« Der Lehrer musste sich sehr zusammenreißen. Dann trug er bei Smith eine Null ein mit dem Vermerk: »Vermutlich getötet. Warten auf Bestätigung.«

Reg Buggins, Coventry,
damals dreizehn
Jahre alt

die Zerstörung, konnte ich mir gar nicht vorstellen, dass noch andere
überlebt hatten. Wo kam all dieser Schutt her? Das waren doch mal
Häuser, in denen Menschen lebten. Es war unvorstellbar.« 454 deutsche Bomber hatten in der Nacht insgesamt 600 Tonnen Spreng- und
Brandbomben über der Stadt abgeladen. Das Zentrum von Coventry
wurde schwer zerstört, die Kathedrale aus dem 14. Jahrhundert brannte aus. 14 von 29 Industriebetrieben waren schwer getroffen worden.
554 Menschen starben, 865 wurden verletzt.

Im Anschluss an diesen Angriff ließ sich Propagandaminister Joseph
Goebbels dazu hinreißen, der Welt eine Wortschöpfung aufzudrängen,
die in ihrem Zynismus noch heute schaudern lässt:»Coventrieren«
wolle man auch andere britische Städte, verkündete er. Der ehemalige
deutsche Bomberpilot Gerhard Baeker erinnert sich daran, dass er
und seine Kameraden Goebbels' Wortschöpfung mit Unmut aufnahmen. Sie hätten versucht, präzise ihre Ziele zu treffen und Goebbels
hätte sie in einem ganz anderen Licht dargestellt:»Das machte uns
wütend. Wir hatten nicht den Auftrag gehabt, die Stadt Coventry dem
Boden gleich zu machen. Das geschah nicht, und das konnten wir
auch gar nicht mit unseren Mitteln. Dieser Ausdruck ›coventrieren‹
war reine Propaganda, die den Engländern genügend Material in die
Hände gab, nun ihre Angriffe gegen deutsche Städte zu rechtfertigen.«
Großbritanniens Städte litten bis zum Mai 1941 unter den Schlägen
der Luftwaffe – fast 42 000 Zivilisten starben in den knapp elf Monaten der»Schlacht um England« – allein in London etwa 20 000. Erst
als Hitler den Krieg gegen die Sowjetunion vorbereitete und seine Geschwader nach Osten verlegte, konnten die Menschen in London und
Liverpool, in Birmingham und Bristol, in Glasgow, Belfast, Coventry
und in unzähligen anderen Städten aufatmen.

Vielleicht hat die Einstellung unserer Tages-
angriffe sie vor der Vernichtung ihrer Jagd-
waffe gerettet. Unsere Angriffe auf die engli-
sche Industrie können diese nicht zertrüm-
mern.

Hitler am
5. Dezember 1940

Entscheidende Erfolge hatte die Luftwaffe
nicht erzielen können. Schon am 7. Oktober
1940 hatte General Otto Hoffmann von
Waldau, Chef des Luftwaffenführungsstabs,
knapp analysiert:»Um Engländer kleinzu-
kriegen, vierfaches nötig.« Zumindest ebenso
nötig wäre wohl ein durchdachtes Konzept
gewesen. Doch da die politische Führung
keine klar definierte Strategie hatte, fiel es der militärischen Führung
äußerst schwer, maßgeschneiderte Einsatzkonzepte zu erarbeiten und
durchzusetzen. Am wirksamsten wäre wohl die Konzentration der
Angriffe auf die Infrastruktur der Air Force am Boden oder auf die

»Zutiefst schockiert« –
Überlebende in
Canterbury

Luftrüstungsindustrie gewesen. Der größte Fehler der Deutschen in der ersten Phase der Luftschlacht war, dass keine Taktik konsequent und lang genug verfolgt wurde, um einen durchschlagenden Effekt zu erzielen. Auch Arroganz führte zu Fehlurteilen: So erwies sich die Idee, die britischen Jäger in Luftkämpfen zu dezimieren, als illusorisch – diese wehrten sich natürlich, statt sich abschießen zu lassen. In der zweiten Phase der Schlacht griff man Rüstungszentren in ganz Großbritannien an, um im strategischen Luftkrieg die wirtschaftlichen »Kraftquellen« des Landes zu treffen und die Moral der Bevölkerung zu erschüttern. Abgesehen davon, dass die Luftwaffe nachts die Lufthoheit über den britischen Inseln ausübte, fiel auch die Bilanz des Bombenkriegs negativ aus: Rüstung und Wirtschaft Großbritanniens wurden nie ernsthaft gefährdet, die Moral der Bevölkerung nicht gebrochen.

Wir konnten England belästigen, ihm Schäden zufügen, aber besiegen konnten wir das Land von der Luft und der See aus nicht. Zumal damals schon der Nachschub aus Amerika kam.

Gerhard Baeker,
damals Kampfpilot
der Luftwaffe

Insgesamt positiv fiel dagegen die Bilanz der Briten aus. Sie hielten sich an das Konzept ihrer Luftverteidigung, und Mitte September war klar, dass die Luftwaffe die Luftüberlegenheit am Tag nicht erkämpfen konnte. Die Deutschen verloren von Juli bis Ende Oktober fast 1500 Flugzeuge, davon 800 Jäger, die Briten dagegen »nur« 1000 Jagdflugzeuge. Die deutsche Seite verzeichnete Verluste von 2698 Mann – durch Abschüsse, Abstürze und Gefangennahme. Auf britischer Seite fielen 544 Piloten dauerhaft durch Tod oder schwerste Verwundung aus. Die Zahlen zeigen: Die Luftwaffe bezahlte einen hohen Preis, ohne eine Entscheidung erzwingen zu können. Der größte Sieg der Briten aber war psychologischer Art: Die »Luftschlacht um England« brachte das Ende vom Mythos der Unbesiegbarkeit der deutschen Luftwaffe.

Vom ersten Tag des Krieges bis zu seinem Ende kam es mir nie in den Sinn, dass wir diesen Krieg verlieren könnten. Wir waren Briten, wir konnten gar nicht verlieren – das war unmöglich.

Bam Bamberger,
ehemaliger »Spitfire«-
Pilot

Dass die britische Luftverteidigung bei der Abwehr der nächtlichen Bomberoffensive ab Mitte September versagt und dem »Blitz« über Englands Städten nichts entgegenzusetzen hatte, wird in der britischen Rückschau auf den Sommer 1940 oft vergessen. Doch die Gründe dafür liegen auf der Hand: Die »Battle of Britain« wurde schon Mitte September von Churchill zum grandiosen Sieg erklärt, zur erfolgreichen Abwehrschlacht gegen die Deutschen, die angeblich nur darauf warte-

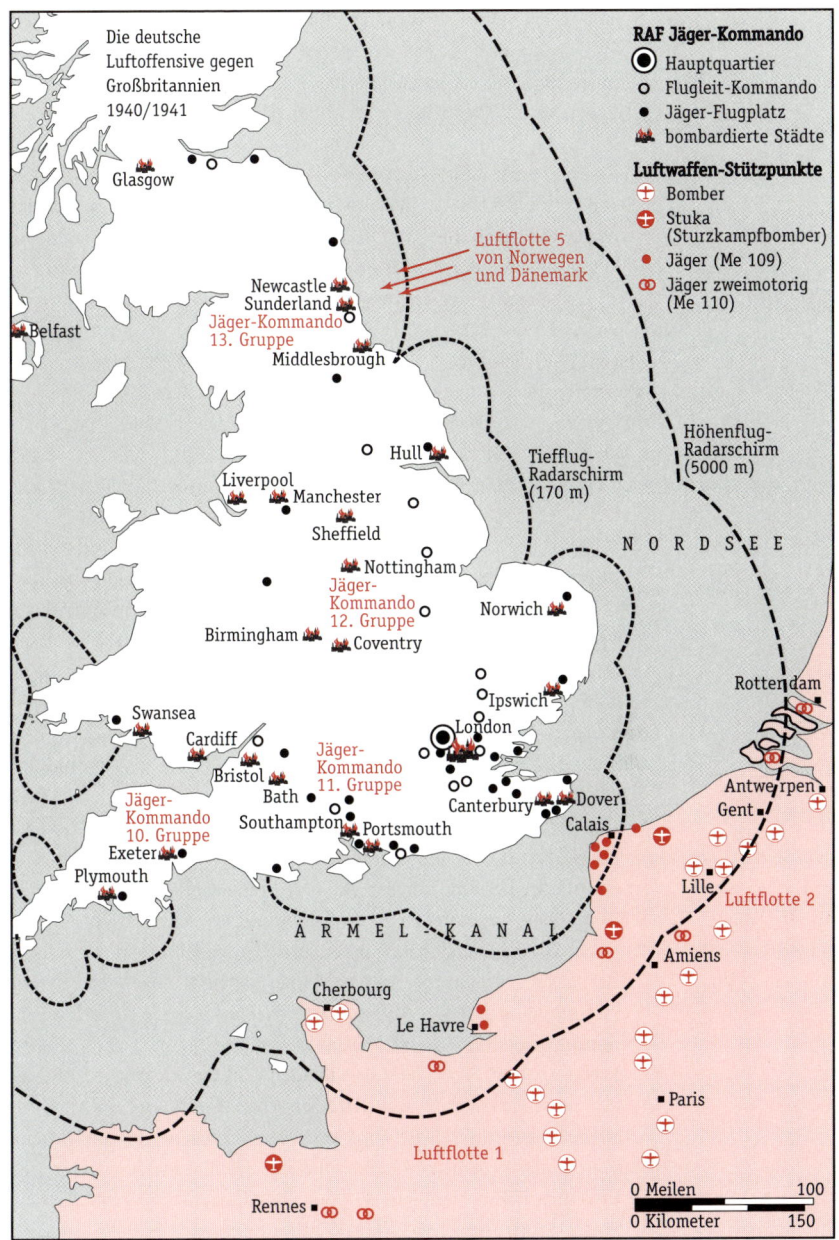

Die deutsche Luftoffensive gegen Großbritannien 1940/1941

RAF Jäger-Kommando
- ◎ Hauptquartier
- ○ Flugleit-Kommando
- ● Jäger-Flugplatz
- 🔥 bombardierte Städte

Luftwaffen-Stützpunkte
- ⊕ Bomber
- ⊕ Stuka (Sturzkampfbomber)
- ● Jäger (Me 109)
- ∞ Jäger zweimotorig (Me 110)

Glasgow

Luftflotte 5 von Norwegen und Dänemark

Newcastle
Sunderland
Jäger-Kommando 13. Gruppe
Belfast
Middlesbrough

Hull

Tiefflug-Radarschirm (170 m)

Höhenflug-Radarschirm (5000 m)

Liverpool
Manchester
Sheffield

N O R D S E E

Nottingham
Jäger-Kommando 12. Gruppe
Norwich

Birmingham
Coventry

Rotterdam

Swansea
Cardiff
Bristol
Bath
Jäger-Kommando 11. Gruppe
Ipswich
London
Canterbury
Dover
Calais

Antwerpen
Gent

Jäger-Kommando 10. Gruppe
Southampton
Portsmouth
Exeter
Plymouth

Lille

Luftflotte 2

Ä R M E L - K A N A L

Cherbourg
Le Havre

Amiens

Paris

Luftflotte 1

Rennes

0 Meilen 100
0 Kilometer 150

271

ten, durch eine Invasion die Inselnation zu unterjochen. Dass »Seelöwe« eine Chimäre war, wurde damals – wie auch heute noch – in Großbritannien gerne unter den Tisch gekehrt. Churchill pflegte in Reden und Publikationen die Mythen jenes »Schicksalssommers« 1940. Die »Helden« der Schlacht um England – etwa 3000 Piloten, darunter auch Exil-Polen und Tschechen – wurden schon im Herbst 1940 von Winston Churchill mit einem klassisch gewordenen Ausspruch zu Rettern der Nation erklärt: »Selten in der Geschichte kriegerischer Auseinandersetzungen hatten so viele so wenigen so viel zu verdanken.« Viele der jungen britischen Piloten sahen das pragmatischer: »Ich machte nur meinen Job und verteidigte mein Land. Wir wollten nicht, dass diese Eindringlinge unser Land zerstörten«, meint Zeitzeuge Bamberger heute. Dass daraus ein nationales Großereignis wurde, daran habe er wenig Anteil gehabt. »Es gab spätere Phasen des Krieges, in denen ich wahrscheinlich viel effektivere Einsätze geflogen bin.« Britannien, gerettet von einer Hand voll Helden – ganz so war es wirklich nicht. Die Flieger waren die Speerspitze einer Luftverteidigung, die nur durch die Arbeit von tausenden anderen – Luftraumbeobachter, Luftwaffenhelferinnen, Techniker, Mechaniker und Flaksoldaten – zu einem wirksamen Instrument geschmiedet wurde: Teamwork statt Heldentum. Überdies arbeiteten hunderttausende Rüstungsarbeiter so effizient, dass nie ein Mangel an modernen Jagdflugzeugen die Aktionsfähigkeit der RAF einschränkte.

Der Begriff »Battle of Britain« ist in meinen Augen eine geniale Propagandaerfindung von Churchill, denn er hat dadurch das Volk motiviert und vielleicht auch die Amerikaner beeinflusst.

Julius Meimberg,
ehemaliger Jagdflieger

Für die Briten hatte die Luftschlacht auch jenseits der Propaganda eine enorme Bedeutung. Ihr Durchhaltevermögen überzeugte sie selbst davon, dass sie Hitler noch etwas entgegenzusetzen hatten. Außenpolitisch hatte die Schlacht einen entscheidenden Effekt. Churchills Propaganda war immer auch für amerikanische Augen und Ohren bestimmt gewesen. Der Mythos vom Sieg Davids gegen Goliath wurde nun von amerikanischen Londonkorrespondenten in den US-Medien kräftig gepflegt. Schon bald stand in den USA die öffentliche Meinung auf Seiten der tapferen und erfolgreichen Briten, auf die man im Kampf gegen Hitler langfristig setzen konnte. Roosevelts probritische Politik, die geplanten Kredite und Materiallieferungen waren der US-Öffentlichkeit nun leichter plausibel zu machen. So hatte die offiziell noch neutrale Macht schon Anfang September 1940 insgesamt fünfzig alte Zerstörer den Briten übergeben. Im Austausch dafür erhielten die Amerikaner Flottenstützpunkte auf britisch verwalteten Inseln in der Karibik. All dies waren wichtige erste Schritte zu einer intensiven militärischen Zusammenarbeit. US-Militärplaner zogen aus dem Sieg der Briten wichtige Schlüsse für längerfristige geostrategische Planungen: Sie wussten nun, dass Großbritannien ein uneinnehmbarer »Flugzeugträger« war – das hieß: bei einem europäischen

»Unersetzbare Verluste« – viele gut ausgebildete Piloten enden in britischen Gefangenenlagern

Die breite Öffentlichkeit wollte den »Battle of Britain«-Piloten erst keinen besonderen Ehrenplatz einräumen. Es gab so viele andere Kriegsschauplätze, auf denen Väter, Brüder und Onkel gestorben waren. Man hielt sie alle für Helden, egal, welche Schlacht sie geschlagen hatten. Erst die Presse bauschte das Thema auf, Chefredakteure widmeten den Piloten dicke Schlagzeilen. Die Heldenverehrung war ein Pressephänomen und wurde nicht vom Mann auf der Straße geteilt. Nach dem Krieg ließ das Interesse an der »Schlacht um England« nach, der Krieg hatte so viele Facetten: D-Day, die Eroberung Deutschlands etc. Erst in den sechziger Jahren merkten die Leute, dass ihre Piloten wirklich Helden waren, die etwas Großartiges geleistet hatten. Erst da gab es Bücher, Zeitschriftenartikel, in denen Leute interviewt wurden und über ihre Erfahrungen in der »Battle of Britain« redeten.

Roy Humphreys,
Jahrgang 1930

Landkrieg gegen Hitler-Deutschland eine ideale Absprungbasis für Operationen auf dem europäischen Festland.

Es verwundert nicht, dass die Erfolgsgeschichte der »Battle of Britain« für viele Briten auch heute noch ein Nationalepos ist – »wie der trojanische Krieg es für die Griechen zu Zeiten Homers war«, schreibt der britische Luftkriegshistoriker Stephen Bungay. Ganz anders die Erinnerung in Deutschland. Die »Luftschlacht um England« ist fast vergessen, den wenigen Interessierten gilt sie eher als unbedeutende Episode, bei der nicht viel gewonnen, aber auch nicht viel verloren wurde. Der Krieg gegen die Sowjetunion beschäftigt die kollektive Erinnerung der Deutschen in viel stärkerem Maße. Die traumatischen Ereignisse des »Krieges im Osten« prägten nicht nur die Kriegsgeneration, sondern auch jene, die ihr folgten. Vergessen wird darüber, dass die »Luftschlacht um England« tatsächlich ein wichtiger Wendepunkt des Zweiten Weltkriegs war: Zum einen ließ sie die Amerikaner näher an die Briten heranrücken. Damit wurden 1940 die Grundlagen für eine Allianz gelegt, die 1944 mit der erfolgreichen »D-Day«-

»A cup of tea!« Ein
Bobby spendet Trost

Landung den ersten Schritt zur Befreiung Europas vom Nationalsozialismus legte. Zum anderen flogen vom »Flugzeugträger« Großbritannien ab 1942 britische und amerikanische Bomber Tag für Tag, Nacht für Nacht gegen das Deutsche Reich. Rücksichten im Luftkrieg nahmen die Briten seit dem 7. September 1940 nicht mehr. Der deutsche »Blitz« über London war das Fanal für einen uneingeschränkten Luftkrieg, unter dem ab 1942, als die RAF über eine schlagkräftige Bomberflotte verfügte, vor allem die deutsche Zivilbevölkerung zu leiden hatte. Vom »Blitz« über Britanniens Städten führte ein direkter Weg zum »Feuersturm« von Dresden.

»Davon gekommen« – ein ausgebombter Londoner mit den Resten seines Hausstands

»Im Bombenhagel« –
US-Tagesangriff auf ein
Flugzeugwerk bei
Bremen, 1944

Köln, Lübeck, Dresden, Hamburg. Namen deutscher Städte, die einer verheerenden Welle von Luftangriffen zum Opfer fielen. Der Luftkrieg gegen die Städte, die tagtägliche Konfrontation mit dem Tod, der Verlust von sämtlichem Hab und Gut, die qualvollen und angsterfüllten Nächte in den Bombenkellern wurden zum Trauma für eine ganze Generation. Bis Anfang des Jahres 1945 waren 45 der 60 wichtigsten deutschen Städte weit gehend zerstört.

Der Feuersturm

Sidney Brown aus Florida empfindet keinen Hass mehr. Nach über einem halben Jahrhundert habe er längst verziehen, antwortet der 76-jährige ehemalige Pilot der US-Air Force lächelnd auf die Frage eines Journalisten. Am 26. August 2001 ist er auf Einladung der Stadt zu einer Gedenkfeier nach Rüsselsheim bei Frankfurt gekommen. Er hat seine Frau und einige Freunde mitgebracht an den Ort, mit dem sich für ihn die Erinnerungen an den wohl schlimmsten Tag seines Lebens verbinden. Als er den Brief der Stadtväter in seiner Post fand, hatte er kurz gezögert. Vielleicht würde er ja noch einige Leute wiedererkennen, vielleicht würden die Erinnerungen auch zu schmerzlich sein. Jetzt wirkt er gelassen. Ja, er erkenne Rüsselsheim wieder, sagt er. Allerdings habe er die Frankfurter Straße länger in Erinnerung, als sie ist. Damals sei sie ihm endlos erschienen.

Damals, das war ein ähnlich heißer Sommertag, der 26. August 1944, als Sidney Brown zusammen mit sieben Kameraden als Kriegsgefangener durch Rüsselsheim geführt wurde. Zwei Tage zuvor war die Maschine der Amerikaner bei Hannover abgeschossen worden, nun

Mehrfach ist es vorgekommen, dass abgesprungene oder notgelandete Besatzungsmitglieder ... unmittelbar nach der Festnahme durch die auf das Äußerste empörte Bevölkerung an Ort und Stelle gelyncht wurden. Von polizeilicher und strafgerichtlicher Verfolgung der dabei beteiligten Volksgenossen wurde abgesehen.

Rundschreiben der
NSDAP-Parteikanzlei,
30. Mai 1944

waren sie auf dem Weg zum Lager Oberursel. »In Rüsselsheim stoppte unser Zug plötzlich«, erinnert sich Brown, »unsere Bewacher sagten, sie würden uns, da die Bahnstrecke zerbombt sei, in den Ostteil der Stadt zu einem anderen Bahnhof bringen.«

Der Weg der kleinen Gruppe führte durch eine Trümmerwüste. In der Nacht zuvor hatte ein Luftangriff der britischen Royal Air Force 1500 Tonnen Spreng- und Brandbomben auf die Stadt niedergehen lassen – der dritte große Angriff auf Rüsselsheim. Diesmal waren 900 Häuser zerstört worden, 198 Menschen waren gestorben. Als die Gefangenen den Marktplatz erreichten, wurden einige Passanten auf sie aufmerksam. »Wir sahen ihre Blicke, einige ballten bereits die Fäuste«, berichtet Brown, »wir spürten, jetzt wird es ernst.« Näher und näher rückten die Deutschen heran, zögernd, unschlüssig noch, bis der Schrei einer Frau den Bann brach: »Das sind die Terrorflieger, die letzte Nacht unsere Häuser zerstört und unsere Kinder ermordet haben. Schlagt sie zu Tode!« Dann flogen die ersten Steine.

Mit Knüppeln und bloßen Fäusten hieben die Rüsselsheimer auf die Amerikaner ein, die verzweifelt versuchten, durch die Frankfurter Straße zu entkommen. Johlend folgte ihnen der Mob und trieb die Gefangenen in einem wilden Zug in Richtung des Bahnhofsplatzes. Hier versperrte eine Gruppe Eisenbahnarbeiter den Weg. Für die Flieger gab es kein Entkommen. Mit Bahnschwellen und Trümmerstücken wurden sie auf das Pflaster niedergeprügelt, bis sie sich nicht mehr regten. Einige Umstehende starrten

Ich war zufällig zur falschen Zeit am falschen Ort.

Sidney Brown, Pilot
der US-Air Force

unsicher auf die Blutlache, die sich unter den Körpern ausbreitete. Jetzt werde er dem Leiden der Männer ein Ende bereiten, schrie plötzlich der Ortsgruppenleiter und schoss den Amerikanern mit seiner Pistole in den Hinterkopf, bis ihm die Munition ausging. Dann befahl er einigen anwesenden Hitlerjungen, einen Karren zu holen, auf dem die Leichen in Richtung Waldfriedhof gezogen wurden. »Mit einem Siegesgeschrei, als seien sie Indianer mit einer Kriegsbeute«, wie sich ein Beobachter später erinnerte, begleitete die Menge den schauerlichen Zug noch ein Stück des Wegs, bis ein erneuter Fliegeralarm sie schließlich auseinander trieb.

Sidney Brown hatte sich tot gestellt, nachdem ihm ein Rüsselsheimer mit einer Flasche eine schwere Wunde am Hinterkopf zugefügt hatte. Auch sein Freund William Adams lebte noch. Als die Straße leer geworden war, krochen die Flieger vorsichtig unter den Leichen ihrer Kameraden hervor. Vier Tage konnten sie sich verstecken, bis sie erneut gefasst und in ein Kriegsgefangenenlager gebracht wurden. Brown und Adams entschieden sich, zunächst über das Erlebte zu schweigen. »Wir wussten, hierfür würden die Deutschen keine Zeugen haben wollen«, sagt Sidney Brown.

Etwa hundert Fälle von Lynchjustiz gegen gefangene alliierte Piloten hat es während des Zweiten Weltkriegs in Deutschland gegeben, so schätzen Historiker. Das Verhalten der Anwohner von Rüsselsheim war eine Ausnahme, nicht die Regel. Den kollektiven Hass gegen den Kriegsgegner, den die nationalsozialistischen Machthaber in flammenden Reden über die »angloamerikanischen Terrorflieger« und »Luftgangster« herbeireden wollten, hat es nicht gegeben. Und doch ist die Geschichte des Bom-

Bete, Brownie, bete. Das hat mir der Kopilot ins Ohr geflüstert, bevor er gestorben ist.

Sidney Brown,
Pilot der US-Air Force

279

»Im Schatten des
Doms« – Blick auf den
Kölner Hauptbahnhof

benkriegs in Deutschland bis heute ein Kapitel, über das die wenigs-
ten, die ihn erlebten, ohne Schmerz und vielfach auch nicht ohne Zorn
sprechen können. Als in England 1992 ein Denkmal für Luftmarschall
Arthur Harris, den Chef des britischen »Bomber Command«, enthüllt
wurde, erhob sich ein Sturm der Entrüstung. Von »Geschmacklosig-
keit« war die Rede, von mangelndem Respekt gegenüber den Opfern
des Bombenkriegs, auch das Wort »Kriegsverbrecher« fiel, vor allem in
Zusammenhang mit der Zerstörung Dresdens im Februar 1945.

Der Bombenkrieg hat Anklagen und gegenseitige Beschuldigungen
nach sich gezogen wie kaum ein anderes Kapitel der Geschichte des
Jahrhundertkriegs. Millionen Menschen haben ihn als das einschnei-
dendste Erlebnis und den bedrohlichsten Abschnitt ihres Lebens empfunden. Was diesen Krieg so anders machte, war die Hilflosigkeit, mit
der ihm seine Opfer ausgeliefert waren. Vor dem Tod aus der Luft gab
es keine Möglichkeit des Entkommens, er schlug kaum vorhersehbar
und unterschiedslos zu. Am intensivsten hat dieses Erlebnis die
Deutschen geprägt, die vom Bombenkrieg, den das eigene Regime ver-
schuldet hatte, am stärksten betroffen waren. Wahrscheinlich mehr als
eine halbe Million Menschen haben in Deutschland zwischen 1940
und 1945 ihr Leben durch Bombenangriffe verloren. Lübeck, Köln,

Hamburg, Berlin, Dresden, ungezählte Kleinstädte, Dörfer – kaum eine Region blieb von den katastrophalen Zerstörungen verschont. Sieben Millionen Menschen hatten keine Wohnung mehr. Auf dem Gebiet der späteren Bundesrepublik türmte sich ein Trümmerhaufen von 310 Millionen Kubikmetern. Durchschnittlich etwa 40 Prozent aller Wohnungen in größeren Orten waren zerstört, in Köln waren es fast 70 Prozent. Die traurige Liste der Verwüstung führt die Stadt Düren an, die nahezu vollständig dem Erdboden gleichgemacht war. Als die Alliierten 1945 in Deutschland einmarschierten, befreiten sie ein Land, das sie zuvor verwüstet hatten.

»Hat Deutschland geglaubt, es werde für die Untaten, die sein Vorsprung in der Barbarei ihm gestattete, niemals zu zahlen haben?« Diese Frage stellte der im Exil lebende Thomas Mann über den britischen Rundfunk seinen Landsleuten und nahm damit Bezug auf die Bombardierung Lübecks. »Das geht mich an, es ist meine Vaterstadt«, so der Schriftsteller, »die Angriffe galten dem Hafen, den kriegsindustriellen Anlagen, aber es hat Brände gegeben in der Stadt, und lieb ist es mir nicht, zu denken, dass die Marienkirche, das herrliche Renaissance-Rathaus oder das Haus der Schiffergesellschaft sollten Schaden gelitten haben. Aber ich denke an Coventry – und habe nichts einzuwenden gegen die Lehre, dass alles bezahlt werden muss.« Eine kühle Rechnung, so scheint es, die mancher Lübecker dem prominenten Sohn der Stadt verübelt hat. Denn das vornehmliche Ziel des Angriffs waren nicht »kriegsindustrielle Anlagen«, sondern Wohngebiete. Die Bewohner der Hansestadt Lübeck gehörten zu den ersten Deutschen, die die volle Wucht des Krieges traf. Eines Krieges, der von NS-Deutschland heraufbeschworen worden war.

In der Nacht vom 28. auf den 29. März 1942 warfen 234 britische Flugzeuge 500 Tonnen Bomben über der Hansestadt ab. Um 2.15 Uhr war die Stadt ein Flammenmeer, die Planung der Strategen des britischen »Bomber Command« aufgegangen. Es hatte Lübeck getroffen, weil die Stadt gemäß den Kriterien, die die britische Seite im Verlauf der letzten Monate aufgestellt hatte, ein ideales Ziel bot. Die Stadt war durch ihre natürlichen Begrenzungen, die Ostseeküste und die Trave, leicht von der Luft aus zu orten. Aber mehr

Die Royal Air Force tat ab Anfang 1942 in Deutschland genau das, was die deutsche Luftwaffe mit den britischen Städten nicht geschafft hatte.
Max Hastings,
britischer Historiker

Die Marine kann uns den Krieg verlieren lassen, aber nur die Luftwaffe kann ihn gewinnen. Darum muss unser höchstes Streben auf die Erringung der totalen Luftherrschaft gerichtet sein.
Winston Churchill,
3. September 1940

»Krieg gegen Städte« –
Lübeck nach dem
Angriff vom März 1942

Unsere neuen Methoden erweisen sich als sehr erfolgreich. Essen, Köln und vor allem Lübeck teilten das Schicksal Coventrys. Ich bin davon überzeugt, dass wir unbedingt den ganzen Sommer damit fortfahren und Hitler im Rücken treffen müssen, während er sich mit dem Bären rauft.

Winston Churchill an
Präsident Roosevelt,
1. April 1942

noch: Mit seinen engen Gassen, den hölzernen Giebeln und Fachwerkhäusern war das mittelalterliche Stadtzentrum extrem brandanfällig. Die Stadt habe in ihrer Bebauung »eher einem Streichholz als einer menschlichen Behausung geglichen«, erinnerte sich später Luftmarschall Arthur Harris, dem wenige Wochen zuvor die Leitung des »Bomber Command« übertragen worden war.

Bei seinem Amtsantritt am 22. März 1942 übernahm Harris eine weit gehend ausgearbeitete Strategie: das Flächenbombardement deutscher Städte, dessen Urheber die verheerenden Brände in Wohngebieten nicht nur billigten, sondern geradezu beabsichtigten. »Nunmehr ist bekannt, dass Feuerschäden weitaus wirksamer als alle anderen Schäden in einem bebauten Gebiet sind, wenn die Brandbomben zeitlich konzentriert werden und ein Ausmaß erreichen, das die Feuerlöschdienste überwältigt«, stellte ein Grundsatzpapier für die Bombergeschwader am 10. November 1941 fest – übrigens eine Erkenntnis, die die deutsche Seite nach der Analyse der Angriffe auf Warschau bereits in die Praxis umgesetzt hatte.

Es war ein lebenswichtiges Ziel, aber es erschien mir besser, eine Industriestadt von mittlerer Bedeutung zu zerstören als einen Fehlschlag bei der Zerstörung einer großen Industriestadt hinzunehmen.

Arthur Harris, Leiter
des britischen »Bomber
Command«, 1947,
zum Angriff auf Lübeck
im März 1942

Die Luftangriffe der Royal Air Force auf das Deutsche Reich waren in den Jahren 1940 und 1941 weit gehend wirkungslos verpufft. Zu hoch waren die britischen Verluste, zu gering die tatsächlich angerichteten Schäden. Wenn auch die Abwehr deutscher Angriffe in der »Luftschlacht um England« dem Land enormen Auftrieb gegeben hatte, so verfügte Großbritannien doch noch keineswegs über die militärische Stärke, die eine Rückkehr auf den Kontinent ermöglicht hätte – es sei denn, es war eine Rückkehr in der Luft. Monat um Monat bauten die Briten ihre Bomberflotte aus – und führten sie einer Art der Kriegführung zu, die bewies, wie sehr der Kriegsverlauf die moralische Hemmschwelle gesenkt hatten. Am 14. Februar 1942 erhielt das »Bomber Command« eine neue Direktive. In Zukunft, so der Befehl, habe es seine Operationen gegen »die Moral der feindlichen Zivilbevölkerung, insbesondere der Industriearbeiter« zu richten. Um jegliches Missverständnis auszuräumen, reichte RAF-Oberbefehlshaber Charles Portal am Fol-

»Kriegsroutine« – ein britischer »Lancaster«-Bomber wird beladen

getag eine erklärende Ergänzung nach: »Betrifft: Die neue Bombardierungsdirektive. Ich nehme an, es ist klar, dass es sich bei den Zielpunkten um bebaute Gebiete handelt, nicht um Werften oder Flugzeugfabriken, wie es im Anhang A heißt. Dies muss ganz klargemacht werden, wenn es nicht bereits so verstanden worden ist.«

Der Angriff auf Lübeck war ein Wendepunkt im Bombenkrieg gegen Deutschland. Zum ersten Mal war ganz bewusst in großem Stil ein Wohngebiet zum Ziel erklärt worden. Der Strategiewechsel hatte auf der einen Seite ganz pragmatische Gründe: Noch funktionierte die deutsche Luftabwehr. Um der feindlichen Flak zu entgehen, mussten die britischen Bomber in großer Höhe fliegen. Präzise Abwürfe auf

»Tod aus der Luft« – fast eine halbe Million Deutsche sterben im Bombenkrieg

festgelegte Ziele waren auf diese Weise kaum möglich. Das Einzige, was sich so treffen ließ, waren große bebaute Flächen – wie es Stadtzentren fraglos sind.

Das Hauptmotiv jedoch war ein anderes: Der Kriegswille und die Moral der deutschen Bevölkerung sollten gebrochen werden, indem man sie, wie Arthur Harris formulierte, »obdachlos« bombte. Mit dieser Auffassung stand der Luftmarschall nicht allein. So berechnete Frederick Alexander Lindemann, der deutschstämmige wissenschaftliche Berater von Premierminister Winston Churchill, Ende März 1942 aufs Genaueste, wie viele Bomben benötigt würden, um binnen eines Jahres ein Drittel der deutschen Bevölkerung obdachlos zu machen. »Es besteht wenig Zweifel daran, dass dies die Moral der Bevölkerung zerbrechen wird«, so Lindemann, »unsere Ermittlungen scheinen zu bestätigen, dass der Wohnraumverlust die Moral spürbar niederdrückt. Es scheint die Leute stärker zu berühren als der Tod ihrer Freunde und sogar ihrer Angehörigen.«

Moralische Bedenken gegen die Ausweitung des Kriegsgeschehens auf die Zivilbevölkerung ließen sich augenscheinlich wegargumentieren: Auch Zivilisten waren letztlich diejenigen, die die Rüstungsindustrie am Laufen hielten. Sie zu treffen, hieß somit auch, die Militärmaschinerie Deutschlands zu treffen. Während des gesamten Luftkriegs gegen Deutschland sind auch in England die Stimmen nie verstummt, die gegen diese Art der Kriegsmoral protestiert haben. Die gewichtigste unter ihnen war sicherlich die von George Bell, dem Bischof von Chichester. »Es steht außer Zweifel«, appellierte der Bischof Anfang 1944 zum wiederholten Mal, »dass groß angelegte Städtebombardements von den Nazis begonnen wurden. Ich nehme auch völlig zur Kenntnis, dass bei Angriffen auf Zentren der Kriegsindustrie und des Verkehrs Zivilpersonen getötet werden, was als Resultat militärischer Aktionen unvermeidlich ist. Aber es muss ein faires Gleichgewicht zwischen den angewendeten Mitteln und dem angestrebten Ziel bestehen. Eine ganze Stadt zu vernichten, zerstört dieses Gleichgewicht.« Reden wie diese fanden Gehör, politisch und militärisch aber blieben sie ohne Folgen.

Der Alarm kam verhältnismäßig spät. Die »Christbäume« schwebten schon über uns, als wir zum Keller liefen. Da wussten wir, was auf uns zukommen würde. Wir hatten Angst, denn wir waren das nicht gewohnt. Es war das dritte Kriegsjahr und uns war nie etwas passiert. Zwar gab es oft Fliegeralarm – aber die englischen Geschwader flogen immer an uns vorbei, um ihre Bomben über Berlin oder anderswo abzuwerfen.
Thea Swift, Lübeck

Gott sei Dank hat Lübeck nur einen schweren Angriff erlebt, diesen allerersten Angriff.
Ilse Simm, Lübeck

Arthur Harris hat das Flächenbombardement gegen die deutsche Zivilbevölkerung nicht erfunden, doch er war bewusst für dessen Durchführung ausgesucht worden – und er erfüllte die in ihn gesetzten Erwartungen. Zum Zeitpunkt seiner Berufung an die Spitze des »Bomber Command« war Harris fünfzig Jahre alt und hatte bereits Erfahrungen in den Kolonialkriegen des britischen Empire gesammelt. »Butcher-Harris«, Harris der Schlächter, nannten ihn seine eigenen Männer, denen er schonungslos das Letzte abverlangte. »Bomber-Harris«, titulierte ihn die Presse im In- und Ausland. Tatsächlich war Harris zutiefst davon überzeugt, eine gewaltige Bomberstreitmacht allein könne Hitlerdeutschland in die Knie zwingen. »Sieg«, so versprach er im Juni 1942 Premierminister Winston Churchill, »erwartet die Seite, die als erste die Luftmacht so einsetzt, wie sie eingesetzt werden muss. Wir sind frei, wenn wir unsere rasch steigende Luftmacht richtig einsetzen. Richtig einsetzen heißt, Deutschland binnen weniger Monate aus dem Krieg zu knocken.« Das bedeutete im Klartext: Eine Invasion des Kontinents werde nicht mehr notwendig sein, das »Bomber Command« allein könne den Krieg beenden, indem es Deutschland in Schutt und Asche legte. Wenige Wochen nach seinem Amtsantritt äußerte Arthur

Machen wir Schluss mit dem Krieg, indem wir den Deutschen die Seele aus dem Leib schlagen.

Arthur Harris, Leiter des britischen »Bomer Command«

»Es hat noch niemand versucht« – Luftmarschall Arthur Harris will mit Bombern den Krieg gewinnen

Harris einem Reporter gegenüber:»Es gibt eine Menge Leute, die sagen, dass man mit Bombenangriffen nicht den Krieg gewinnen könne. Meine Antwort darauf ist: Es hat auch noch niemand versucht.«Harris hat es bis zum Frühjahr 1945 versucht: Bedingungslos, kompromisslos bis zur letzten Konsequenz, auch als längst klar war, dass er Unrecht gehabt hatte.

Die Bombardierung Lübecks schreckte die Naziführung aus ihrer selbstgefälligen Sicherheit.»Meier« wolle er heißen, wenn auch nur ein einziges feindliches Flugzeug in den Luftraum des Deutschen Reiches eindringe, hatte Reichsmarschall Hermann Göring einst vollmundig getönt. Noch am 6. März 1942 kommentierte Propagandaminister Joseph Goebbels die britische Ankündigung einer Verschärfung des Luftkriegs in seinem Tagebuch mit den Worten:»Das ist nun schon so oft geschehen, dass wir es nicht mehr ernst zu nehmen brauchen.« Nun aber, als er die Nachrichten aus dem zerstörten Lübeck erhielt, lamentierte er über einen»stark vergällten Sonntag«. Die Hauptsorge des Regimes aber galt nicht dem Leid der Betroffenen, sondern den Auswirkungen, die diese Demonstration britischer Stärke auf die Stimmung der Bevölkerung haben würde. Zwar beruhigte sich Goebbels in seinem Tagebuch zynisch, es handele sich ja»Gott sei Dank« um die norddeutsche Bevölkerung,»die im allgemeinen viel widerstandsfähiger ist als die süddeutsche oder südostdeutsche«, doch hieß es nun, die Betroffenen schnellstmöglich ruhig zu stellen. Erreichen ließ sich das nach Meinung des Regimes am ehesten durch demonstrative Großzügigkeit. Und so öffneten sich in Lübeck wie von Zauberhand die Tore der Vorratslager und die Städter erfreuten sich an

Trotzdem aber bleibt nicht zu verkennen, dass die englischen Luftangriffe an Umfang und Bedeutung zugenommen haben und, wenn sie in diesem Stil wochenlang fortgesetzt werden, gewiss eine demoralisierende Wirkung auf die Bevölkerung ausüben könnten.

Joseph Goebbels,
Tagebucheintrag vom
4. April 1942

Waren, die sie teilweise seit Jahren nicht mehr zu sehen bekommen hatten: Apfelsinen, Butter, Eier oder Bismarckheringe, ja sogar Wäsche, Schuhe, Strümpfe wurden generös verteilt. Auch finanzielle Einbußen, die die Lübecker Geschäftsleute aufgrund des Angriffs erlitten hatten, wurden schnellstmöglich ausgeglichen. Spezialverbände der Organisation Todt rückten an, um die Trümmer zu beseitigen und die Versorgung mit Gas, Wasser und Strom wiederherzustellen. Überraschend schnell normalisierte sich das Leben in Lübeck wieder. Bereits eine Woche nach dem Bombenangriff lag die Produktion wieder bei fast 90 Prozent des Normalniveaus.

Die britische Seite schätzte die angerichteten Schäden erheblich höher
ein. Noch im Mai gingen die Ökonomen davon aus, dass Lübeck noch
nicht die Hälfte des eigentlichen Produktionsniveaus erreicht habe.
Auch die Zahl der Toten überschätzte das »Bomber Command« um
ein Vielfaches. In Lübeck sind nicht, wie die Engländer damals annahmen, 2600 Menschen umgekommen, sondern wahrscheinlich rund
300. Eine Tragödie für die Stadt und ihre Bewohner war es gleichwohl
– und doch nur der Auftakt zu drei Jahren Bombenkrieg, in dessen
Zentrum vor allem die Zivilbevölkerung stand.

Der Bombenkrieg war Krieg in purer, unver-
hohlener Form.

Winfried G. Sebald,
Schriftsteller, 1999

Mit dem Angriff auf Lübeck und der Bombardierung Rostocks wenige Wochen später
hatte das »Bomber Command« seine gefährliche Schlagkraft bewiesen – die Zweifel an der
von Arthur Harris so vehement verfochtenen
Strategie des Flächenbombardements jedoch
verstummten nicht. Nach wie vor operiere die deutsche U-Boot-Flotte
höchst erfolgreich im Atlantik, beschwerten sich Vertreter der britischen Marine. Gewiss, die Einäscherung einer Stadt mochte spektakulär sein, hinderte sie aber ein deutsches U-Boot daran, die Ver-

sorgungswege der Briten im Atlantik zu torpedieren? Man solle die Treffsicherheit der Luftflotte erhöhen, um gezielt gegen strategisch wichtige Ziele vorzugehen, forderten sie. Tatsächlich wurden diese und andere Einwände in den Führungszirkeln der RAF und im Kabinett erörtert, doch gewann letztlich eine Auffassung die Oberhand, die den Erfolg eines Angriffs auf der Skala der angerichteten Verwüstung maß. So äußerte Außenminister Anthony Eden am 15. April 1942: »Die Bombardierung Lübecks hatte einen moralischen und zersetzenden Einfluss über jegliche direkte militärische und ökonomische Bedeutung hinaus. Ich möchte deshalb empfehlen, dass bei der Zielauswahl in Deutschland der Anteil von kleineren Städten mit weniger als 150 000 Einwohnern, die nicht schwer verteidigt werden, überprüft wird, selbst wenn diese Städte nur Ziele von zweitrangiger Bedeutung

»Kaum wirksam« – Flakfeuer kann Bomber nur selten abwehren

291

Es ist entschieden worden, dass das Haupt-ziel der Operationen sich gegen die Moral der Zivilbevölkerung richtet, insbesondere gegen die der Zivilarbeiter.

Weisung des
»Air Ministry«,
14. Februar 1942

»Entsetzlich zugerich-tet« – das zerstörte Köln

aufweisen.« Um auch die letzten Zweifler umzustimmen, setzte Arthur Harris alles auf eine Karte. Am 19. Mai 1942 trug er seinen Plan vor, sämtliche zur Verfügung stehenden Flugzeuge der Royal Air Force zu einer einzi-gen Armada zusammenzuziehen und auf ein einziges Ziel fliegen zu lassen. Tatsächlich gab das Kabinett grünes Licht.

»Machen Sie allen Besatzungen klar, dass dies keine gewöhnliche Aktion ist«, teilte Harris kurz vor dem Angriff allen Kommandeuren mit, »es ist in der Tat der erste wirklich große unabhängige Bomber-angriff in Form einer gewaltigen erstklassigen Bomberschlacht der Geschichte.« Zwei mögliche Ziele hatte er vorgeschlagen: Hamburg und Köln, je nach Wolkensituation. Am 30. Mai 1942 entschied das Wetter für die Domstadt und damit gegen sie.

1042 Bombenflugzeuge standen bereit zum Anflug auf Köln. Harris war es gelungen, seine eigentliche Flotte von nur gut 400 Maschinen durch Anleihen bei allen anderen Waffengattungen mehr als zu ver-doppeln. Die erste Welle würden die mit Navigationsgeräten ausgerüs-

teten »Wellington«- und »Stirling-Bomber« bilden, die in direktem Anflug den Kölner Neumarkt markieren würden. In einer zweiten Welle würden ihnen »Whitley«-, »Hampden«- und »Manchester«-Maschinen folgen und das Areal nördlich und südlich des Zentrums bombardieren. Schlussendlich, so die Planung der Zerstörung, würden die modernen »Halifax«- und »Lancaster«-Bomber von Norden her einfliegen und ihre gewaltige Bombenlast abladen.

Als kurz nach Mitternacht das dumpfe Grollen der ersten Flugzeuge zu hören war, waren die Kölner noch nicht sonderlich beunruhigt. Schon oft war die Stadt Ziel kleinerer Angriffe gewesen und doch relativ glimpflich davongekommen. Gerade in den letzten Wochen war es sogar recht ruhig gewesen. Die meisten Kölner freuten sich auf ein sonniges Frühlings-
wochenende, in den Kinos der Ehrenstraße
war gerade »Quax der Bruchpilot« mit Heinz
Rühmann angelaufen. Der Vater des damals
zehnjährigen Willy Emons traute dem Frieden nicht so recht. Wie immer hörte er BBC,
um vielleicht mehr über den nächtlichen Weg
der Bomber zu erfahren. Den Kopf und das
Radio hatte er unter einer Wolldecke ver-

Wir hatten natürlich von den Luftangriffen auf Lübeck und Rostock gehört und jetzt stand ganz Deutschland unter der Spannung: Welche Stadt würde die nächste sein?

Hermann Daemberg,
Köln, zum ersten
großen Angriff
im Mai 1942

steckt, schließlich wollte er von den Nachbarn nicht wegen Abhörens des »Feindsenders« denunziert werden. Wie jeden Abend hatte der Vater darauf bestanden, dass die Familie für einen schnellen Aufbruch vorbereitet war. »Unser kleines Köfferchen stand immer griffbereit«, erinnert sich Willy Emons. Diesmal war der Vater besonders beunruhigt, denn die Meldungen der britischen Sender wiesen unmissverständlich auf Köln hin. Als kurz nach Mitternacht dann die Sirenen aufheulten, benötigte die Familie nur wenige Minuten bis zum Luftschutzkeller. »Und da unten war es dann erst mal still, ganz still«, berichtet der Kölner. Angespannt lauschte die Familie. Um 0.17 Uhr fielen die ersten Bomben.

Staffel um Staffel zogen die britischen Geschwader über den Rhein. Der Kölner Hermann Daemberg, der jene Nacht als Kind im Kölner Vorort Porz erlebte, erinnert sich, dass die Menschen im Luftschutzraum zunächst einmal verwundert waren, wie lange das Dröhnen der Motoren anhielt. »Dieser Angriff schien überhaupt kein Ende zu nehmen. Es dauerte eine halbe Stunde, es dauerte eine Stunde und er war immer noch nicht vorbei.« Nach anderthalb Stunden erst wurde es stiller. Dann sei Hermann Daembergs Vater vorsichtig aus dem Keller

Wer den Untergang von Köln miterlebt und überlebt hat, kann sich noch eine Vorstellung machen von dem Vorgang der furchtbaren Katastrophe, wird es aber niemals verstehen können, denn es handelt sich ja nicht um eine Naturkatastrophe wie bei »Pompeji und Herkulanum«, sondern um ein vorsätzlich begangenes Verbrechen durch eine ruchlose Politik, die uns Elend und Verderben gebracht hat.

August Sander,
Kölner Fotograf

nach oben gegangen. »Als er wieder runterkam, sagte er zu uns: ›Draußen ist es hell. Köln brennt.‹«

Am folgenden Morgen war die Domstadt nicht wiederzuerkennen. Die Altstadt lag in Trümmern, die Kirchen »Groß-Sankt-Martin« und »Maria im Kapitol« waren zerstört, der Kaufhof, das »Brauhaus Früh«, das erzbischöfliche Palais unweit des Doms – all das gab es nicht mehr. Nur der mächtige Umriss des Doms ragte unversehrt wie ein schwarzes Mahnmal aus der Trümmerwüste. »Ganze Straßenzüge waren einfach verschwunden«, berichtet Willy Emons, der mit seiner Schwester fassungslos dort entlanglief, wo noch gestern sein Schulweg gewesen war. Verbogene Straßenbahnschienen, umgestürzte Waggons versperrten die Wege. Feuerwehrleute begannen, die ersten Toten unter dem Schutt zu bergen, und hie und da züngelten noch immer Flammen aus eingefallenem Gebälk. »Am schlimmsten war der Phosphor, der noch überall herumlag«, berichtet Willy Emons. »Meine Schwester rief plötzlich: ›Willy, pass auf, deine Schuhe brennen.‹ Wir haben sie dann schnell mit Sand gelöscht und sind weitergelaufen.« Eine andere Erinnerung hat ihn bis heute nicht losgelassen: »Die Leute irrten völlig orientierungslos umher. Sie haben in ihrer eigenen Stadt ihre eigene Straße nicht mehr wiedergefunden.«

Fast 500 Menschen sind in jener Nacht des 31. Mai in Köln gestorben, 45 000 wurden obdachlos. Schätzungsweise 150 Mal ist die Domstadt bis zum Ende des Krieges noch Ziel der alliierten Luftangriffe gewesen. Die meisten Bewohner verließen die Stadt, die Nacht für Nacht von Luftangriffen heimgesucht wurde. Im Mai 1945 lebten kaum noch 40 000 Menschen in den Ruinen der einstigen Metropole am Rhein. Arthur Harris hatte mit dem Angriff auf Köln, der »Operation Millennium«, wie sie die britische Seite genannt hatte, unter Beweis gestellt, welch katastrophale Verwüstungen das »Bomber Command« in nur einer einzigen Nacht anrichten konnte. Dass das Folgemanöver – ein ähnlich starker Anflug auf das Ruhrgebiet – sein Ziel, die dort ansässi-

Ich habe einmal einen ehemaligen Bordkanonier erzählen hören, dass das brennende Köln von seinem Platz in der rückwärtigen Glaskanzel aus noch zu sehen gewesen sei, als sie schon wieder hinaus waren über die holländische Küste, ein Feuerfleck in der Finsternis gleich dem Schweif eines reglosen Kometen.

Winfried G. Sebald,
Schriftsteller, 1999

ge Rüstungsindustrie, weit gehend verfehlte, klammerten die Verantwortlichen wohlweislich aus. Die Strategie des Flächenbombardements würde bis zum Kriegsende beibehalten werden.

Die Bombardierung einer Stadt – aus mehreren tausend Metern Höhe war sie ein abstraktes, ein anonymes Unternehmen. Für die Piloten der Royal Air Force glich bald schon ein Einsatz dem anderen. Heute haben viele von ihnen Schwierigkeiten, sich an einen konkreten Anflug auf eine ganz bestimmte Stadt zu erinnern. »Die Einweisungen liefen immer nach dem gleichen Muster ab«, erinnert sich Richard Mayce vom britischen Bomberkommando. »Auf einer großen Landkarte wurden die Routen eingezeichnet und das jeweilige Ziel markiert. Dann wurde uns gesagt, wir sollten das Zentrum dieser Stadt bombardieren, und zwar genau dort, wo wir die Leuchtmarkierungen der vorausfliegenden Pfadfinder sahen.« Nach ihrer Rückkehr wurden die Flieger nach Besonderheiten des Flugs befragt, nach der Stärke der gegnerischen Flak etwa oder Auseinandersetzungen mit deutschen Nacht-

Das war grauenhaft. Seit dem Tage von Sodom und Gomorrha, da Feuer und Schwefel vom Himmel regneten, war so etwas nicht da. Köln ist entsetzlich zugerichtet.

Aus einer Kölner Schulchronik, 1942

»Schauerliches
Schauspiel« –
Flugabwehrfeuer
über Bremen

jägern. »Wir sind dann immer so schnell wie möglich zum Essen gegangen«, berichtet Pilot Fred Hulance, »denn nach den meisten Flügen hatten wir einen Riesenhunger und waren völlig erschöpft. Wir wollten so schnell wie möglich ins Bett, denn am nächsten Tag ging es wieder los.«

Man dachte nicht so sehr an die Deutschen oder die Nazis da unten – eher an das Abwehrfeuer, das sie uns entgegenwarfen.

Fred Hulance, britisches Bomberkommando

Ihre Gefühle während eines Angriffs zu beschreiben, fällt vielen der Piloten heute noch schwer. »Wenn wir kurz vor dem Ziel waren, wurde es immer ganz still im Flugzeug. Keiner sagte mehr ein Wort«, erinnert sich Harold Nash. Über dem Zielgebiet angelangt, ging dann alles sehr schnell: Die Piloten suchten das von Leuchtmarkierern erhellte Ziel, klinkten ihre Bombenfracht aus und drehten ab. Kriegsroutine – mit tödlichen Folgen.

»Es war unser Auftrag, wir wussten, dass wir meist nicht militärische Ziele bombardierten. Es war uns klar, dass wir Bomben auf Menschen warfen«, sagt Richard Mayce heute. Die Flughöhe und die Dunkelheit der Nacht schufen einen Abstand zwischen den Besatzungen der Bomber und der Art ihres Auftrags. »Den Tod dort unten konnten wir nicht sehen, wir konnten ihn nicht hören, wir konnten ihn nicht riechen«, erklärt Harold Nash. Bis heute hat er immer das gleiche Bild vor Augen, wenn er sich an die Nächte über den deutschen Städten zurückerinnert. »Es war, als ob wir über einen schwarzen Samtteppich flögen. Die Feuer der Einschläge sahen aus wie schimmernde Diamanten. Diese funkelnden Lichter waren der einzige Kontakt, den wir zu den Menschen da unten hatten.«

Ich betrachte das, was ich gemacht habe, wirklich als Kriegsverbrechen.

Harold Nash, britisches Bomberkommando

Spätestens seit der »Operation Millennium« galt Arthur Harris in England als der Mann, der aus dem »Bomber Command« die schlagkräftigste Waffe im Kampf gegen Hitlerdeutschland geformt hatte. Nur widerwillig ließ sich der gefeierte Luftmarschall noch auf Projekte ein, die nicht seiner Rechnung von »Masse gleich Erfolg« entsprachen. »Man soll ihnen ein Flugzeug geben und sie damit zum Spielen schicken, während wir mit dem Krieg weitermachen«, lautete sein Kommentar dazu im Februar 1943. Angriffe, die eine gezielte Ausbildung und geplante Einsätze gegen ausgewählte Einzelziele erforderten, waren seine Sache nicht. Eines der wenigen Projekte, zu denen sich Harris schließlich – wenn auch widerwillig – überreden ließ, war der Plan zur Bombardierung der Ruhrtalsperren im Frühjahr 1943.

Die Namen der »Dam-Busters«, der Männer des 617. Geschwaders des »Bomber Command«, werden noch heute in England mit ehrfurchtsvollem Unterton ausgesprochen. Der Angriff dieser Piloten auf die Wassersperren östlich des Ruhrgebiets ist sogar Stoff für Spielfilme geworden.

Am Abend des 16. Mai 1943 starteten vom englischen Flughafen Scampton 19 »Lancaster«-Bomber unter Führung von Flight Commander Guy Gibson in Richtung Osten. Ihre Ladung war eine andere als bei gewöhnlichen Einsätzen. Pro Flugzeug war es nur eine einzige Bombe. Entwickelt hatte sie Barnes Wallis, ein passionierter Tüftler und der Erfinder der größten Sprengbomben des Zweiten Weltkriegs.

Wochen zuvor hatte Wallis dem »Bomber Command« eine ungewöhnliche Idee angetragen. Er habe einen Weg gefunden, die Torpedofangnetze, mit denen die Wassertalsperren östlich des Ruhrgebiets gesichert waren, zu überwinden. Tatsächlich war die Idee des Konstrukteurs Erfolg versprechend.

Als wir die großen Wassermassen sahen, wussten wir, dass diese Schlacht nicht den Krieg entscheiden, aber dass es eine große Katastrophe für Deutschland werden würde.
Guy Gibson,
RAF-Staffelkapitän

Eine Rollbombe, geformt wie ein Zylinder, sollte aus der exakten Höhe von 18 Metern abgeworfen und dabei in eine rückwärtige Drehbewegung versetzt werden. Einmal abgeworfen, so zumindest die Theorie, würde das Geschoss wie ein Kieselstein über die Wasseroberfläche hüpfen und an der Staumauer anschlagen. Dort versinkend, sollte ein Tiefenzünder die Bombe sprengen und die Staumauer in die Luft jagen.

Die Besatzungen der »Lancaster« waren unruhig. Wochenlang hatten sie an einem Damm in Wales geübt, die Bombe in der vorgegebenen Position abzuwerfen, doch für ein erfolgreiches Manöver würden sie gute Sicht und vor allem gute Nerven benötigen.

Das Ziel waren die Möhne-, die Eder- und die Sorpetalsperre. Sollten die Flieger hier nicht erfolgreich sein, standen Lister-, Ennepe- und Diemeltalsperre als Ausweichziele auf der Liste.

Zwei Maschinen mussten bereits über der Nordsee wegen technischer Schwierigkeiten abdrehen, die übrigen erreichten gegen 23.00 Uhr an drei verschiedenen Punkten die holländische Küste. Ab hier mussten die Piloten in extremen Tiefflug gehen, um nicht vorzeitig vom gegnerischen Radar entdeckt zu werden. Über den Niederlanden kollidierten zwei Maschinen mit Hochspannungsleitungen, drei weitere wurden abgeschossen. Die verbliebenen »Lancaster« erreichten ihr Zielgebiet kurz nach Mitternacht. Kommandeur Guy Gibson erinnerte

»Er ist gebrochen!«
Treffer am Möhnedamm

sich später: »Nachdem wir eine Anhöhe überflogen hatten, tauchte zuerst der Möhnesee im glitzernden Mondlicht auf und dann auch der Damm. In diesem Licht sah er gedrungen und schwer aus, uneinnehmbar.«

Um 0.27 Uhr versuchte der erste Pilot den Anflug – vergeblich. Auch die nächsten drei Versuche schlugen fehl. Als fünfter versuchte Flight Lieutenant Maltby sein Glück. Staffelführer Gibson hielt sich ganz in der Nähe auf.»In diesem Moment drehte ich und flog ganz nah auf den Damm zu. Plötzlich sah ich, was geschehen war: Die Mauer brach zwischen den beiden Schiebertürmen in der Mitte zusammen. Aber ich konnte meinen Augen nicht trauen, bis ich hörte, wie jemand rief:

›Ich glaube, sie ist hin! Ich glaube, sie ist hin.‹ Ein Stimmengewirr im Kopfhörer. Sie alle schrien: ›Die Mauer ist gebrochen.‹ Nun gab es keinen Zweifel mehr: Deutlich war das über dreißig Meter breite Loch in der Mauer zu erkennen, durch welches das Wasser im Mondschein auslief wie gekochte Hafergrütze. Die Flak hatte jetzt aufgehört zu schießen und die anderen Boys kamen jetzt auch, um sich die getane Arbeit aus der Nähe anzusehen. Dann begannen wir über Funk wie die Verrückten vor Freude zu schreien. Es war ein erschütternder Anblick, ein Schauspiel, wie es niemand mehr erleben sollte.«

Um 0.49 Uhr meldeten die Flieger das für den Erfolgsfall vereinbarte Codewort »Nigger« nach England. Drei »Lancaster« setzten ihren Weg zum zehn Minuten entfernt liegenden Ederdamm fort. Um 1.50 Uhr war auch diese Talsperre zerstört. Guy Gibson blickte noch einmal nach unten, als das Geschwader auf dem Rückflug wieder den Möhnesee passierte. »Die Landschaft war völlig verwandelt«, erinnerte er sich später, »ein neuer silbriger See war entstanden, der sich jetzt langsam im Möhnetal in westlicher Richtung bewegte.«

Die Kleinstadt Neheim-Hüsten unterhalb der Staumauer traf die Katastrophe völlig unvorbereitet. Mehrere Meter hoch schoss die Flutwelle in Richtung des Ruhrtals hinunter. Sie zerstörte Gehöfte, entwurzelte Bäume, tötete Menschen und Tiere und ließ den kleinen Klosterort Himmelspforten von der Landkarte verschwinden. Da der Einflug der »Lancaster« Fliegeralarm ausgelöst hatte, waren die meisten Anwohner in ihre Keller gelaufen. Hier gab es keine Rettung vor der heranstürzenden Flutwelle. 1348 Menschen wurden von den Wassermassen mitgerissen und ertranken. Über 700 von ihnen waren ukrainische Frauen aus einem unterhalb der Möhnemauer gelegenen Zwangsarbeiterlager.

Verglichen mit den Bombardements der deutschen Großstädte nimmt sich die Sprengung der sauerländischen Talsperren als ein Ereignis unter vielen aus. Dennoch wurde der 17. Mai 1943 als besonderer Tag wahrgenommen. Die britische Seite feierte den Angriff auf die Dämme als tollkühnes Husarenstück mit ungeheuren Folgeschäden. »Not-

Ich sehe, wie ein Bomber tief über den Damm fliegt und gleich darauf ein Riesenrauchpilz dicht vor der Mauer aufsteigt. Wenige Sekunden später erreichte uns der Schall der ungeheuren Detonation. Der Luftdruck ist so stark, dass ich von der offenen Haustür in das Innere des Hauses hineingestoßen werde. ... Dann dringt auf einmal ein unheimliches Brausen aus dem Tal zu mir herauf, der kleine See vor der Mauer wird breiter und breiter, die Landschaft scheint sonderbar verändert. Gewaltige Wellen glitzern silbrig im Mondlicht auf. Die Mauer ist gebrochen! Ich rase ins Dorf Günne hinab, weiter bis zur Sperrmauer. Ein unauslöschlicher Anblick: Wie poliertes Metall stürzt die Wassermasse des Sees in die Tiefe und löst sich auf in einem chaotischen Hexenkessel ...

Max Schulze-Sölde,
Augenzeuge

Auf einmal bebte die Erde, auf der ich stand, und die ganze Mauer, wie wenn ein Dreschkasten am Heulen ist. Es war wie bei einem Erdbeben und die Mauer vibrierte zwischen den Türmen zur Tal- und zur Seeseite hin und her. Dann sah ich, wie das Wasser durch die Ritzen des Mauerwerks kam, das waren alles nur Sekunden, Momente, und dann brach auch schon der ganze Klotz heraus, wie ein Scheunentor, das sich öffnete. Ich hörte nur noch ein unheimliches Rauschen und Bersten und im nächsten Augenblick war Wasser um mich herum.

Wilhelm Strotkamp,
Augenzeuge

stand im Ruhrgebiet«, titelte der *Daily Telegraph*. Und weiter: »Bergwerke und Fabriken arbeiten nicht mehr. Die kochende Ruhr hat ihr Bett fünf Meilen nach Norden verlegt. Die Luftschutzkeller in Dortmund sind überschwemmt.« Von einer tatsächlichen Beeinträchtigung der Rüstungsindustrie, die man durch die Unterbrechung der Wasser- und Stromversorgung beziehungsweise die Überflutung weiter Teile der Region hatte erreichen wollen, konnte allerdings keine Rede sein. So wurde die Arbeit bei Hoesch oder Krupp keinen Augenblick unterbrochen und bereits wenige Tage nach dem Angriff war die Wasserversorgung des Ruhrgebiets wieder nahezu auf ihrem alten Stand angelangt. Doch hatte die Attacke der »Dam-Busters« einmal mehr unter Beweis gestellt, wie verletzlich das Deutsche Reich selbst in sicher geglaubten Regionen war, wie wenig geschützt wichtige Industrieanlagen waren. Joseph Goebbels hatte wie immer schnell einen Sündenbock parat. Unfreiwillig hatte ihm die *Daily Mail* hier Hilfestellung geleistet, als sie die – unwahre – Behauptung veröffentlichte, der Angriff gehe auf den Hinweis eines geflohenen deutschen Juden zurück. Es gäbe keinen Zweifel, tönte der Propagandaminister, »dass es sich bei dem Anschlag auf die Talsperren um ein von Juden inspiriertes Verbrechen handelt«. Gezielte Angriffe, wie die auf die Möhne- und die Edertalsperre, wurden auf britischer Seite zwar gefeiert, doch blieben sie Episode. Zwar hatte das »Bomber Command« bewiesen, dass es sehr wohl zu präzisen Einzelangriffen auf ein ausgewähltes Ziel fähig war, doch die tatsächlichen Auswirkungen waren zu gering gewesen, zu hoch die Verluste auf britischer Seite, urteilte das »Bomber Command«. Von 133 Männern, die am 16. Mai in Scampton gestartet waren, waren 53 nicht zurückgekehrt. Das Gros der Angriffe erstreckte sich weiterhin auf weit gestreutes nächtliches Flächenbombardement – auch nachdem die Amerikaner seit dem Beginn des Jahres 1943 aktiv in das Geschehen am Himmel über Deutschland eingegriffen hatten. Auf der Konferenz von Casablanca im Januar 1943

1939 hat Göring versichert, dass keine einzige Bombe auf das Ruhrgebiet fallen wird. Gratuliere zur soeben gelieferten 100 000. Tonne Bomben als Antwort an den Reichsmarschall.

Arthur Harris an eine
Flugzeugbesatzung,
Mai 1943

hatten sich die Alliierten auf die Grundzüge ihres weiteren Vorgehens festgelegt. Einig waren sich Briten und Amerikaner darin, dass sie mit Luftangriffen das industrielle und militärische System Deutschlands zerstören und den Kriegswillen des deutschen Volkes brechen wollten. Uneins blieb man sich allerdings in der Frage, ob derartige Angriffe bei Tag oder bei Nacht stattfinden sollten, plädierte doch die amerikanische Seite für gezielte Attacken gegen Industrie- und Rüstungsziele, die bei Tageslicht erheblich Erfolg versprechender waren. Trotz hoher Verluste hielt die amerikanische Seite am Prinzip des zielgerichteten Tagesangriffs fest, bis gegen Kriegsende die Abgrenzungen verschwammen. Für die deutsche Bevölkerung stellte das Beharren der Vereinigten Staaten kaum eine Erleichterung dar, war das Ergebnis der »Combined Bomber Offensive« doch, dass sich vielfach Briten und Amerikaner in ihren Anflügen abwechselten und die Attacken für die Betroffenen zu einem schier endlosen Angriff verschmolzen, in dem es keine Atempause mehr gab. Die erste Stadt, die diese Art der »Arbeitsteilung« der Alliierten in ihrem vollen Ausmaß zu spüren bekam, war Hamburg.

»Gratuliere!« Arthur Harris (stehend, links) mit Bomberpiloten nach einem Angriff

»Kombinierte Bomber-Offensive« – bei Tag griff die US-Luftwaffe Deutschland an

»Ich hatte schon immer den Wunsch gehabt, Hamburg einmal wirklich und direkt aufs Korn nehmen zu können. Es war die zweitgrößte Stadt Deutschlands, und ich wollte dort etwas Ungeheures veranstalten«, erinnerte sich Arthur Harris nach dem Krieg. Am 25. Juli 1943 begann der Angriff auf die Hansestadt, den die alliierte Seite »Operation Gomorrha« nannte. Die Bewohner Hamburgs sprechen bis heute von der »Juli-Katastrophe«.

In der Nacht hat ein außerordentlich schwerer Angriff auf Hamburg stattgefunden. Er ist von den verheerendsten Folgen sowohl für die Zivilbevölkerung als auch für die Hamburger Rüstungsproduktion. Mit diesem Angriff werden die Illusionen, die sich viele bezüglich des weiteren Fortgangs der Luftoperationen des Feindes gemacht hatten, endgültig zerblasen.

Joseph Goebbels,
Tagebucheintrag,
26. Juli 1943

Der Einsatz begann nach über einem Jahr intensiven Luftkriegs unspektakulär. Richard Mayce vom »Bomber Command« erinnert sich: »Das Briefing war wie eine Geschäftsbesprechung. Wir saßen da wie eine Runde Handelsvertreter eines großen Unternehmens und man gab uns ohne Umschweife die Anweisungen.« Der Royal Air Force war bekannt, dass Hamburg über starke Flugabwehrstellungen verfügte, doch bediente man sich nun eines simplen Tricks. Die erste anfliegende Staffel warf Bündel kleiner Stanniolstreifen, von den Deutschen »Düppelstreifen« genannt, ab, um das deutsche Radar zu verwirren. Ohne Meldung über Weg und Stärke der anfliegenden Verbände war die Flak praktisch blind. Pilot Peter Johnson war erleichtert, als er die Hilflosigkeit der gefürchteten Abwehr bemerkte. »Das war ein hoffnungsloses Ballern in die Luft. Die Suchscheinwerfer standen vor einem Rätsel und irrten herum. Von Zielen konnte bei der Flak keine Rede sein.«

Gegen 1.00 Uhr nachts erreichten die ersten von 600 britischen Fliegern die Stadtgrenzen. Innerhalb einer Stunde warfen sie 600 Tonnen Spreng- und Brandbomben über den Stadtteilen Hoheluft, Altona, Eimsbüttel und über der Innenstadt ab. 1500 Menschen starben – und doch war dieser Angriff erst der Auftakt.

In der darauf folgenden Nacht blieb es ruhig. Lediglich vier »Moskito« wurden über dem Stadtgebiet gesichtet und lösten Luftalarm aus. In der Nacht vom 27. auf den 28. Juli begann dann die eigentliche Katastrophe. Aus allen Himmelsrichtungen steuerten 800 britische Maschinen die Hansestadt an. In nicht einmal einer halben Stunde verwandelten sich die Stadtteile Rothenburgsort, Hohenfelde, Hammerbrook, Borgfelde, Hamm, Eilbek, Barmbek und Wandsbek in ein riesiges Flammenmeer. Bis zu 35 000 Menschen haben in jener Nacht in Hamburg ihr Leben verloren. Sie verbrannten auf offener Straße, sie erstickten in den Kellern, sie wurden vom Rauch tödlich vergiftet oder von Trümmern erschlagen.

Die Beschreibung dessen, was in jenen Stunden in Hamburg passierte, fällt schwer. »Unvorstellbares Grauen«, »Inferno«, »Hölle«, das sind die Worte, die die Überlebenden benutzen, doch vermitteln auch sie wohl nur eine Ahnung dessen, was sich wirklich in den Straßen der betroffenen Stadtteile abspielte. In einer ersten Welle drückten Sprengbomben die Hauswände ein, der darauf einsetzende Regen von Brandbomben entfachte unzählige Einzelbrände. Das anhaltend trockene und heiße Wetter der letzten Tage begünstigte die Ausbreitung der Flammen, die sich in rasender Geschwindigkeit zu einem orkanartigen Sturm vereinigten: dem Feuersturm, dem gefürchtetsten Phänomen des Bombenkriegs.

In der letzten der Nächte steigerte sich das Wüten der Welt gegen sich selbst über alle menschliche Vorstellungskraft hinaus. Unmittelbar vor dem Angriff hatte sich eine schwere Gewitterwolke über das Elbetal gesenkt und begann, sich im Augenblick des Alarms zu entladen, als habe sie die Sirenen als ein letztes Aufheulen der Stadt verstanden: Mach ein Ende mit mir. Der Angriff sollte wohl dem restlichen Viertel von Hamburg gelten. Doch die Angreifer konnten ihr Ziel unter dem Gewitter nicht finden und warfen die Bomben blindlings in der Umgegend ab. Es war nicht mehr zu entscheiden, ob es blitzte und donnerte oder ob Bomben fielen oder die Abwehr schoss.

Hans Erich Nossack,
Schriftsteller, zum
Feuersturm auf Hamburg

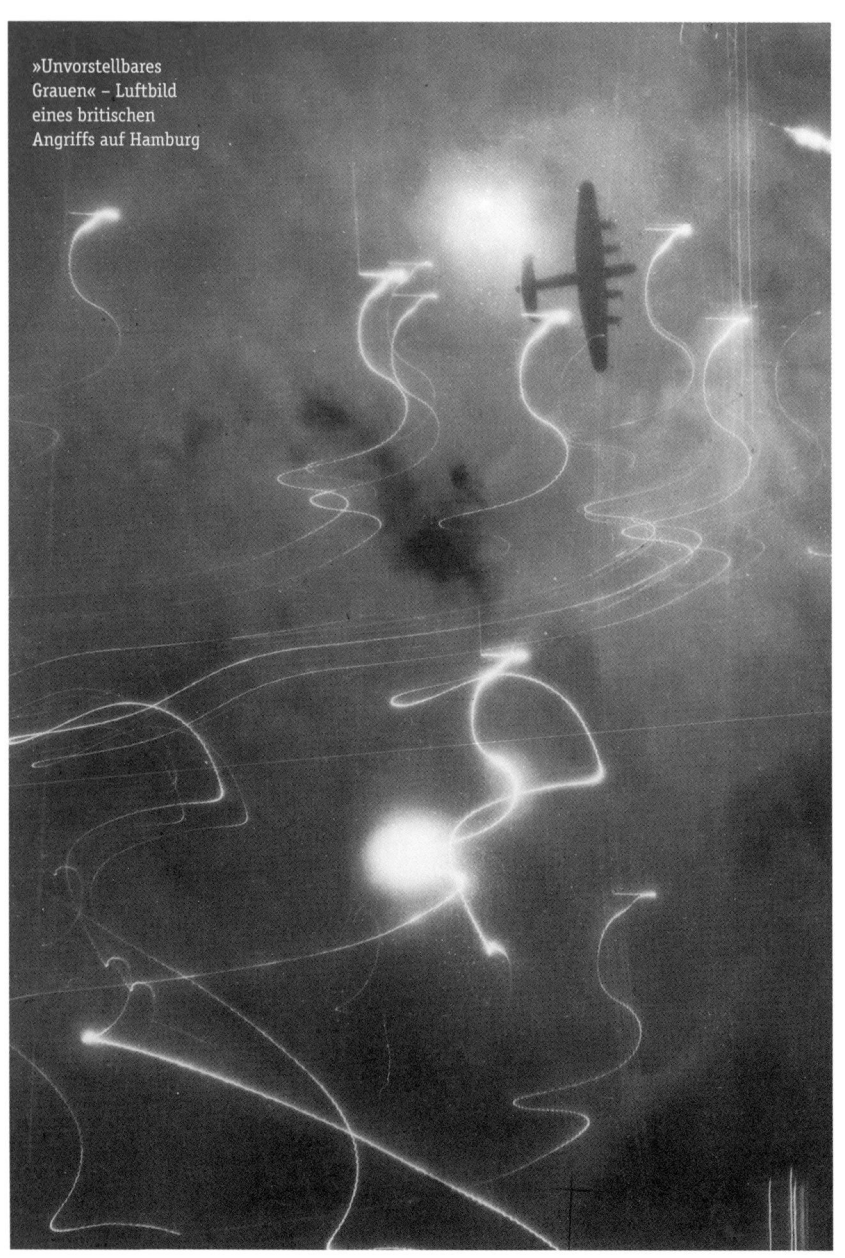

»Unvorstellbares Grauen« – Luftbild eines britischen Angriffs auf Hamburg

Physikalisch war die Entwicklung eines solchen Sturmes vorhersehbar, wenn er auch nicht gezielt entwickelt werden konnte. Das gewaltig auflodernde Feuer, in dessen Zentrum Temperaturen bis zu 1000 Grad entstanden, riss aus allen Richtungen Sauerstoff an sich und beschleunigte Luftströme zu orkanartigen Böen. Dieser Sturm deckte Hausdächer ab, brach Balken aus den Mauern, er bog Bäume zu Boden und riss regelrechte Feuerwalzen durch Straßenfluchten. »Die Flammen schlugen waagerecht über die Straße«, erinnert sich Ingeborg Hammermeister, die als 13-Jährige den 27. Juli in Hamburg überlebte, »und dann war da dieses Geräusch, dieses unbeschreibliche Heulen.« Andere Überlebende des Infernos schildern, wie der rasende Hurrikan die Luft in Myriaden von Funken aufstäuben ließ, den Asphalt in wilder Blasenbildung zum Kochen brachte, Glasscheiben wie Butter niederschmolz.

Der Feuerwehrmann Hans Brunswig war auf die Straße gerannt in der Hoffnung, irgendwie helfen zu können. Bereits nach wenigen Metern musste er erkennen, dass die herkömmlichen Mittel der Brandbekämpfung hier chancenlos waren. »Der Sturm war so ungeheuerlich, dass man sich kaum auf den Beinen halten konnte«, berichtet er, »als ich versuchte, bei unserer Feuerwache um die Ecke zu biegen, hat mich die Kraft des Windes sofort umgerissen.

Ich hab mich längs auf den Boden gelegt und bin hinter eine Ecke gekrochen.« Hans Brunswig ist am folgenden Tag mit seiner Filmkamera durch die zerstörte Stadt gelaufen. Seine Aufnahmen vermitteln den wohl authentischsten Eindruck der Verwüstungen der Stadt, denn noch nach Stunden loderten die Flammen aus den Ruinen der Häuser. Ungezählte Leichen säumten die Straßenränder, zum Teil bis zur Unkenntlichkeit verbrannt. Die Hitze hatte die Körper von Erwachsenen auf Kindergröße zusammenschrumpfen oder binnen Sekunden zu von bröckelnder Asche umhüllten Skeletten zerfallen lassen.

Niemand weiß wirklich, wie viele ums Leben gekommen sind in dieser Nacht oder wie viele wahnsinnig wurden, ehe der Tod sie ereilte.

Winfried G. Sebald,
Schriftsteller, 1999,
zum Feuersturm in
Hamburg

Nur wenige, die sich im Zentrum des Feuersturms befanden, haben ihn überlebt. Und doch taten diejenigen, die sich auf die Straße wagten, instinktiv das Richtige, denn in den Kellern der brennenden Häuser entwickelten sich innerhalb kürzester Frist Kohlenmonoxyd und Leuchtgas, woran die Schutz Suchenden erstickten. Wie viele Menschen in der vermeintlichen Sicherheit der Keller starben, wird sich nie ermitteln lassen, viele der Leichen wurden nie geborgen oder verbrannten unter den einstürzenden Häusern derart, dass eine Identifizierung nicht mehr möglich war.

Bis zum 3. August flogen die Alliierten Angriffe auf Hamburg. Die Briten kamen bei Nacht, tagsüber griffen die Amerikaner Werften und Raffinerien an. Die Bilanz: Mindestens 42 000 Menschen wurden getötet, etwa 100 000 verletzt. Für den Navigator Richard Mayce ist es die »Operation Gomorrha«, die »Juli-Katastrophe«, die einen Wendepunkt auch in seinem Leben dargestellt hat. »Es war das einzige Mal, dass ich bewusst aus dem Flugzeug geschaut habe. Ich sah etwas Unbeschreibliches, eine weite Fläche voller weißer Glut. So etwas hatte ich noch nie gesehen und ich wünschte, ich hätte es nie sehen müssen. In dieser Nacht bin ich Pazifist geworden.«

Die Horchposten des Sicherheitsdienstes der SS vermerkten nach dem großen Angriff auf Hamburg Beunruhigendes. Am 4. August 1943 meldete der SD: »Durch die Terrorangriffe, insbesondere auf Hamburg ausgelöst, werden in den verschiedenen Gegenden des Reiches auch Gerüchte über angebliche Unruhen in Hamburg oder im Ruhr-

Ratten und Fliegen beherrschten die Stadt. Frech und fett tummelten sich die Ratten auf den Straßen. Aber noch ekelerregender waren die Fliegen. Große, grün schillernde, wie man sie nie gesehen hatte.

Hans Erich Nossack,
Schriftsteller, zum
Feuersturm auf
Hamburg

»Die ›Juli-Katastrophe‹«
– Opfer des Feuersturms
in Hamburg, Juli 1943

»Operation Gomorrha«
– der Feuersturm in
Hamburg forderte
40 000 Opfer

gebiet verbreitet. Den Gerüchten zufolge herrsche in den Luftkriegs-
gebieten eine Art ›Novemberstimmung‹.« Zeitgleich mit der Zerstörung Hamburgs hatte sich in Deutschland die Nachricht von der
Absetzung des faschistischen Diktators Mussolini in Italien verbreitet.
War auch in Deutschland die Zeit reif für ein Aufbegehren gegen den
Diktator, der das Land in diesen Krieg geführt hatte, unter dem es jetzt
so grausam leiden musste? Aus Hamburg wurde erstmals gemeldet,
dass es auf den Straßen furchtlos zu unverhohlener Kritik am eigent-

Ich konnte mir nicht vorstellen, dass aus diesem Feuersturm überhaupt jemand lebend herausgekommen ist.

Richard Mayce,
britisches Bomber-
kommando, zum
Einsatz gegen Hamburg

lich Schuldigen der Katastrophe kam. »Dass es hier brennt, verdanken wir dem ›Führer‹«, habe man in Barmbek gerufen, es sei sogar zu Attacken gegen NS-Funktionäre gekommen. Hitler und seine Paladine waren alarmiert. »Reichsführer-SS« Heinrich Himmler erhielt den Auftrag, gegen »subversive Elemente« mit den »schärfsten Mitteln« vorzugehen. Hastig ließ Himmler in der Hansestadt Bataillone aus Polizei, Wehrmacht und SS zusammenstellen, um den etwaigen Ausbruch von Unruhen zu verhindern. »Alle Stänkerer fassen«, so die schlichte Order vom 28. Juli. Und auch in anderen Städten registrierten die Lauscher des Regimes »defätistische Äußerungen«. Am 6. Mai 1943 meldete der SD den vor allem im Ruhrgebiet kursierenden Vers: »Lieber Tommy, fliege weiter, wir sind alle Bergarbeiter. Fliege weiter nach Berlin, die haben alle ›Ja‹ geschrien.«

Gewiss stellte der Sommer 1943 eine psychologische Wende dar. Gerade in den von Bombenangriffen besonders betroffenen Gebieten begann für viele Deutsche die innere Abkehr vom Nationalsozialismus. Doch die klare Opposition, das offene Aufbegehren gegen das Regime, auf das die Alliierten gehofft hatten, hat es nicht gegeben. Die meisten Deutschen haben den Luftkrieg gegen ihr Land in gelähmtem Entsetzen ertragen. In ohnmächtiger Verzweiflung richteten sie sich in der ständigen Bedrohung ein, in der Hoffnung, dass es »eines Tages« schon ein Ende haben und man dieses Ende selbst noch erleben würde. Die Heimat war für die meisten Deutschen Heimatfront, spätestens seit dem Beginn des Jahres 1944, in dem der Luftkrieg über Deutschland noch einmal in ungeahntem Maß zunahm.

Wenn es den Engländern gelingt, bei minimalen Eigenverlusten eine Stadt so zuzurichten, dann ist der Krieg sowieso verloren; darüber war sich die breite Masse wohl im Klaren.

Hans Brunswig,
Feuerwehrmann in
Hamburg

Das Dach der »Festung Europa«, von der Hitler so gern sprach, stand himmelweit offen. »Ab November 1943 kamen sie immer«, erinnert sich der Kabarettist Dieter Hildebrandt, der damals 16-jährig in Berlin zur Flak eingezogen wurde. »Sie kamen sonntags, Weihnachten, sie kamen einfach immer.« Nicht nur in der Hauptstadt, über der seit Ende 1943 ein dauerhafter Luftkrieg tobte, versuchten sich die Menschen einzurichten und ihren Alltag auch im Überlebenskampf zu arrangieren. Den Tagesrhythmus gab das auf- und abschwellende Heulen der Luftschutzsirene vor. Ingeborg Hammermeister aus Hamburg erinnert sich:»Irgendwann musste man ja schließlich einkaufen gehen. Stand ich endlich in der Schlange vor einem Geschäft, war schon wieder Alarm. Dann konnte man nur laufen und irgendwo einen Unterschlupf finden.« Der Berliner Manfred Schulz berichtet:»Das lief immer im gleichen Rhythmus ab. Meine Mutter nahm das kleine Köfferchen, das sie immer gepackt stehen ließ und wir gingen in den Keller. Über Drahtfunk lauschten wir dann, wo sich die Bomberverbände befanden.« Für die Dresdnerin Brigitte Sattelberger gehören diese Nächte in den Luftschutzkellern zu ihren schlimmsten Kindheitserinnerungen.»Ich habe jede Nacht Weinkrämpfe bekommen. Sobald die Sirenen heulten, habe ich wild um mich getreten, damit ich ja nicht wieder in diesen Keller runtermusste.« In den Kellern dann begann die endlose Zeit des Wartens und des Hoffens, auch diesmal wieder verschont zu bleiben.

Fallende Bomben sind ein Geräusch, das ich in meinem Leben nie vergessen werde.
Dieter Hildebrandt,
Kabarettist,
damals Flakhelfer

Dieter Hildebrandt berichtet:»Ich habe Leute gesehen in den Luftschutzkellern, die waren bedeckt mit Tapferkeitsorden und Nahkampfspangen, auch Offiziere. Die zitterten vor Angst. Vorne an der Front hatten sie immer gewusst, wo der Feind ist, aber hier im Luftschutzkeller unter einem achtstöckigen Haus hatten alle Angst, dass es über einem zusammenfallen könnte. Auch ich hatte eine Scheißangst.«

Mit fortschreitender Dauer entwickelte sich der Luftkrieg über Deutschland auch für die alliierten Flieger zu einer Tortur, deren Ende

»Nicht zu identifizieren« – verbrannte Leichen in Hamburg

nicht abzusehen war. Gerade die stundenlangen Anflüge auf das weit entfernte Berlin zehrten an Nerven und Kräften. Bei Temperaturen in den Flugzeugen, die oftmals kaum über dem Gefrierpunkt lagen, erlahmten die Reflexe. Die Ausfallquoten bei »Bomber Command« und US-Air Force stiegen sprunghaft an. Richard Mayce erinnert sich: »Es war einfach furchtbar, am nächsten Morgen immer diese leeren Plätze am Frühstückstisch zu sehen. Irgendwie waren es immer die Typen, mit denen du befreundet gewesen warst. Genau diejenigen, die du am meisten gemocht hattest, kamen nicht zurück.« Allein beim Angriff auf Nürnberg am 30. März 1944 verloren die Engländer 95 Bomber, insgesamt haben auf britischer Seite 56 000 Flieger den Luftkrieg nicht überlebt. »Nicht nur wir haben ausgeteilt«, berichtet

»Es hieß: ›Die oder wir!‹« Leiche eines britischen Bomberpiloten

Richard Mayce. »Bei den meisten Angriffen standen wir unter sehr starkem Beschuss. Gerade die deutschen Nachtjäger waren äußerst schlagkräftig. Es hieß: Die oder wir.«

Über die Hälfte aller Bomben, die während des Luftkriegs über Deutschland abgeworfen wurden, fielen während der letzten zehn Kriegsmonate. Von Norden kamen die Bomber über die Nordsee, von Süden über die Alpen, nach der Invasion der Alliierten im Sommer 1944 über Frankreich von Westen. »Nun Volk steh auf, und Sturm brich los«, hatte Propagandaminister Goebbels donnernd deklamiert – und die makabre Ironie dieses Satzes wurde Tag für Tag und Nacht für Nacht Gewissheit: Millionen Deutsche standen auf und gingen in die Luftschutzkeller, um dem alliierten Feuersturm zu entgehen.

45 der 60 wichtigsten deutschen Städte waren zu Beginn des Jahres 1945 größtenteils zerstört. Zu den wenigen Orten, die bis dahin noch weit gehend verschont geblieben waren, gehört eine Stadt an der Elbe, deren Name seit dem 13. Februar 1945 Symbol ist für die Maßlosigkeit des Schreckens, den der Zweite Weltkrieg noch in seinen letzten Wochen erreichte: Dresden. Nie zuvor wurde eine Stadt innerhalb von nur vier Stunden derartig verwüstet, nie zuvor kamen in einer einzigen Nacht so viele Menschen um.

Wir hatten die Plätze der Soldaten voll eingenommen, wir arbeiteten wie Soldaten und waren uns auch dessen bewusst. Unser Leben änderte sich natürlich auch. Während wir vorher in der Kantine an fünf Tagen in der Woche vormittags Schulunterricht hatten, fand der Schulunterricht nun gar nicht mehr statt, konnte nicht mehr stattfinden, weil Luftangriffe ständig kamen. Wenn wir völlig übermüdet nach mehreren Stunden Fliegeralarm nachts gar nicht mehr in der Lage waren, am Schulunterricht teilzunehmen, spürten auch wir diesen Krieg immer deutlicher. Die Zahl der Angriffe verstärkte sich, und wir waren oft völlig erschöpft, wenn wir dann nach stundenlangem Stehen oder Kämpfen und Arbeiten in unsere Betten fielen.

Hermann Daemberg, damals Luftwaffenhelfer in Köln

Auch auf Dresden hatte es während der vergangenen Jahre Luftangriffe gegeben. Mehrere hundert Menschen waren dabei zu Tode gekommen. Doch im Verhältnis zu den katastrophalen Luftangriffen auf andere deutsche Metropolen war das »Elbflorenz« nahezu glimpflich davongekommen.

Der damals zwölfjährige Dresdner Gerhard Baum erinnert sich: »Für uns Jungs wars während des Krieges richtig schwierig, Bombensplitter zu bekommen. Wir haben sie in anderen Städten eingetauscht, weil es bei uns keine gab. Die legten wir dann wie ein Schmuckstück in einer Box auf Watte und waren unheimlich stolz drauf.« Jeder Monat, der verging, bestärkte die Dresdner in dem Glauben, in einer Art von »Reichsluftschutzkeller« daheim zu sein. Doch warum verschonten die

Alliierten die Stadt? Gerüchte gab es zur Genüge. Die Schönheit der Stadt mit ihren architektonischen und kunsthistorischen Schätzen sei es, die Briten und Amerikaner von einem Angriff absehen ließen, redeten sich die Dresdner ein. »Städte wie Rom, Paris oder Dresden bombardiert man nicht«, erinnert sich der Historiker Arnulf Baring, der als Zwölfjähriger den Untergang Dresdens erlebte, an einen in der Stadt kursierenden Spruch. In Dresden wohne eine Verwandte Winston Churchills, munkelte man. Ja, man habe von den Alliierten abgeworfene Flugblätter gefunden mit dem Slogan: »Dresden wollen wir verschonen, denn da wollen wir mal wohnen.« Keine These war zu abenteuerlich, um nicht geglaubt zu werden, zumal das Kriegsende doch absehbar schien. Kaum noch 100 Kilometer war die Front im Februar 1945 von Dresden entfernt.

Wer das Weinen verlernt hat, der lernt es wieder beim Untergang Dresdens. Dieser heitere Morgenstern der Jugend hat bisher der Welt geleuchtet. Und ich habe den Untergang Dresdens unter den Sodom- und Gomorrha-Höllen der englischen und amerikanischen Flugzeuge persönlich erlebt.

Gerhart Hauptmann,
Schriftsteller

Trotz der alarmierenden Nachrichten, die seit Monaten, seit Jahren aus den anderen deutschen Städten eintrafen, war Dresden mit einer Einwohnerzahl von immerhin noch 600 000 Menschen im Frühjahr 1945 denkbar schlecht auf einen großen Bombenangriff vorbereitet. Es war kaum Nennenswertes für den Luftschutz getan worden. Zwar gab es am Bahnhof einen größeren Schutzraum, an einigen Plätzen hatte man Splittergräben ausgehoben, einige wenige Löschwassertanks standen bereit. Aber das reichte nicht, denn die Stadt bot keine Sicherheit für ihre Bewohner. Darüber hinaus war Dresden gerade während der letzten Wochen zu einem gigantischen Flüchtlingslager geworden. »Ein Fuhrwerk folgte dem anderen«, erinnert sich Brigitte Sattelberger, die den Februar 1945 in Dresden erlebte, »auf den Bahnsteigen lagen die Flüchtlinge so dicht gedrängt, dass man

Dresden war wie eine Fackel. Es stand in Flammen.

Manja Behrens,
Schauspielerin, Dresden

über sie hinwegsteigen musste.« Die Flüchtlinge kamen aus den deutschen Ostgebieten, vor allem aus Schlesien. In Dresden, so dachten sie, würden sie das Schlimmste erst einmal hinter sich haben.

Die letzte Warnung erging am 12. Februar 1945 um 22.15 Uhr: »Bombenabwürfe über dem Stadtgebiet. Volksgenossen, haltet Sand und Wasser bereit!« Vier Stunden später gab es Dresden nicht mehr.

»Wir hatten unseren Job zu machen. Es war ein völlig normales Ziel«, sagt Fred Hulance vom »Bomber Command« heute. Tatsächlich unterschieden sich der Anflug und die Bombadierung Dresdens technisch kaum von den vorangegangenen Angriffen, sie verliefen nur perfekter. »Über dem Zielgebiet herrschten äußerste Turbulenzen, ich glaube, infolge der extremen Hitze, die sich durch die Brände entwickelte«, notierte ein »Lancaster«-Pilot später. Der Flieger gehörte zur zweiten großen Angriffswelle von 529 Bombern, die Dresden gegen 1.30 Uhr erreichten. Die Bombenlast, die diese Flugzeuge abwarfen, traf ein flammendes Inferno – ein grotesk erleuchtetes Ziel, in dem nur noch wenige Areale dunkel, das heißt unbeschadet schienen. Bereits die erste Angriffswelle hatte einen Feuersturm sondergleichen hervorgerufen. Wer ihm entrinnen konnte, hastete in panischer Flucht in Richtung der wenigen unbebauten Flächen der Stadt, vor allem in den »Großen Garten« und die Elbwiesen. Ebendiese Parkanlagen waren es, über denen jetzt der Bombenhagel der zweiten Bomberstaffel niederging.

Diejenigen, die am folgenden Tag – es war Aschermittwoch – durch Dresden gingen, standen fassungslos vor dem, was noch 24 Stunden

»Ins Herz der Stadt« – als Zielkarte verwendetes Luftbild von Dresden

315

Beim zweiten Angriff war die Hölle los. Es ging Schlag auf Schlag, das Haus wackelte, Türen sprangen auf, es war ein unheimlicher Lärm, das Licht ging aus. Das Haus stürzte über uns zusammen – und wir waren verschüttet. Wir beteten »Lieber Gott, bitte lass uns leben!«, denn wir hatten das Gefühl, lebendig begraben zu werden. Schließlich kamen wir doch aus unserem Kellerloch heraus, sind aber gleich wieder hineingekrochen, weil erneut ein Angriff kam.

Dagmar Hilbig,
Flüchtling aus dem
Warthegau, zum Angriff
auf Dresden

zuvor ihre Stadt gewesen war. Das Viertel, in dem Gerhard Baum und seine Familie wohnten, war weit gehend verschont geblieben. Das Bild, das sich ihm bot, als er den Hauptbahnhof erreichte, hat er bis heute nicht vergessen. »Ich sehe es jedes Mal, wenn ich nach Dresden komme, jedes Mal, wenn ich am Bahnhof aussteige«, berichtet er. »Die großen Haufen von Leichen, Tote, denen die Luftminen die Lungen zerrissen hatten, unzählige Menschen, Kinder, Frauen. Die Stadt nach dem Angriff ist für mich eine Stadt voller Leichen und Trümmer. Die meisten Überlebenden waren nicht mehr Herr ihrer Sinne und liefen verstört umher. In ihren Augen stand das blanke Entsetzen.«

Viele Bewohner flohen aus dieser Todeszone, deren Fassadenskelette noch immer die Hitze des verheerenden Brandes abstrahlten. Andere blieben in der Stadt, suchten in den qualmenden Straßenzügen nach Verwandten oder Freunden. Und noch einmal heulten die Sirenen auf, diesmal kamen die Amerikaner. Um die Mittagszeit bombardierten 311 Maschinen den Bahnhof Dresden-Friedrichstadt. Wieder wurden auch Wohngebiete getroffen, wieder starben Menschen. Wer auch diesen Angriff erlebte, musste sich von den alliierten Fliegern ganz persönlich verfolgt fühlen. Viele Überlebende der Tage in Dresden berichten, Tiefflieger hätten Flüchtende einzeln ins Visier genommen und

»Tod einer Stadt« –
Feuersturm in Dresden

beschossen. Ob es tatsächlich zu einer derartigen Menschenjagd aus der Luft kam oder aber die Dresdner aufgrund des Schocks der voran-

gegangenen Nacht diesen Eindruck hatten, konnte nie abschließend geklärt werden. Und doch haben gerade solche Erinnerungen zu nur schwer überwindbaren Hürden in der Versöhnung der einstigen Kriegsgegner geführt.

Am 15. Februar war Dresden Geschichte: Die Semper-Oper, die barocken Bürgerhäuser, das Schloss – alles lag in Schutt und Asche. Diese völlige Vernichtung eines unwiederbringlichen kulturellen Erbes ist es auch, die der Zerstörung Dresdens einen so prominenten Platz in der historischen Wahrnehmung eingeräumt hat. Die Frauenkirche, die nach dem verheerenden Brand zusammenstürzte, ist heute im Wiederaufbau und ein Symbol der wiedergewonnenen Verständigung. Für die Einwohner Dresdens waren all diese Gebäude Teil ihres Lebens und ihrer Kindheit. Für jeden einzelnen, der die Verwüstung Dresdens miterlebte, war diese Nacht auch das Ende eines Lebensabschnitts, dessen Bedeutung sich für viele bis heute nicht relativiert hat. »Es war ein totaler Zerstörungsakt, der da stattgefunden hat«, sagt Gerhard Baum. »Für mich ist eine Welt zusammengebrochen, meine Welt.«

Warum Dresden? Warum noch einmal ein derartiger Zerstörungsakt, wo der Ausgang des Krieges doch absehbar war? Diese Frage haben

Betroffene und Historiker seit 1945 immer wieder gestellt. Der britische Historiker Max Hastings ist sich sicher: »Mit dem Beschluss, Dresden anzugreifen, wollten die Westalliierten den Russen beweisen, dass sie ihnen jede mögliche Hilfe würden zukommen lassen. Ein Bombardement nahe der russischen Front sollte den Russen zeigen, wozu das ›Bomber Command‹ fähig war.« Es ging wohl weniger darum, die Russen in einem Vorgriff auf den Kalten Krieg einzuschüchtern, wie oft behauptet wird. Eher wollten die Westalliierten die Rote Armee entlasten, die die Kampfhandlungen in dieser Region weitgehend verantwortete. Diese Allianz wurde gerade denjenigen zum Verhängnis, die vor der russischen Front direkt in die alliierten Bombardements geflohen waren.

Wir sollten die Leichen – vielen von ihnen waren die Lungen geplatzt – auf dem Altmarkt auf einem Rost schichten wie auf einem großen Scheiterhaufen. Plötzlich kam SS und einer sagte: »*Die Jungs müssen weg, es kommen KZ-Gefangene, die machen diese Arbeit.*« *Wir haben dann gesehen, wie ein Trupp mit Flammenwerfern die Toten verbrannte. Ein öffentliches Krematorium.*

Lothar Heil, Dresden

Ungeachtet aller Strategiefragen: Das Schicksal Dresdens ist vor allem ein Beleg dafür, dass auch das Vorgehen der Alliierten spätestens zu diesem Zeitpunkt jedes Augenmaß für die Verhältnismäßigkeit der Mittel verloren hatte.

Das Ausmaß der Zerstörung Dresdens hat Folgen gezeitigt. Am 28. März 1945 distanzierte sich Winston Churchill von »seinem« Marschall Arthur Harris, den er bis dahin fraglos unterstützt hatte. »Mir scheint der Moment gekommen«, ließ er in einem freilich später zurückgezogenen Memorandum verlautbaren, »wo die Frage der Bombardierung deutscher Städte einfach zur Steigerung des Terrors,

»Grauenhafte Aufgabe«
– KZ-Häftlinge bergen
Brandopfer

jedoch unter anderem Vorwand, zu überprüfen wäre. Sonst werden wir ein total zerstörtes Land übernehmen. Die Zerstörung von Dresden hinterlässt einen ernsten Zweifel an der Art der alliierten Bombardierung. Ich halte präzisere Konzentration auf militärische Ziele, wie Öl und Verbindungswege hinter der unmittelbaren Kampflinie, für notwendiger als bloße Terrorakte und blinde Zerstörung, so eindrucksvoll sie sein mögen.« Für 35 000 Menschen, die bei der Zerstörung Dresdens umkamen, kam diese Einsicht zu spät.

Es gibt da eine Gasse, durch die man zur Frauenkirche hinsehen kann. Wir sind ein paar Schritte reingegangen und dann sah ich plötzlich diesen Trümmerhaufen – die Frauenkirche war weg. Ich habe gedacht: Wirklich, die Stadt hat aufgehört zu existieren.

Götz Bergander,
Historiker

Der Luftkrieg gegen Deutschland ist auch nach Dresden weitergegangen. Er traf Großstädte wie das bereits völlig verwüstete Berlin, er traf kleinere Städte wie Pforzheim, das in der Nacht zum 23. Februar wahrscheinlich ein Drittel seiner Einwohner verlor. Er traf Würzburg – ein barockes Gesamtkunstwerk, dessen Stadtgebiet fast zu 80 Prozent zerstört wurde und zum viel beschworenen »Grab an Main« geriet. Der bloße Anblick fortschreitender Verwüstung machte den Betroffenen auf traumatische Weise bewusst, welche schrecklichen Konsequenzen der Durchhaltewahn des Regimes heraufbeschwor. Eines der sicherlich tragischsten Kapitel der Geschichte des Luftkriegs ereignete sich noch

»Im Luftschutzkeller« –
Bangen ums Überleben

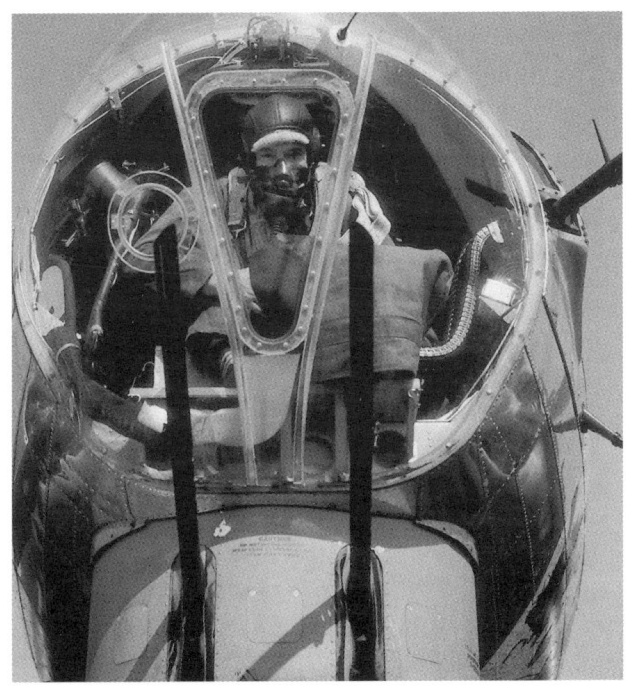

wenige Tage, bevor das Deutsche Reich endlich seine Waffen nieder-legte. Im Glauben, es handele sich um deutsche Truppentransporter, bombardierten am 3. Mai 1945 britische Flugzeuge die in der Lü-becker Bucht ankernden Schiffe »Cap Arcona«, »Deutschland«, »Athen« und »Thielbeck«. Tatsächlich waren diese Schiffe schwim-mende KZs, auf denen tausende Häftlinge aus dem Konzentra-tionslager Neuengamme und dessen Nebenlagern kaserniert waren. Über 7000 Menschen sind bei diesem Angriff ums Leben gekommen, nur wenige Stunden vor ihrer geplanten Befreiung stehend.

Der Luftkrieg über Deutschland hat die Generationen, die ihn erlebten geprägt – auf beiden Seiten. Vielen Piloten des britischen »Bomber Command« und der US-Air Force ist erst nach dem Ende des Krieges das volle Ausmaß der Zerstörungen bewusst geworden, zu dem sie selbst beigetragen hatten. Der Pilot Harold Nash hat seine Schuldgefühle nicht

Die Geschichte Dresdens zeigt, dass die Zer-störung wirklich nutzlos war. Es ist schon fast ein Verbrechen, eine so schöne Stadt wie Dresden zerstört zu haben.

Richard Mayce,
britisches
Bomberkommando

»Der Morgen danach« – ausgebombte Berliner am Potsdamer Bahnhof im Februar 1945

überwinden können: »Ich wollte ein Fliegerheld sein, aber ich bin Terrorflieger geworden. Das kann ich vor mir selbst nicht rechtfertigen.« Viele seiner Kameraden von damals sind anderer Meinung. Fred Hulance ist heute stolz darauf, Teil des »Bomber Command« gewesen zu sein. Er sagt: »Ich habe geholfen, den Krieg zu beenden. Und ich hoffe, dass ich damit dazu beigetragen habe, Leben zu retten, statt Leben auszulöschen.«

Trotz der verheerenden Verwüstungen gerade während der Jahre 1944 und 1945 sind sich die Historiker heute weit gehend einig, dass die Luftangriffe der Alliierten den Zweiten Weltkrieg nicht wesentlich verkürzt haben. Der kanadische Ökonom und damalige Direktor der alliierten »Economic Effects Division«, Lord Kenneth Galbraith, bezeichnet die Strategie der Briten im Interview als »die größte Falschrechnung des Krieges«. Zwar wurden erhebliche Teilerfolge erzielt. So führten die Angriffe auf die deutsche U-Boot-Produktion zu einer erheblichen Schwächung der deutschen Unterseeflotte im Atlantik und damit zur Sicherung der Nachschubwege der Alliierten. Vor allem gegen Ende des Krieges machte sich auch die Zerstörung der Produktionsstätten für synthetische Treibstoffe bemerkbar, wie die der Leuna-Werke bei Merseburg. Insgesamt aber fällt die Bilanz bescheiden aus. So richtete die viermonatige »Battle of the Ruhr«, die bereits im März 1943 begann, gewaltige Zerstörungen in Essen, Dortmund, Duisburg, Wuppertal und anderen Städten an, zog die deutsche Rüstungsproduktion allerdings nur wenig in Mitleidenschaft. Selbst 1944 produzierte Deutschland noch drei Mal mehr Waffen als im

»Zerstörte Normalität«
– Lastwagen ersetzen
öffentliche Verkehrs-
mittel, Berlin 1945

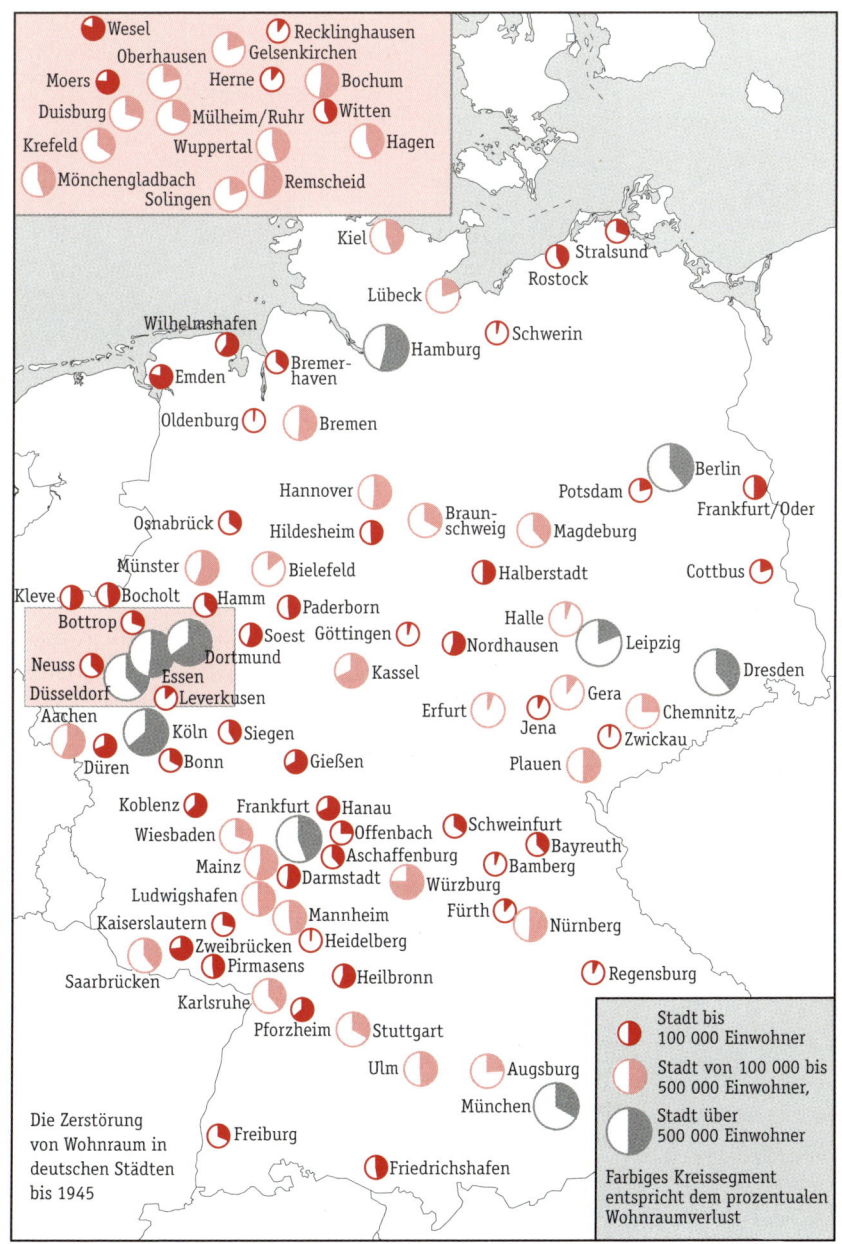

Wesel Recklinghausen
Oberhausen Gelsenkirchen
Moers Herne Bochum
Duisburg Mülheim/Ruhr Witten
Krefeld Wuppertal Hagen
Mönchengladbach Remscheid
Solingen

Kiel
Stralsund
Lübeck Rostock
Schwerin
Wilhelmshaven Hamburg
Bremer-
Emden haven
Oldenburg Bremen

Hannover Potsdam Berlin
Braun- Frankfurt/Oder
Osnabrück Hildesheim schweig Magdeburg
Münster Bielefeld Cottbus
Kleve Bocholt Hamm Paderborn Halberstadt
Bottrop Halle
Neuss Soest Göttingen Nordhausen Leipzig
Düsseldorf Dortmund Kassel Dresden
Aachen Essen Leverkusen Erfurt Gera Chemnitz
Köln Siegen Jena Zwickau
Düren Bonn Gießen Plauen

Koblenz Frankfurt Hanau
Wiesbaden Offenbach Schweinfurt
Mainz Aschaffenburg Bayreuth
Ludwigshafen Darmstadt Bamberg
Kaiserslautern Mannheim Würzburg
Zweibrücken Heidelberg Fürth
Pirmasens Nürnberg
Saarbrücken Heilbronn
Karlsruhe Regensburg
Pforzheim Stuttgart

Ulm Augsburg
München
Freiburg
Die Zerstörung
von Wohnraum in Friedrichshafen
deutschen Städten
bis 1945

Stadt bis
100 000 Einwohner

Stadt von 100 000 bis
500 000 Einwohner,

Stadt über
500 000 Einwohner

Farbiges Kreissegment
entspricht dem prozentualen
Wohnraumverlust

325

Jahre 1941. Noch im März 1945 trafen die während des Krieges entwickelten »V-Raketen« die belgische Hafenstadt Antwerpen. Sie forderten zahlreiche Todesopfer auch in England. Hitlers vermeintliche
»Wunderwaffen«, deren kriegswendende Wirkung die Propaganda
nicht müde wurde zu betonen, waren Instrumente blindwütiger
Vergeltung gegen Zivilisten. Den Kriegsverlauf haben auch sie nicht
mehr beeinflusst. Die Luftwaffen beider Seiten sind im Verlauf des
Zweiten Weltkriegs zu einer Waffe geworden, deren strategischer Wert
in gleichem Maße sank wie die Bedenken der befehlsgebenden
Kommandeure.

Filmdokumente, die aus den ersten Tagen nach Kriegsende erhalten
sind, muten heute an wie Bilder einer Spielfilmkulisse. Die meisten

Aufnahmen lagern in amerikanischen Archiven, da die US-Army eine Dokumentation der Zustände im eroberten Deutschland in Auftrag gegeben hatte. Diese Bilder sind von unschätzbarem Wert, denn selbst Betroffene können sich heute kaum noch vorstellen, wie groß die Katastrophe, wie vollständig die Verwüstung war. Luftaufnahmen zeigen beinahe eben-mäßige Flächen, wo zuvor eine Stadt gestanden hatte. Am Boden dann: rußgeschwärzte Fassaden, Fensterhöhlen, die den Blick freigeben ins Nichts, schmale Trampelpfade durch Trümmerberge und hie und da Reste von Möbeln, Küchengerät oder Spielzeug – Zeugnisse einer Normalität, die binnen weniger Stunden unwiederbringlich zerstört wurde. Die Trümmer waren nach wenigen Jahren verschwunden, doch noch heute sind viele deutsche Städte gezeichnet von den Schneisen, die von den Bomben des Zweiten Weltkriegs geschlagen wurden.

Ich habe einen Brief von einem Piloten bekommen, der über dem Ruhrgebiet abgeschossen wurde. Er pendelte am Ende seines Fallschirms, sah Leute aus einem Luftschutzkeller kommen und dachte, dass jetzt seine letzte Stunde geschlagen habe. Als er auf der Straße landete, halfen die Leute ihm in den Luftschutzkeller und boten ihm Kaffee an. Das ist so eine rührende Geschichte: Sie haben den Mann aufgenommen, der vor wenigen Momenten versucht hatte, sie zu töten.

Harold Nash, britisches
Bomberkommando

Auch wenn damals wohl nicht die Mehrheit der Deutschen den 8. Mai 1945 als den Tag ihrer Befreiung vom Terrorregime des Nationalsozialismus empfand, so war er es objektiv doch.»Ich war kein Kind mehr«, berichtet Brigitte Sattelberger, die das Kriegsende als Zwölfjährige in Dresden erlebte.»Die Erlebnisse der Bombennächte hatten mich schlagartig altern lassen. Ich hatte zu viel Schreckliches gesehen.«
So und ähnlich erinnern sich heute viele Zeitzeugen an die Monate im Frühjahr 1945. Der 8. Mai, der Tag der bedingungslosen Kapitulation des Deutschen Reiches, ist für die allermeisten Deutschen vor allem ein Tag gewesen, an dem die Angst ein Ende fand.

Eigentlich verspürten wir keinen Hass auf die Engländer. Wir hatten im Londoner Rundfunk gehört, dass Rotterdam brannte, Coventry brannte – jetzt brannten die deutschen Städte. Das war die Vergeltung, schließlich hatten wir ja angefangen.

Anton Bachmann,
Bremen

Literaturverzeichnis

Die Atlantikschlacht

Ballard, Robert D.: *Die Entdeckung der Bismarck. Deutschlands größtes Schlachtschiff gibt sein Geheimnis preis.* Berlin, Frankfurt/M. 1994.

Blair, Clay: *Der U-Boot-Krieg.* 2 Bände, München 1998/1999.

Böddeker, Günter: *U-Boote im Netz. Der dramatische Bericht über Karl Dönitz und das Schicksal der deutschen U-Boot-Waffe.* Bergisch Gladbach 1981.

Dönitz, Karl: *Zehn Jahre und Zwanzig Tage. Erinnerungen 1935 – 1945.* Koblenz 1994.

Gannon, Michael: *Operation Paukenschlag. Der deutsche U-Boot-Krieg gegen die USA.* Berlin 1998.

Gannon, Michael: *Schwarzer Mai. Die Entscheidung im U-Boot-Krieg.* München 2001.

Howarth, Stephen; Law, Derek (Hg.): *The Battle of the Atlantic, 1939 – 1945. The 50th Anniversary International Naval Conference.* Annapolis 1994.

Kennedy, Ludovic: *Versenkt die Bismarck. Triumph und Untergang des stärksten Schlachtschiffes der Welt.* München 1994.

Müllenheim-Rechberg, Burkard Freiherr von: *Schlachtschiff Bismarck. Ein Überlebender in seiner Zeit.* Frankfurt/M., Berlin 1987.

Neitzel, Sönke: *Der Einsatz der deutschen Luftwaffe über dem Atlantik und der Nordsee 1939 –1945.* Bonn 1995.

Neitzel, Sönke: *Die deutschen U-Boot-Bunker und Bunkerwerften. Bau, Verwendung und Bedeutung verbunkerter U-Boot-Stützpunkte in beiden Weltkriegen.* Koblenz 1991.

Niestlé, Axel: *German U-boat Losses during World War II. Details of destruction.* Annapolis 1998.

Potter, Elmar B.; Nimitz, Chester W.: *Seemacht. Eine Seekriegsgeschichte von der Antike bis zur Gegenwart.* Herrsching 1986.

Raeder, Erich: *Mein Leben.* 2 Bände, Tübingen 1956/1957.

Rahn, Werner:»*Der Seekrieg im Atlantik und Nordmeer.*« In: *Das Deutsche Reich und der Zweite Weltkrieg.* Bd. 6., Stuttgart 1990, S. 275–428.

Rahn, Werner; Schreiber, Gerhard (Hg.): *Das Kriegstagebuch der Seekriegsleitung.* 68 Bände, Berlin, Bonn, Hamburg 1988 – 1997.

Rohwer, Jürgen:»*Der Einfluss der alliierten Funkaufklärung auf den Verlauf des Zweiten Weltkrieges.*« In: *Vierteljahrshefte für Zeitgeschichte* 27 (1979), S. 325–369.

Rohwer, Jürgen: *Die U-Boot-Erfolge der Achsenmächte 1939 – 1945.* München 1968.

Rohwer, Jürgen: *Geleitzugschlachten im März 1943. Führungsprobleme im Höhepunkt der Schlacht im Atlantik.* Stuttgart 1975.

Rohwer, Jürgen; Hümmelchen, Gerhard: *Chronology of the War at Sea. The Naval History of World War Two.* London 1992.

Roskill, Stephen W.: *The War at Sea 1939 – 1945.* 3 Bände, London 1954 – 1961.

Schmalenbach, Paul: *Schwerer Kreuzer Prinz Eugen.* München 1990.

Schofield, Brian B.: *Der Untergang der Bismarck. Wagnis, Triumph und Tragödie.* Stuttgart 1976.

Der Wüstenkrieg

Chalfont, Alun: *Montgomery. Rommels Gegenspieler.* München 1979.

Churchill, Winston: *Der Zweite Weltkrieg.* Bern, München, Wien 1995.

Douglas-Home, Charles: *Rommel.* München 1974.

Hamilton, Nigel: *Monty.* 3 Bände, London 1981 – 1986.

Hamilton, Nigel: *Monty. The Man behind the Legend.* London 1987.

Hartmann, Christian: *Halder. Generalstabschef Hitlers 1938 – 1942.* Paderborn u.a. 1991.

Heckmann, Wolf: *Rommels Krieg in Afrika.* Bergisch-Gladbach 1980.

Koch, Lutz: *Rommel. Der Wüstenfuchs.* München 1978.

Knopp, Guido: »Rommel. Das Idol.« In: ders.: *Hitlers Krieger.* München 1998.

Piekalkiewicz, Janusz: *Der Wüstenkrieg in Afrika 1940 – 1943.* München 1985.

Piekalkiewicz, Janusz: *Rommel und die Geheimdienste in Nordafrika.* Herrsching 1987.

Reuth, Ralf Georg: *Erwin Rommel. Des Führers General.* München, Zürich 1987.

Rommel, Erwin: *Krieg ohne Hass.* Heidenheim 1956.

Stegemann, Bernd: »Die italienisch-deutsche Kriegsführung im Mittelmeer und in Afrika.« In: *Das Deutsche Reich und der Zweite Weltkrieg.* Bd. 3, Stuttgart 1984, S. 591–682.

Stenner, Susanne: »Bernard L. Montgomery. Verloren im Triumph.« In: Schoen, Wolfgang; Hillesheim, Holger (Hg.): *Vier Kriegsherren gegen Hitler.* Berlin 2001, S. 62–109.

Weinberg, Gerhard: *Eine Welt in Waffen. Die globale Geschichte des Zweiten Weltkriegs.* Darmstadt 1995.

Young, Desmond: *Rommel. Der Wüstenfuchs.* München 1996.

Der Bombenkrieg

Bergander, Götz: *Dresden im Luftkrieg. Vorgeschichte, Zerstörung, Folgen.* Weimar, Köln, Wien 1994.

Boog, Horst (Hg.): *Luftkriegführung im Zweiten Weltkrieg. Ein internationaler Vergleich.* Herford, Bonn 1993.

Brunswig, Hans: *Feuersturm über Hamburg.* Stuttgart 1994.

Bungay, Stephen: *The Most Dangerous Enemy. A History of the Battle of Britain.* London 2000.

Collier, Richard: *Eagle Day. The Battle of Britain.* London 1999.

Deighton, Len: *Luftschlacht über England.* München 1985.

Euler, Helmuth: *Als Deutschlands Dämme brachen. Die Wahrheit über die Bombardierung der Möhne-Eder-Sorpe-Staudämme 1943.* Stuttgart 1984.

Galland, Adolf: *Die Ersten und die Letzten. Jagdflieger im Zweiten Weltkrieg.* München 1995.

Groehler, Olaf: *Bombenkrieg gegen Deutschland.* Berlin 1990.

Harris, Arthur: *Bomber Offensive.* London 1998.

Hastings, Max: *Bomber Command.* London 1999.

Hough, Richard; Richards, Denis: *The Battle of Britain.* London 1990.

Lang, Jochen von: *Krieg der Bomber. Dokumentation einer deutschen Katastrophe.* Frankfurt/M., Berlin 1988.

Maier, Klaus A.: »Die Luftschlacht um England.« In: *Das Deutsche Reich und der Zweite Weltkrieg.* Bd. 2, Stuttgart 1979, S. 375–408.

Middlebrook, Martin: *The Berlin Raids. RAF Bomber Command Winter 1943 – 1944.* London 2000.

Mosley, Leonard: *Die Luftschlacht um England.* Amsterdam 1979.

Nigro, Augusto: *Wolfsangel. A German City on Trial 1945 – 1948.* Washington 2000.

Overy, Richard: *Bomber Command 1939 – 1945.* London 1997.

Price, Alfred: *Der härteste Tag. 18. August 1940. Die Luftschlacht um England.* Stuttgart 1981.

Ramsay, Winston G. (Hg.): *The Blitz then and now.* London 1988.

Ramsay, Winston G. (Hg.): *The Battle of Britain then and now.* London 2000.

Ray, John: *The battle of Britain. New perspectives. Behind the Scenes of the Great Air War.* London 1994.

Schnatz, Helmut: *Tiefflieger über Dresden? Legenden und Wirklichkeit.* Köln, Weimar, Wien 2000.

Sebald, Winfried G.: *Luftkrieg und Literatur.* München, Wien 1999.

Steinhilper, Ulrich; Osborne, Peter: *Spitfire on my Tail. A View from the other Side.* Keston 1990.

The Strategic Air War Against Germany, 1939 – 1945. Report of the British Bombing Survey Unit. London 1998.

Personenregister

Ortsregister